"十三五"国家重点出版物出版规划项目

岩石力学与工程研究著作丛书

工程扰动围岩压力拱表征及其演化机制

王树仁　赵雁海　李春柳　吴俊杰　著

科学出版社

北京

内 容 简 介

本书针对围岩承载理论滞后于工程实践的现状，采用理论分析、室内试验、数值模拟与现场监测相结合的研究方法，对室内岩板断裂铰接成拱过程及其失稳特征、单拱隧道开挖围岩压力拱形成机制及演化特征、连拱隧道分步开挖围岩压力演化及偏态效应、采动覆岩复合压力拱结构演化特征及失稳机制等进行系统研究，得出的相关结论对指导采掘工程扰动围岩稳定性分析与控制以及类似工程实践具有重要的理论意义和工程实用价值。

本书可供从事岩土工程、采矿工程、隧道工程、与地下开挖工程相关的技术人员、科研人员以及高等院校本科生和研究生等参考使用。

图书在版编目(CIP)数据

工程扰动围岩压力拱表征及其演化机制 / 王树仁等著. —北京：科学出版社，2019.9

(岩石力学与工程研究著作丛书)

"十三五"国家重点出版物出版规划项目

ISBN 978-7-03-062157-3

Ⅰ. ①工…　Ⅱ. ①王…　Ⅲ. ①隧道工程–围岩压力–研究　Ⅳ. ①U455

中国版本图书馆CIP数据核字(2019)第181157号

责任编辑：刘宝莉　陈　婕 / 责任校对：郭瑞芝

责任印制：吴兆东 / 封面设计：陈　敬

科学出版社出版

北京东黄城根北街 16 号

邮政编码：100717

http://www.sciencep.com

北京凌奇印刷有限责任公司 印刷

科学出版社发行　各地新华书店经销

*

2019 年 9 月第　一　版　开本：720 × 1000　1/16

2023 年 2 月第二次印刷　印张：15 1/4

字数：300 000

定价：120.00 元

(如有印装质量问题，我社负责调换)

《岩石力学与工程研究著作丛书》序

随着西部大开发等相关战略的实施，国家重大基础设施建设正以前所未有的速度在全国展开：在建、拟建水电工程达30多项，大多以地下硐室(群)为其主要水工建筑物，如龙滩、小湾、三板溪、水布垭、虎跳峡、向家坝等水电站，其中白鹤滩水电站的地下厂房高达90m、宽达35m、长400多米；锦屏二级水电站4条引水隧道，单洞长16.67km，最大埋深2525m，是世界上埋深与规模均为最大的水工引水隧洞；规划中的南水北调西线工程的隧洞埋深大多在400～900m，最大埋深1150m。矿产资源与石油开采向深部延伸，许多矿山采深已达1200m以上。高应力的作用使得地下工程冲击地压显现剧烈，岩爆危险性增加，巷(隧)道变形速度加快、持续时间长。城镇建设与地下空间开发、高速公路与高速铁路建设日新月异。海洋工程(如深海石油与矿产资源的开发等)也出现方兴未艾的发展势头。能源地下储存、高放核废物的深地质处置、天然气水合物的勘探与安全开采、CO_2地下隔离等已引起高度重视，有的已列入国家发展规划。这些工程建设提出了许多前所未有的岩石力学前沿课题和亟待解决的工程技术难题。例如，深部高应力下地下工程安全性评价与设计优化问题，高山峡谷地区高陡边坡的稳定性问题，地下油气储库、高放核废物深地质处置库以及地下CO_2隔离层的安全性问题，深部岩体的分区碎裂化的演化机制与规律，等等。这些难题的解决迫切需要岩石力学理论的发展与相关技术的突破。

近几年来，863计划、973计划、“十一五”国家科技支撑计划、国家自然科学基金重大研究计划以及人才和面上项目、中国科学院知识创新工程项目、教育部重点(重大)与人才项目等，对攻克上述科学与工程技术难题陆续给予了有力资助，并针对重大工程在设计和施工过程中遇到的技术难题组织了一些专项科研，吸收国内外的优势力量进行攻关。在各方面的支持下，这些课题已经取得了很多很好的研究成果，并在国家重点工程建设中发挥了重要的作用。目前组织国内同行将上述领域所研究的成果进行系统的总结，并出版《岩石力学与工程研究著作丛书》，值得钦佩、支持与鼓励。

该丛书涉及近几年来我国围绕岩石力学学科的国际前沿、国家重大工程建设中所遇到的工程技术难题的攻克等方面所取得的主要创新性研究成果，包括深部及其复杂条件下的岩体力学的室内、原位实验方法和技术，考虑复杂条件与过程(如高应力、高渗透压、高应变速率、温度-水流-应力-化学耦合)的岩体力学特性、变形破裂过程规律及其数学模型、分析方法与理论，地质超前预报方法与技术，工程地质灾害预测预报与防治措施，断续节理岩体的加固止裂机理与设计方法，灾害环境下重大工程的安全性，岩石工程实时监测技术与应用，岩石工程施工过程仿真、动态反馈分析与设计优化，典型与特殊岩石工程(海底隧道、深埋长隧洞、高陡边坡、膨胀岩工程等)超规范的设计与实践实例，等等。

岩石力学是一门应用性很强的学科。岩石力学课题来自于工程建设，岩石力学理论以解决复杂的岩石工程技术难题为生命力，在工程实践中检验、完善和发展。该丛书较好地体现了这一岩石力学学科的属性与特色。

我深信《岩石力学与工程研究著作丛书》的出版，必将推动我国岩石力学与工程研究工作的深入开展，在人才培养、岩石工程建设难题的攻克以及推动技术进步方面发挥显著的作用。

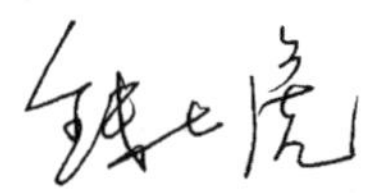

2007 年 12 月 8 日

《岩石力学与工程研究著作丛书》编者的话

近20年来，随着我国许多举世瞩目的岩石工程不断兴建，岩石力学与工程学科各领域的理论研究和工程实践得到较广泛的发展，科研水平与工程技术能力得到大幅度提高，在岩石力学与工程基本特性、理论与建模、智能分析与计算、设计与虚拟仿真、施工控制与信息化、测试与监测、灾害性防治、工程建设与环境协调等诸多学科方向与领域都取得了辉煌成绩。特别是解决岩石工程建设中的关键性复杂技术疑难问题的方法，973计划、863计划、国家自然科学基金等重大、重点课题研究成果，为我国岩石力学与工程学科的发展发挥了重大的推动作用。

应科学出版社诚邀，由国际岩石力学学会副主席、岩土力学与工程国家重点实验室主任冯夏庭教授和黄理兴研究员策划，先后在武汉市与葫芦岛市召开《岩石力学与工程研究著作丛书》编写研讨会，组织我国岩石力学工程界的精英参与本丛书的撰写，以反映我国近期在岩石力学与工程研究领域取得的最新成果。本丛书内容涵盖岩石力学与工程的理论研究、试验方法、实验技术、计算仿真、工程实践等各个方面。

本丛书编委会编委由75位来自全国水利水电、煤炭石油、能源矿山、铁道交通、资源环境、市镇建设、国防科研等领域大专院校、工矿企业等单位与部门的岩石力学与工程界精英组成。编委会负责选题的审查，科学出版社负责稿件的审定与出版。

在本丛书的策划、组织与出版过程中，得到各专著作者与编委的积极响应；得到各界领导的关怀与支持，特别是中国岩石力学与工程学会理事长钱七虎院士为丛书作序；中国科学院武汉岩土力学研究所冯夏庭教授、黄理兴研究员与科学出版社刘宝莉编辑做了许多烦琐而有成效的工作，在此一并表示感谢。

“21世纪岩土力学与工程研究中心在中国”，这一理念已得到世人的共识。我们生长在这个年代里，感到无限的幸福与骄傲，同时我们也感觉到肩上的责任重大。我们组织编写这套丛书，希望能真实反映我国岩石力学与工程的现状与成果，希望对读者有所帮助，希望能为我国岩石力学学科发展与工程建设贡献一份力量。

《岩石力学与工程研究著作丛书》
编辑委员会
2007年11月28日

前　　言

工程实践表明，地下工程开挖后围岩应力重新分布，荷载传递路径发生改变，围岩为抵抗开挖不均匀变形进行应力自调节而产生压力成拱现象。工程扰动围岩应力自调节成拱现象是其自稳能力的体现。

虽然地下工程中的拱效应现象早已为人们所认识，但由于采掘工程岩体的复杂性、各种施工条件的差异性以及随着工程实践的发展不断出现的新问题，理论滞后于实践的现象十分突出。目前，国内外学者对开挖工程扰动围岩压力拱的定义、成拱条件和失稳判据等，各自表述差异较大，缺乏统一的认识和系统化的成果；对开挖工程扰动围岩周边压力拱的形态描述过于笼统，缺少针对压力拱不同区域形态特征的量化评价；开挖工程扰动围岩压力拱结构自承荷载和传递外载的动态演化机制有待进一步研究。此外，由于采掘工程所处应力状态与加卸载过程密切相关，不考虑开挖卸荷路径的压力拱演变特征与实际情况出入较大的问题，因此，有必要结合实际工程，对采掘工程扰动围岩应力转移变化规律、围岩压力成拱条件、演化特征和主动调控机制等进行深入系统的研究。

本书基于前人研究成果，采用室内试验、理论分析、数值模拟与现场监测相结合的研究方法，针对室内岩板断裂铰接成拱过程及其失稳特征、隧道工程开挖围岩压力拱形成机制及演化特征、连拱隧道分步开挖围岩压力演化及偏态效应、不同开采条件下采动覆岩复合压力拱结构演化特征及失稳机制等进行了系统研究，得出的相关结论对丰富和发展现有围岩承载理论体系、指导采掘工程扰动围岩稳定性分析与控制及类似工程实践具有十分重要的理论意义和工程应用价值。

在撰写本书的过程中，作者得到了中国科学院院士何满潮教授，中国工程院院士蔡美峰教授，北京科技大学王金安教授，河南理工大学邹友峰教授、杨小林教授、刘希亮教授、顿志林教授、邹正盛教授，浙江科技学院杨建辉教授，青岛理工大学王旭春教授和中铁隧道集团有限公司刘招伟教授级高级工程师的指导；作者指导的研究生徐殿富、王永光、李宁、李春阳等参与了部分内容的撰写；书稿部分实验得到了澳大利亚新南威尔士大学 Paul Hagan、Kanchana Gamage、Hossein Masoumi、程岩、陈建行、张呈国等的支持和帮助；此外，还有许多老师和同事给予了大力支持和帮助，在此一并深表感谢和敬意！

本书的撰写得到了国家自然科学基金项目(51774112; U1810203; 51674190; 51474188; 51074140; 51310105020)、河北省自然科学基金项目(E2014203012)、河北省科技支撑项目(072756183)、河南省科技厅国际合作项目(182102410060;

162102410027)、国家留学基金委访学项目(2010813124)、澳大利亚奋进研究学者项目(4427_2015)，以及河南理工大学太行学者和博士基金项目(B2015-67)的支持，在此表示感谢！

同时，本书的撰写参考了大量的相关文献和专业书籍，也向相关作者深表谢意！

由于作者水平所限，书中难免存在不妥之处，敬请读者批评指正。

目　录

第1章　绪　　论

工程实践表明，当地下工程开挖后，围岩应力重新分布，荷载传递路径发生改变，围岩为抵抗开挖不均匀变形而进行应力自调节，由此出现了压力拱[1, 2]。虽然地下工程中的拱效应现象早已为人们所认识，但对采掘扰动围岩应力转移变化规律、应力自调节成拱的条件及压力拱演化特征、有效调控机制等方面，仍有待深入研究。

无论是隧道工程还是煤矿巷道掘进，实现巷道稳定都要充分发挥围岩的自稳能力，而围岩应力自调节成拱现象是其自稳能力的体现[3, 4]。如果把巷道围岩视作一种力学结构，我们就能定义压力拱的边界范围、量化分析压力拱的几何形态与力学参数，研究采掘巷道围岩应力自调节成拱条件[5-8]；基于力学平衡和能量原理，弄清压力拱结构自承荷载和传递外载的关系，主动调控压力拱受力和围岩变形的协调关系，以及保障压力拱结构的稳定，对改善理论滞后于实践的现状、丰富和发展地下工程围岩承载理论具有重要理论意义和工程实用价值[9, 10]。

煤层回采后，采场原岩应力平衡状态被打破，致使采场扰动围岩应力转移变化和重新分布，在采场围岩中形成具有相对稳定的覆岩承载结构[11-13]。由于回采工作面的围岩应力场呈现为三维空间分布，沿回采工作面走向和倾向重新分布的应力场产生叠加效应，形成采场围岩的三维宏观压力拱壳结构[14-18]。因此，基于前人研究成果，本书将对采场围岩三维压力拱的形成条件、分布演化特征以及如何人为主动调控等进行深入研究，这对煤层安全开采及丰富矿山压力理论具有重要现实意义。

综上所述，深入研究采掘扰动作用下围岩应力的转移变化规律、围岩压力成拱条件、演化特征和主动调控机制等，可为采场围岩矿山压力控制、煤层安全回采和采掘巷道或隧道围岩支护参数设计等提供理论依据与技术支撑，具有推广和应用价值。

1.1　国内外研究现状

采掘扰动围岩应力转移变化规律、围岩压力成拱条件、压力拱演化特征以及有效调控机制等研究，是涉及采掘工程安全的热点问题，一直受到国内外学者和现场工程技术人员的广泛关注。

1.1.1 采掘巷道围岩压力拱研究现状

Kovari[19]发现在松散围岩中开挖隧道存在拱效应现象，有人通过试验证实了土拱效应的存在。Bergman 等[20]认为围岩压力拱靠近硐室的顶板。Lang 等[21]认为围岩压力拱存在于远离硐室顶板的上方。上述二者之所以出现矛盾，是由于他们没有明确统一的判别压力拱的方法。2002 年，Huang 等[22]提出了平面压力拱上边界和下边界的判别方法。2006 年，Li[23]基于压力拱的概念，对某铁矿松散岩体进行了加固设计。2013 年，Kim 等[24]采用理论分析和实验方法，对竖井的侧向压力进行了成拱效应分析等。

20 世纪 90 年代中期以来，我国学者对硐室围岩压力拱进行了研究。例如，2003 年，宋宏伟等[25]认为硐室开挖后，围岩压力拱厚度与硐室埋深、跨度及围岩力学性质有重要关系。2005 年，梁晓丹等[26]对硐室围岩压力成拱原因进行了分析。2008 年，喻波等[27]对隧道围岩的应力状态进行了计算分析，并对压力拱理论及隧道埋深划分等进行了研究。2012 年，王迎超等[28]对深埋隧道的压力拱进行了解析分析，指出隧道开挖后会形成一次压力拱，当围岩出现拉应力时会导致二次压力拱出现。2013 年，何本国等[29]发现在软岩隧道中进行锚注支护，能够促成动态压力拱，有利于控制隧道围岩的稳定性等。

综上所述，多数学者对巷道围岩压力拱的研究主要局限于二维平面问题，对三维压力拱研究较少；对围岩压力拱的定义、成拱条件和失稳判据等，各自表述差异较大，缺乏统一的认识和系统化的成果；对巷道周边压力拱的形态描述过于笼统，缺少针对压力拱不同区域形态特征的量化评价；巷道围岩自承荷载和传递外载的界限不清，对巷道围岩支护荷载的计算公式过于简化，对指导实际工程的普遍性尚显不足。此外，由于巷道所处应力状态与加卸载过程密切相关，不考虑开挖卸荷路径的压力拱演变特征与实际情况出入较大。因此，有必要结合实际工程，对巷道开挖围岩应力转移变化规律、围岩压力成拱条件、演化特征和主动调控机制等进行拓展和深入系统地研究。

1.1.2 采场围岩三维压力拱研究现状

在粮食堆积到一定高度后，粮仓底部所受的力达到最大值并保持不变，即形成了通常所说的压力拱。1895 年，Janssen[30]应用连续介质模型，对粮仓效应进行了定量解释。1980 年，Heyman[31]提出了砌体拱强度的估算方法。近年来，随着矿山开采强度的快速发展，矿山地压引发的许多安全问题要求人们需应用新的矿山压力理论来指导地下工程设计与安全施工[32]。

20世纪，我国学者陆续在压力拱矿压理论方面进行研究，并取得了较大进展。1993年，陶连金等[33]对老顶采场上覆岩层运动进行了模拟分析，提出了传力拱的概念。1996年，马庆云和钟道昌[34]通过相似材料模拟试验，进行了采场支撑压力分布及其发展规律的研究。2009年，耿养谋[35]通过模拟采场覆岩应力拱演化过程，发现煤层开采后覆岩压力呈现拱形分布，随着开采范围的增加，压力拱的拱脚不断前移，拱顶呈扩大趋势。2012年，伍永平等[36]通过相似材料试验与数值模拟计算，进行了大倾角煤层长壁开采围岩宏观应力拱壳受力特征的分析。2013年，谢广祥和王磊[37]对不同岩性采场围岩应力壳变化特征进行了计算分析。此外，许海涛等[38]应用有限元方法，进行了大采高综采工作面上覆岩层垮落及应力分布规律的数值模拟分析等。

由于采动覆岩移动及破坏是一个复杂的力学过程，上述研究对煤系地层呈层状构造沉积的特性、叠合岩层之间的岩性差异和岩层之间的几何与力学变化因素考虑不足，对采动应力环境的时间效应、尺度效应等非线性力学行为认识不充分，对三维应力壳拱进行主应力矢量变化定性描述较多，缺少对三维应力壳拱形态参数及其力学行为的量化分析，得出的研究成果尚有待进一步深化和发展。近年来，随着综放技术的进步及开采深度的不断增加，与矿山压力相关的重大灾害逐渐增多。大量矿山重大工程灾害调研结果表明，深入系统地研究采动覆岩结构及其与矿山压力的动态关系，是控制矿山重大工程灾害的关键问题。

可见，虽然国内外学者针对采掘扰动作用下围岩应力转移变化规律、围岩压力拱的形成条件与演化特征等进行了大量的研究，取得了不少研究成果，但由于采掘工程岩体的复杂性、各种施工条件的差异性，以及随着工程实践的发展不断出现的新问题，上述研究尚处于经验摸索阶段，缺少系统化和成熟的科学理论作指导，理论滞后于实践的问题仍十分突出，因此，基于前人研究成果，进行采动围岩压力拱演化特征及主动调控机制的深入研究，可为现场工程实践提供理论支撑和技术依据，具有十分重要的理论意义和工程应用价值。

1.2 本书主要研究内容

本书采用室内试验、理论分析、数值模拟与现场监测相结合的研究方法，对岩板断裂铰接成拱、采掘扰动巷道及采场围岩压力拱分别进行成拱条件、形态参数表征、力学演化行为和主动调控机制的研究，主要内容如下：

(1)利用岩石力学试验机和自主研发的加载装置，对集中荷载和均布荷载作用下，单层及双层岩板断裂铰接成拱过程及其失稳特征进行试验研究，并应用颗粒流分析程序进行数值模拟验证分析。基于岩板铰接拱结构工程力学模型，推导岩拱结构承载力与水平反力关系式，并进行岩拱结构受力随岩板参数变化的敏感性分析。

(2)基于某公路隧道开挖工程，定义隧道围岩压力拱形态范围及边界参数，分析不同应力状态下公路隧道围岩压力成拱的条件及其形态变化特征。建立公路隧道围岩压力拱中轴线力学分析模型，分析公路隧道压力拱破坏失稳模式，从应力控制角度分析隧道围岩强度特征。在人为主动调节条件下，分析隧道围岩压力拱的演变特征，并进行隧道围岩支护稳定性判断和分析。

(3)确定连拱隧道围岩压力拱的内、外边界识别方法，对连拱隧道围岩压力拱几何形态、演化特征及偏态效应进行数值计算分析。考虑应力状态、开挖工序等因素，提出一种考虑偏态效应的分步开挖连拱隧道围岩等效荷载计算新方法。将相似材料物理模型试验与红外热辐射成像技术相结合，分析连拱隧道偏态压力的动态演化特征。

(4)结合实际工程，对综采采场压力拱的力学演化特征进行数值模拟分析。从采场覆岩分层的数量、弱夹层距采面距离、弱夹层厚度、侧压力系数、层理面间距等方面分析采场层状围岩中压力拱形态变化特征。建立采场压力拱结构力学模型，随采场压力拱倾角的增加，揭示采场压力拱失稳由拱腰压缩破坏与拱脚剪切破坏发展为拱顶剪切破坏与前拱脚拉伸破坏模式。

(5)以典型浅埋煤层开采为工程背景，构建近场覆岩关键块结构力学模型，推导关键块压力拱结构稳定性判据，数值计算分析薄基岩基本顶关键块压力拱结构失稳特征，分析薄基岩与厚基岩采场覆岩结构承载能力差异性，阐释近场覆岩压力拱与远场覆岩压力拱复合承载机制，模拟分析浅埋煤层采动过程中覆岩能量的积聚、释放及耗散特征，揭示不同采动阶段压力拱能量的演化特征。

(6)基于采场围岩分类及评价结果，建立浅埋煤层松软顶板采场覆岩运动模型，计算确定采场来压步距、直接顶各基本顶高度等采场基本运动参数，并通过室内物理实验验证理论分析结果，揭示浅埋煤层松散顶板条件下，采场覆岩关键层失稳和工作面突然来压的关联机制。研究结果对预测采场突然来压及顶板管理具有指导意义和参考价值。

第 2 章　层状岩板断裂铰接拱失稳破坏特征

2.1　层状岩板断裂铰接拱试验

2.1.1　岩板试样及加载装置

1. 岩板试样

试验所采用的岩板试样是以白色砂粒为主的澳大利亚悉尼市戈斯福德采石场的霍克斯伯里砂岩。该砂岩内部含有少量长石、菱铁矿及黏土矿物，形成于三叠纪中期的海相沉积盆地，位于煤系地层的上层。

选取薄板尺寸为 190mm×75mm×14mm(长×宽×高)、厚板尺寸为 190mm×75mm×24mm(长×宽×高)进行研究，岩板在新南威尔士大学采矿工程学院实验室加工而成。试样类型有薄板、厚板及其组合三种，每种类型的岩板试样分别加工三组。

砂岩试样的物理力学参数如表 2.1 所示[39]。

表 2.1　砂岩试样的物理力学参数

试样	密度 /(kg/m³)	弹性模量 /GPa	泊松比	黏聚力 /MPa	内摩擦角 /(°)	抗拉强度 /MPa	抗压强度 /MPa
砂岩	2650	2.70	0.20	2.80	45	0.95	13.50

2. 加载装置与加载方式

岩石类材料矩形板加载试验的加载装置如图 2.1 所示。图 2.1(a)为自主研发的岩石类材料矩形板弯曲试验加载装置，图 2.1(b)为矩形岩板弯曲试验监测侧压力变化的加载装置。

加载装置主要由三部分组成：上部为能够实现集中加载的圆板，将均布荷载等效为集中荷载；中部为四根带有螺母的螺栓连接侧向钢板，组成加载支撑骨架；下部为矩形钢板底座，在内侧钢板的底端设置可转动铰支座。

考虑岩板受水平应力与垂直应力的组合应力作用时，对于图 2.1(a)所示的试验装置，将螺杆上的螺母全部卸掉，利用油压千斤顶，对加载架两侧的钢板分别进行侧向等值加载，然后通过调整垂直荷载与侧向荷载的大小进行水平应力与垂直应力多种组合应力条件下各类矩形岩板的弯曲试验研究。

(a) 无侧向变形

(b) 有侧向变形

图 2.1　岩板加载试验加载装置设计示意图

由于采空区层状顶板的覆岩荷载通常简化为均布荷载，在试验过程中，如何对层状岩板进行均布荷载的实时接触加载，是本次试验加载方式的难点和关键。为合理简化该应力边界条件，经过多次讨论分析，最终确定将该均布荷载等效为集中点荷载，采用一个内嵌钢球的加载圆板(如图 2.2 所示)与 MTS 试验机加载触头匹配，从而实现岩板变形破坏试验的加载。

图 2.2　加载圆板示意图

3. 端部设计与连接方式

岩板试验承载端部的设计是否合理，是本试验能否成功的关键问题之一。

在试验过程中，合理模拟岩板承载端部边界约束情况，避免过刚或过柔，对岩板变形断裂过程与断裂机理的试验起着决定性的作用。为模拟真实的采空区层状顶板边界约束状况，本试验采用沿岩板宽度方向限制移动，沿岩板长度方向两侧端部简支约束。为此，采取了如下特殊设计：在铰支座中沿长度方向设计弧形沟槽，内设圆柱形滚珠。具体使用时将活动支座放在嵌有滚珠的固定垫座上，使岩板的端部能沿一个方向自由转动，从而实现铰支座的约束作用，见图 2.1 中箭头所指部件。

在岩板变形破坏过程中，为能够实时监测侧向力变化情况，将如图 2.3 所示的侧向压力盒放置在图 2.1(b)所示可变形的中间薄钢板与右侧厚钢板之间。

图 2.3　侧向压力盒示意图

4. 试验加载与数据采集系统

试验加载动力设备采用 MTS-851 型液压伺服岩石力学试验机。该加载系统采用轴向位移控制加载，加载速度控制为 1×10^{-2}mm/s。其轴向加载和轴向位移的量测，由设计在试验系统内部的数据采集系统自动实时完成。

声发射数据采集硬件采用 Ni 9237、Ni 9205 和 Ni 9201 电桥模块。基于 LabVIEW 虚拟仪器软件开发平台，可实现声发射信号的采集分析与处理工作。在试验中，设定声发射监测数据的采样频率为 50kS/s，按照一定的时间间隔读取声发射事件的累计值。

2.1.2　试验步序及试验过程

岩板变形破坏的加载试验过程如下：

第一步，按照单层岩板和组合岩板的试验设计，分别依次组装相应的加载装置。

第二步，将加工好的岩板试样放置在加载架两端可转动的垫块上。

第三步，调节四根螺栓的螺母，使试样两侧钢板保持垂直并加紧试样。进行单板试验时，还需要调整装有压力盒一侧的螺母，使外侧厚钢板加紧压力盒。

第四步，将装有试样的加载装置水平放置在 MTS 力学压力机底端加载承台上。

第五步，在试验岩板顶面放置加载圆板，并将加载圆板的钢球调至试验岩板的形心位置。

第六步，在与加载圆板接触的刚性触头侧面，用胶带纸包裹固定声发射探头，然后，利用 MTS 力学压力机对岩板进行集中点荷载作用下的弯曲试验研究。

2.1.3 单层岩板断裂铰接成拱失稳特征

1. 竖向荷载-位移-水平反力曲线特征

如图 2.4 所示，在集中荷载作用下，不同宽度的岩板(板宽分别为 75mm、100mm 和 125mm)，其竖向荷载-位移-水平反力全过程曲线均存在四个明显的力学响应阶段。

第一阶段(A_1A_2 段和 B_1B_2 段)：加载前初始调整阶段。预先对岩板施加较小的水平约束荷载(B_1B_2 段)，然后进行竖向集中加载定位与岩板受力的接触调整(A_1A_2 段)。

第二阶段(A_2A_4 段和 B_2B_4 段)：岩板断裂铰接成拱阶段。在 A_2A_4 曲线段，当施加的竖向荷载逐渐增大至第一个峰值点 A_3，岩板产生较小的垂向位移，在 A_3A_4 段出现断裂破坏和峰值跌落现象，该阶段的竖向加载 A_2A_3 段与峰后软化 A_3A_4 段的竖向荷载随着岩板位移的增长呈现线性增减变化，岩板表现出脆性破断特征。与此同时，在 B_2B_4 曲线段，水平约束反力出现先降后升的力学响应变化过程。在该阶段，岩板有最为显著的力学变化：岩板先从中间断裂成两部分，随后，在竖向荷载和水平反力的共同作用下，断裂的两块岩板铰接形成岩拱结构。

第三阶段(A_4A_5 段和 B_4B_6 段)：岩拱结构受力的峰前硬化阶段。在曲线 A_4A_5 段，随着竖向位移的继续增大，铰接岩拱结构首先达到承载峰值点 A_5。稍滞后一段位移，在岩板两侧产生的水平反力经过 B_4B_5 段的急增变化和 B_5B_6 段的缓增变化也达到水平反力峰值点 B_5。

第四阶段(A_5A_7 段和 B_6B_7 段)：岩拱结构受力的峰后软化阶段。在曲线 A_5A_7 段，过了峰值点 B_5，随着竖向位移的不断增大，铰接岩拱结构受力虽有波动，但总体呈峰后软化下降趋势。相应地，岩板两侧的水平反力也出现过峰值点 B_6 后的软化波动下降现象。

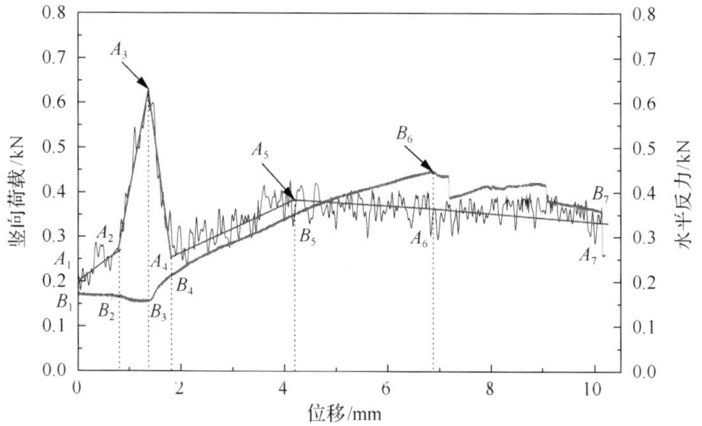

(a) 板宽75mm

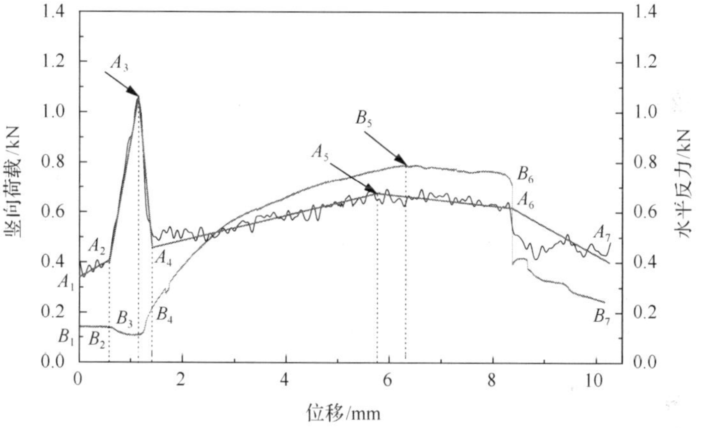

(b) 板宽100mm

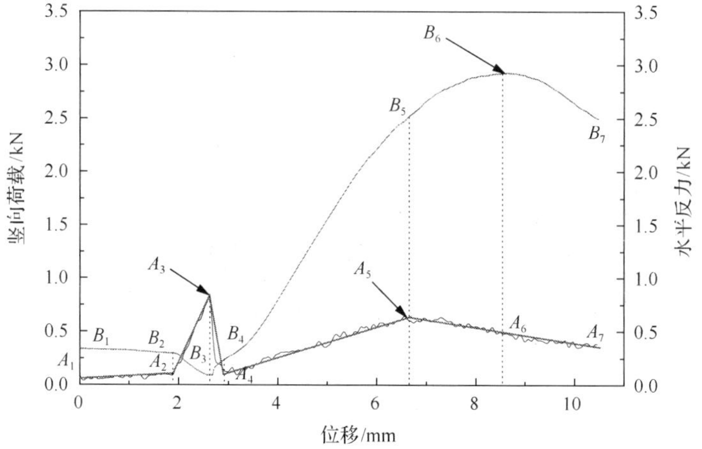

(c) 板宽125mm

图 2.4　竖向荷载-位移-水平反力关系曲线图

试验表明，在集中点荷载作用下，单层岩板的竖向荷载-位移-水平反力关系曲线类似。一般地，同样试验条件下，厚岩板铰接拱的承载能力要大于同薄岩板拱的承载能力。

2. 单层岩板断裂铰接成拱失稳模式

如图 2.5(a)所示，在集中点荷载作用下，岩板产生竖向挠曲位移，在岩板的中间位置，沿其横断面产生自下向上逐渐扩展的裂纹。当竖向荷载达到岩板峰值强度时，岩板裂纹贯穿，岩板断裂并形成三铰岩拱结构。

如图 2.5(b)所示，随着竖向荷载的不断增大，两侧岩板沿铰接点回转下沉，当三个铰接点位于同一平面时，铰接岩拱结构消失，断裂岩板整体结构产生失稳现象。

(a) 岩板梁式断裂

(b) 岩拱结构失稳

图 2.5 岩板断裂形成铰接拱过程图

2.1.4　双层组合岩板变形破坏失稳特征

1. 荷载-位移全过程曲线特征

通过 12 组岩板试验可发现其荷载-位移全过程曲线具有共同特征。如图 2.6 所示，总体来看，双层岩板(以上薄下厚板为例)荷载-位移全过程曲线存在四个明显的力学响应阶段。

第一阶段：荷载-位移曲线水平起始段。该阶段主要是加载部位与双层岩板进行试验前接触调整，即进行初始荷载(或初始位移)调整。

第二阶段：当施加荷载达到第一个峰值(约 2.0kN)，上层薄板产生较小的垂向位移，即出现断裂破坏和峰值跌落现象。该阶段荷载增加与双层岩板的位移增长近似线性增加，岩板呈现脆性破坏特征。

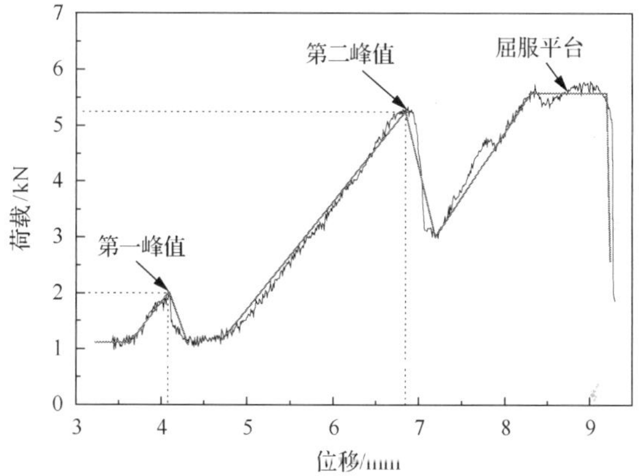

(a) 第一组双层岩板

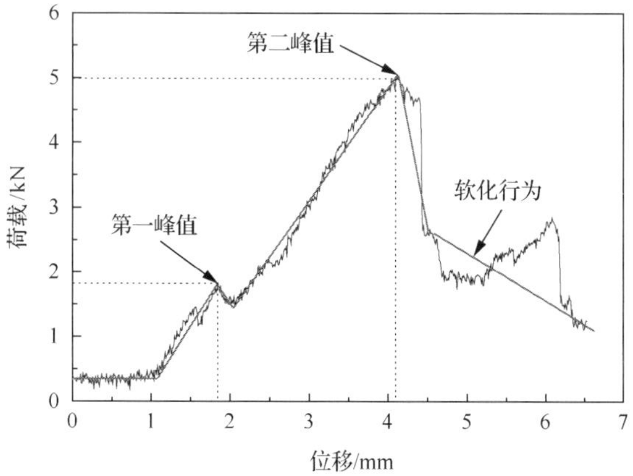

(b) 第二组双层岩板

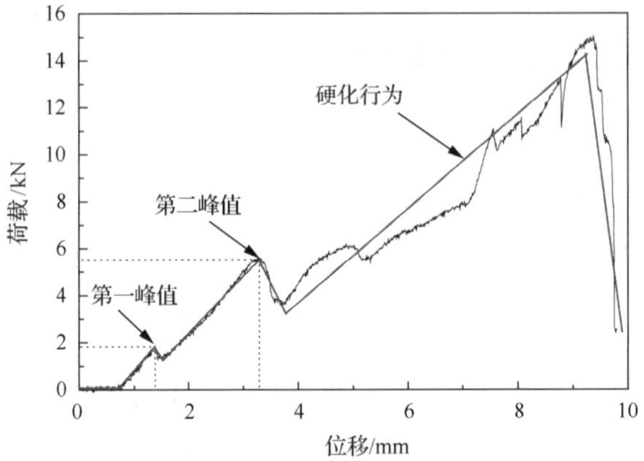

(c) 第三组双层岩板

图 2.6　荷载-位移全过程关系曲线图

第三阶段：随着竖向位移的逐渐增大，施加荷载呈显著增长趋势，达到第二个荷载峰值(约 5.2kN)后，上层薄板产生贯通性断裂，下层厚板产生滞后非贯穿断裂，并产生荷载再次产生跌落现象。该阶段岩板也呈现脆性破坏特征。

第四阶段：超过第二个峰值(约 5.2kN)，随着荷载的继续增大，三组岩样最终产生整体性断裂失稳，并伴随荷载跌落现象。该阶段荷载随位移变化出现较大幅度的波动，双层岩板整体性断裂失稳呈现塑性破坏特征。

虽然三组双层岩板(上薄下厚板)在第二荷载峰值以前的力学行为相似，但总体看，在第二个荷载峰值以后，荷载随位移增长而波动较大，组合试样产生了三类不同的峰后行为：第一组岩样出现峰后屈服平台；第二组岩样产生峰后软化行为；第三组岩样出现峰后硬化行为。总体而言，双层岩板的承载能力大于单层岩板的承载能力。其他三类双层组合岩板，如上厚下薄双层岩板、双层厚板和双层薄板的荷载-位移曲线特征与上述内容类似。

2. 荷载-时间-声发射事件率曲线特征

岩石材料中局域源快速释放能量产生瞬态弹性波的现象，称为声发射(acoustic emission，AE)。声发射事件直接与岩石材料的变形和断裂机制紧密相关。

如图 2.7 可见，双层岩板(以上薄下厚板为例)的荷载-时间-声发射计数率关系曲线呈现如下特征：

(1) 在荷载-位移曲线的水平起始段，当荷载较小时，声发射事件很少，或基本不产生声发射现象(如图 2.7(b)和图 2.7(c)所示)。荷载较大时，由于岩板试样的加工精度、双层岩板相互接触等原因，出现了少量声发射现象，但声发射事件少、声发射计数率低(如图 2.7(a)所示)。

(2)当施加荷载达到第二峰值附近和双层岩板产生整体性断裂失稳前，由于岩板产生的宏观裂纹扩展、贯通，出现了较多的声发射事件，声发射计数率较高(如图 2.7(a)和图 2.7(c)所示)。相对而言，在荷载随位移变化波动较小的峰前区，岩板中微裂纹逐渐增多，尚未出现裂纹密集扩展、贯通现象，因此，声发射事件保持在一定水平，声发射计数率也较稳定。但当荷载超过第二峰值以后，在峰值荷载跌落前，由于荷载随位移变化波动较大，岩板中出现大量裂纹扩展、贯通现象，因此，发生了较多的声发射事件，声发射计数率响应频繁(如图 2.7(c)所示)，这说明此时的裂纹扩展与宏观裂缝贯通现象显著。

(3)如图 2.7(b)所示，超过荷载第二峰值后，由于岩板在峰值跌落过程中已产生裂纹扩展和相互贯穿，故发生大量声发射事件，声发射计数率显著增大。

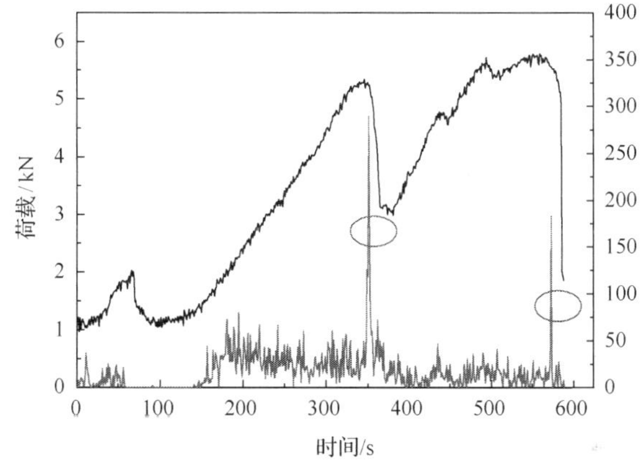

(a) 第一组双层岩板

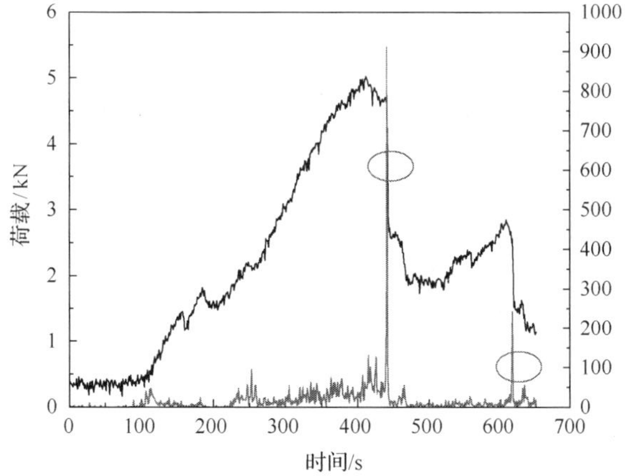

(b) 第二组双层岩板

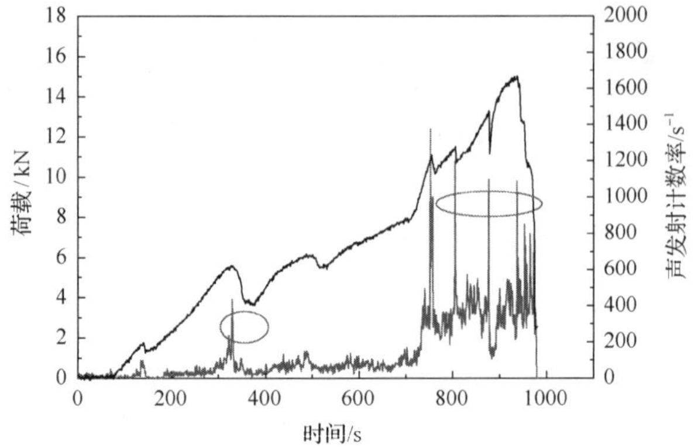

(c) 第三组双层岩板

图 2.7　荷载-时间-声发射计数率曲线图

可见，由于组成岩板的矿物成分不均匀、岩板加工精度存在误差、双层岩板接触程度不良等，在试验过程中，岩板中产生的声发射现象极其复杂。由上述试验结果可知，岩板不仅在加载峰前阶段产生声发射现象，在峰后阶段也产生声发射现象。尽管目前声发射现象还很难精确解释，但总体而言，声发射现象作为一种监测试样内微裂纹的孕育、萌生、发育、融合以至贯通扩展的辅助手段，对揭示岩样的破坏机理和复杂力学行为有着积极的意义。其他三类双层组合岩板，如上厚下薄双层岩板、双层厚板和双层薄板的荷载-时间-声发射计数率曲线特征与上述内容类似。

2.1.5　双层组合岩板断裂失稳破坏模式

如图 2.8 所示，在集中荷载作用下，上层薄板从中间位置沿其横断面产生自下向上逐渐扩展的裂纹，随着荷载的逐渐增大，直至产生裂纹贯穿现象；滞后薄板开裂，下层厚板也在中间位置附近，沿厚板横断面开裂，起裂方向也是自下而上延展。

图 2.8　双层岩板横断面裂纹扩展图(上薄下厚板)

由图 2.9 可以看出，在集中荷载作用下，双层岩板的上层薄板表面裂纹主要呈放射状分布，显现了板式断裂破坏特征；而下层厚板则表现为沿板中间主体裂纹产生梁式断裂破坏特征(由于岩板的端部效应，图 2.9(c)中产生了三组断裂)。

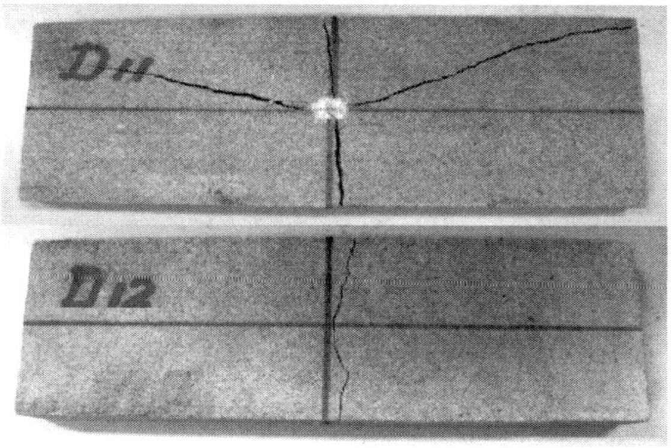

(a) 第一组双层岩板

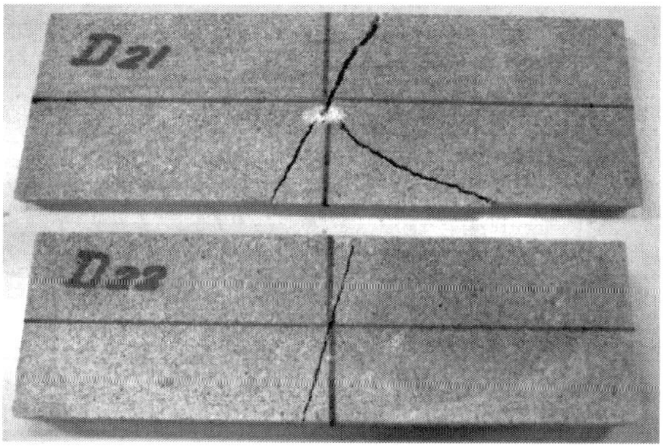

(b) 第二组双层岩板

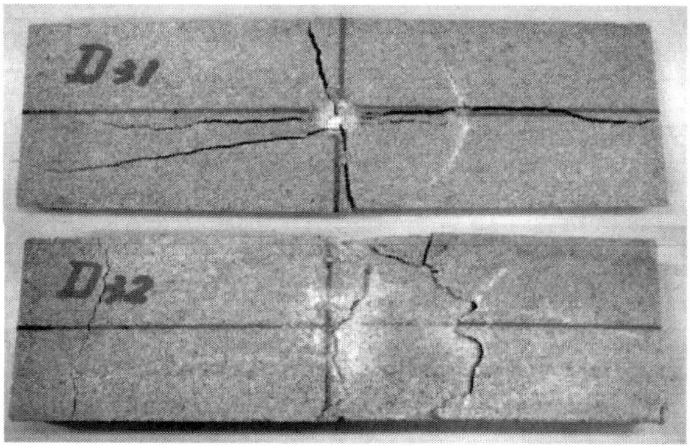

(c) 第三组双层岩板

图 2.9　岩板表面裂纹分布情况图(上薄下厚板)

试验研究发现：在双层组合岩板试验过程中，不论是上厚下薄组合岩板、上薄下厚组合岩板，还是双层厚板和双层薄板组合岩板，所有试验的上层板大都表现为放射状板式断裂特征，而下层板全部呈现为梁式断裂破坏。

特别值得关注的是如图 2.10 所示的两组岩板试验，在上层厚板中均出现了拱形破坏特征，说明随着岩板厚度的增大，组合岩板的上层板出现拱形破坏的概率增大。

(a) 上厚下薄组合岩板

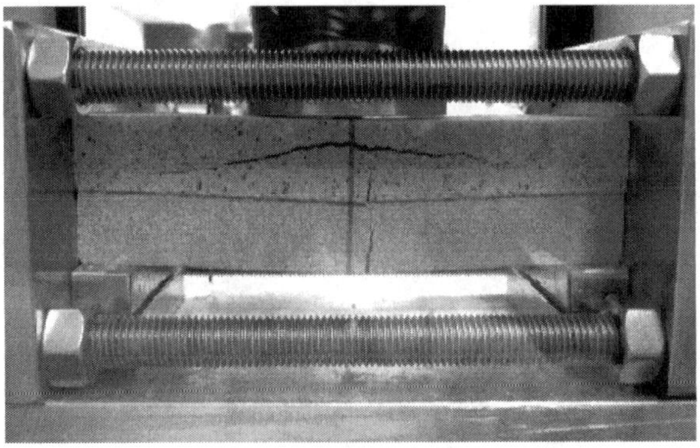

(b) 双层厚板组合岩板

图 2.10　双层岩板横断面拱形裂纹分布图

2.2　岩拱结构承载力学分析

2.2.1　工程力学模型

根据图 2.5 所示，在集中荷载作用下，岩板铰接成拱呈现梁式断裂的试验结果，为寻找竖向荷载与水平反力之间的关系，假设某岩梁断裂处于铰接拱结构，并对左半拱进行力学平衡分析(图 2.11)。由于试验过程中，施加的竖向荷载远大于岩板的自重，故此分析中忽略岩板的自重影响。

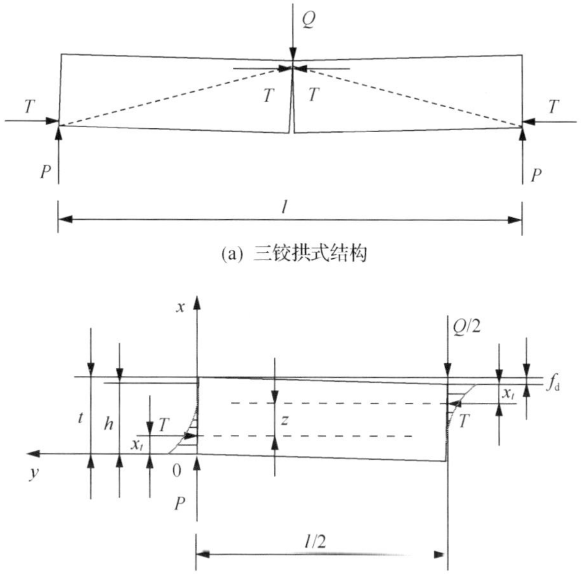

图 2.11　岩板铰接拱结构及力学分析图

2.2.2　竖向荷载与水平反力关系式

设左半拱在图 2.11 所示的位置满足力学平衡条件，选取铰接拱结构的长度为 l，厚度为 t_t，宽度为 r_w。当对整体拱结构施加竖向荷载 Q 后，在拱结构的中间位置产生挠度 f_d，则左半拱的挠度 f_d 可由下式确定：

$$f_d = \frac{Ql^3}{48EI} = \frac{Ql^3}{4Ert_t^3} \tag{2.1}$$

式中，E 为岩板的弹性模量；I 为岩板矩形横截面的惯性矩。

岩板断裂形成拱形铰接承载结构后，假设岩板在左侧铰接点和中间铰接点产生的水平反力呈指数分布($y = a(x-h)^b$，式中 a 和 b 为常数)关系分布，其分布高度和板的挠度 f_d 满足：

$$h = t_t - f_d \tag{2.2}$$

式中，h 为水平反力分布高度。

如图 2.11 所示，水平反力 T 的作用点位置 x_t 随着水平反力的分布变化，且 x_t 满足[40]：

$$x_t = \frac{h}{b+2} \tag{2.3}$$

式中，b 为常数。

将左侧的水平反力对岩板中间处的合力位置取距，设水平反力 T 的力臂为 z，根据图 2.11 所示的几何关系，可得

$$z = h - 2x_t = \frac{b(t_{\mathrm{t}} - f_{\mathrm{d}})}{b+2} \tag{2.4}$$

在图 2.11 中，设承载支座的竖向支撑力为 P，则由力矩平衡条件可得

$$Tz = P\frac{l}{2} \tag{2.5}$$

竖向支撑力 $P=Q/2$，联合式(2.1)和式(2.4)，并代入式(2.5)后进行整理，可得水平反力 T 和竖向荷载 Q 满足如下关系：

$$T = \frac{(b+2)QEr_{\mathrm{w}}lt_{\mathrm{t}}^{3}}{b(4Er_{\mathrm{w}}t_{\mathrm{t}}^{4} - Ql^{3})} \tag{2.6}$$

2.2.3 竖向荷载与水平反力关系曲线

图 2.12 为岩拱结构竖向荷载(Q)与水平反力(T)关系曲线图。由图 2.12 可以看出，岩板断裂铰接形成岩拱结构后，随着岩拱结构承载力的提高，产生的水平反力随之呈非线性增长趋势，但随着岩板厚度的增加，产生的水平反力有降低的趋势。图 2.12 中，t 为岩板厚度。

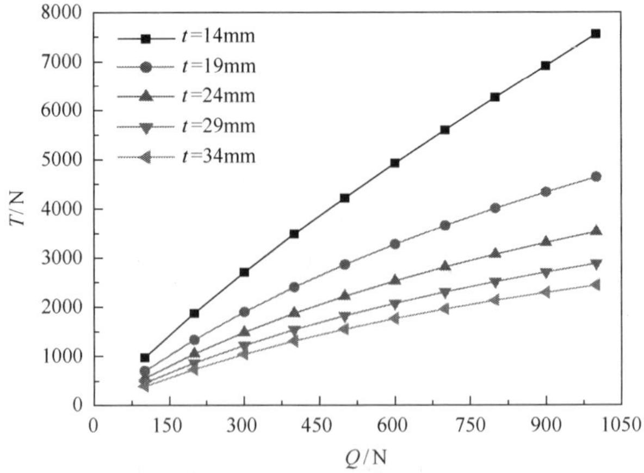

图 2.12　岩拱结构竖向荷载与水平反力关系曲线

图 2.13 为岩板厚度与水平反力关系曲线图。如图 2.13 所示，固定岩板宽度($r_w = 75$mm)下，随着岩板厚度的增加，岩拱结构产生的水平反力随之减小，且岩拱结构承载能力越高，水平反力下降趋势越显著。

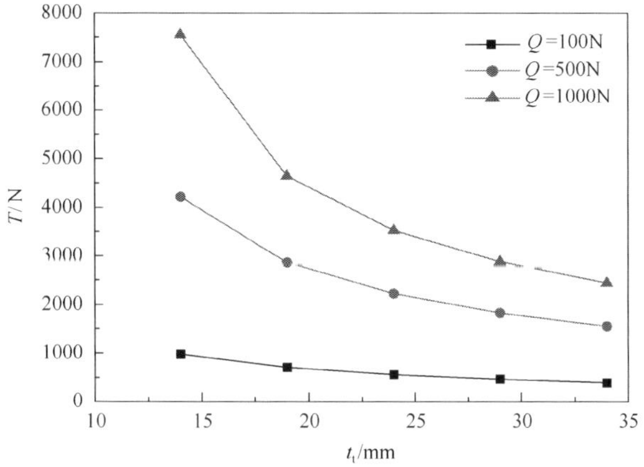

图 2.13　岩板厚度与水平反力关系曲线($r_w = 75$mm)

图 2.14 为岩板宽度与水平反力关系曲线图。如图 2.14 所示，当岩拱承载结构所受的竖向荷载为定值($Q = 500$N)时，随着岩板宽度的增加，岩拱结构产生的水平反力变化较小，且随着岩板厚度的增加，水平反力变化越不明显。

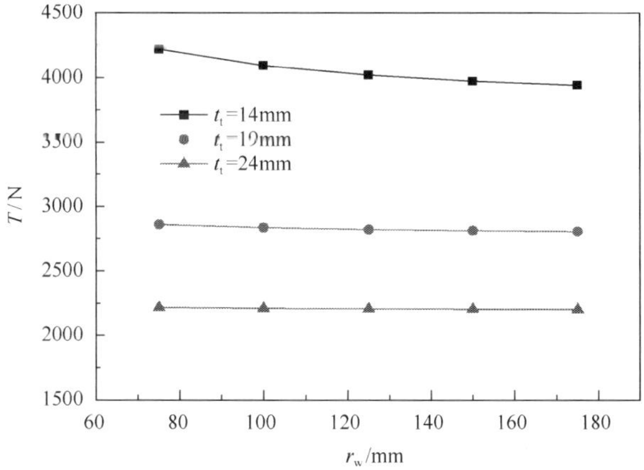

图 2.14　岩板宽度与水平反力关系曲线($Q = 500$N)

2.3　集中荷载作用下单层岩板断裂铰接失稳分析

2.3.1　构建计算模型

以单层砂岩厚板 190mm×75mm×24mm(长×宽×厚)为例，构建计算模型。

先生成岩板试样，然后在此基础上对其进行改造，生成岩板加载系统，具体的建模思路如下：

(1)按照指定的岩板尺寸，采用半径扩张法，在由六面墙体所围成的平行六面体内生成初始试样集合体。然后，在颗粒摩擦系数为 0 的条件下，进行力学平衡计算，达到系统的静态平衡，目的是保证所有的颗粒之间都有接触，且没有卸载区域。

(2)安装设计量值的各向同性应力。通过均匀改变颗粒半径的方法生成所需的内应力。将试样内部的各向同性应力设置为 0.1MPa，目的是减少后期在安装平行黏结键时生成较大的内应力。

(3)消除岩板试样内部的悬浮颗粒。利用半径扩张法生成颗粒过程中，由于颗粒半径是按照指定的半径区间，以均匀分布的随机方式生成的，这往往会造成悬浮颗粒的产生，即某些颗粒会不充分地与周边颗粒接触。定义少于三个接触的颗粒为悬浮颗粒，将其消除。

(4)完成岩板试样的生成。对所有颗粒安装平行黏结键，指定相应的摩擦系数，完成最终岩板试样的生成。

(5)加载系统的安装。首先删除沿岩板厚度方向和宽度方向的墙体，保留沿长度方向的两侧墙体；其次在岩板上方生成边长为 1cm 的正方形墙体作为集中荷载，同时在岩板下方的两端生成圆柱形墙体作为支座；最后将墙体刚度系数设为球体平均刚度系数的 100 倍，墙体的摩擦系数设为 0，如图 2.15 所示。

(6)加载准备。利用自行编写的水平力安装伺服程序对岩板两侧进行水平力安装，初始水平力设为 200N，集中加载速度设为 0.1m/s，同时启动裂纹跟踪函数，目的是监测后续岩板加载过程的裂纹扩展。为保证准静态的加载以及防止初始加载造成的惯性影响，以每次增加 1/800m/s 的加载速度进行加载，每次运行 25 时间步，共计 2000 时间步，完成最终加载。此后集中荷载的加载速度一直保持 0.1m/s。

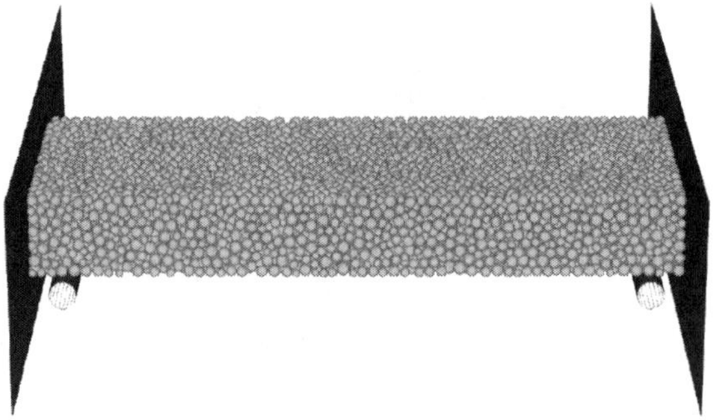

图 2.15 构建岩板加载系统

按照指定的岩板尺寸，采用半径扩张法，在所围成的平行六面墙体内生成初始试样集合体。孔隙率定义为

$$n = 1 - \frac{V_P}{V} \tag{2.7}$$

式中，V_P 为颗粒体的总体积；V 为封闭区域的总体积；n 为孔隙率。

式(2.7)两边同时乘以 V，则有

$$nV = V - \sum \frac{4}{3}\pi R^3 \tag{2.8}$$

如果设 n_0 为初始孔隙率，n_1 为新生成的孔隙率，则有

$$\frac{\sum R_1^3}{\sum R_0^3} = \frac{1-n_1}{1-n_0} \tag{2.9}$$

式中，R_0 为颗粒初始半径；R_1 为颗粒放大后半径。

整个层状岩板使用相同的半径放大倍数 m，则有

$$m^3 = \frac{1-n_1}{1-n_0} \quad \text{或} \quad m = \sqrt[3]{\frac{1-n_1}{1-n_0}} \tag{2.10}$$

层状岩板按 190mm×75mm×38mm 尺寸生成目标孔隙率 n_1 为 0.12，最大最小半径比 r_{m} 为 1.66，最小半径 $R_{\min}$ 为 0.0012m，初始假设一个 m 值，可以得到颗粒体初始孔隙率和新生成的孔隙率之间的关系为

$$n_0 = 1 - \frac{1-n_1}{m^3} \tag{2.11}$$

从而得到平均半径 $\overline{R}$ 为

$$\overline{R} = \sqrt[3]{\frac{3V}{4N\pi}(1-n_0)} \tag{2.12}$$

颗粒最大最小半径比 r_{m} 是由初始条件给定的，可得到颗粒体半径下限 $R_{\min}$ 和上限 $R_{\max}$ 分别为

$$R_{\min} = \frac{2\overline{R}}{1+r_{\mathrm{m}}} \tag{2.13}$$

$$R_{\max} = r_{\mathrm{m}} R_{\min} \tag{2.14}$$

2.3.2　单层岩板模型参数标定

将岩板视为由颗粒和胶结体组成的孔隙材料，应用颗粒流分析程序及平行黏结模型，模拟单层岩板在集中荷载作用下的荷载与位移关系，揭示岩板在变形破坏过程中的损伤及破裂发展过程。

颗粒流分析程序中颗粒和胶结体的相关参数与通常意义上的宏观参数存在较大的区别，因此需要进行大量的数值试验，根据数值试验的结果，获得与材料宏观性质大体一致的细观参数，在构建岩板模型之前，需要反复调整细观力学参数进行试算，直到数值计算结果与物理试验结果基本一致，才能确定砂岩材料的细观力学参数。需要调整的细观力学参数包括：ρ 为颗粒球体的密度；$R_{\min}$ 为最小颗粒半径；r_{m} 为颗粒最大最小半径比；$\overline{\lambda}$ 为半径乘数因子，用于设定平行黏结键半径；E_{c} 为颗粒间接触的弹性模量，$\overline{E_{\mathrm{c}}}$ 为平行黏结键模量；$k_{\mathrm{n}}/k_{\mathrm{s}}$ 为颗粒刚度系数比，$\overline{k_{\mathrm{n}}}/\overline{k_{\mathrm{s}}}$ 为平行黏结键刚度系数比；μ 为颗粒间摩擦系数；$\overline{\sigma_{\mathrm{c}}}$ 为平行黏结键的法向强度，$\overline{\tau_{\mathrm{c}}}$ 为切向强度。

应用颗粒流分析程序模拟集中荷载下，厚板砂岩的竖向力-水平力-位移关系曲线变化趋势与室内试验结果基本一致，说明数值模拟结果可信。通过试算确定岩板数值试验的细观力学参数，见表 2.2 所列内容。

表 2.2　岩板试验细观力学参数表

参数	ρ /(kg/m^3)	$R_{\min}$ /mm	r_{m}	μ	$\overline{\lambda}$	E_{c} /GPa	$\overline{E_{\mathrm{c}}}$ /GPa	$k_{\mathrm{n}}/k_{\mathrm{s}}$	$\overline{k_{\mathrm{n}}}/\overline{k_{\mathrm{s}}}$	$\overline{\sigma_{\mathrm{c}}}$ /MPa	$\overline{\tau_{\mathrm{c}}}$ /MPa
数值	2650	1.20	1.66	1.00	1.00	2.70	2.80	1.80	1.80	16	16

2.3.3　单层岩板断裂铰接成拱过程模拟分析

在图 2.16(a)所示弹性变形阶段，由位移矢量场可见，岩板发生轻微的弹性收缩变形，此时岩板未产生裂纹。在图 2.16(b)所示岩板脆性断裂阶段，岩板在加载点形成一条断裂裂纹，同时，在加载点与岩板接触表面出现局部剪切破坏，在岩板内部呈现拉伸破坏。在图 2.16(c)所示岩板断裂铰接成拱受力阶段，在岩板的两

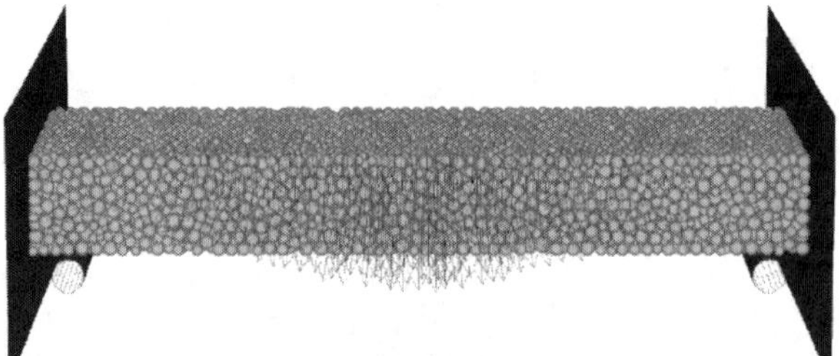

(a) 弹性变形阶段

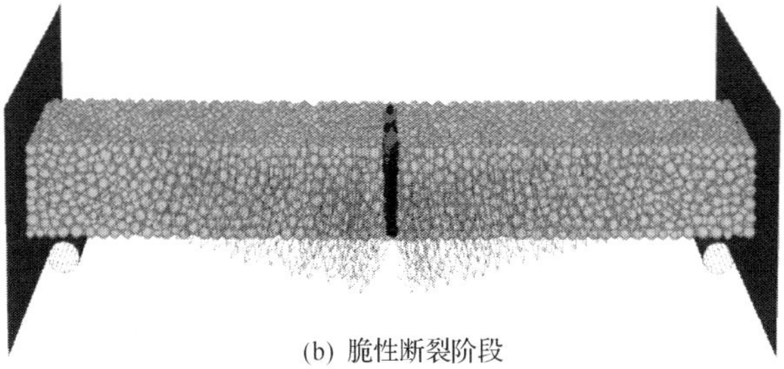

(b) 脆性断裂阶段

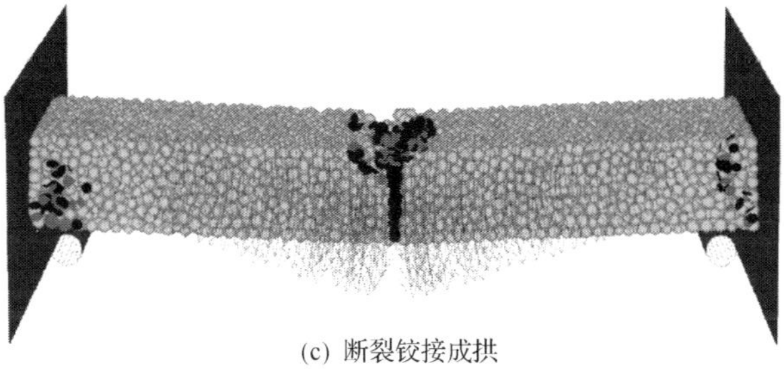

(c) 断裂铰接成拱

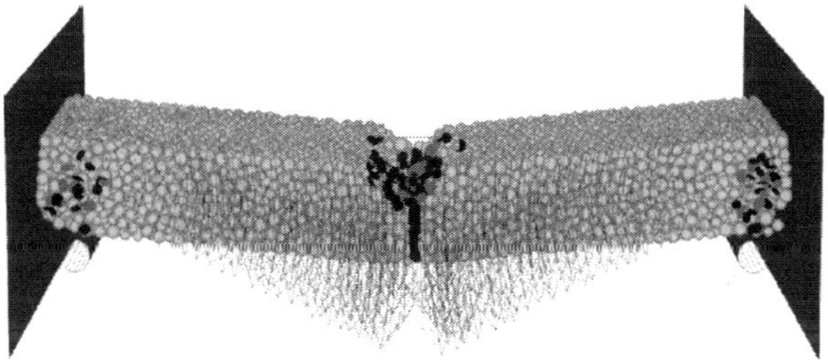

(d) 岩拱失稳阶段

图 2.16　集中荷载的加载

端产生了受挤压的剪切破坏，同时，在加载点处的裂纹两侧出现剪切破坏和拉伸破坏。在图 2.16(d)所示岩拱卸载失稳阶段，整个岩拱结构发生了较大的变形，且岩板右侧底部与铰接面接触的颗粒由于断裂破坏已经脱离岩板。

2.3.4　单层岩板断裂铰接成拱声发射特征

由裂纹数-位移关系曲线图 2.17 可以看出，剪切裂纹在整个力学响应阶段近似服从 S 形增长，而拉伸裂纹则在岩板断裂后服从 S 形增长。在竖向位移达到 1.0mm 左右时，岩板出现拉伸断裂。拉伸裂纹数急剧增长到 300，而剪切裂纹的数量则很少(剪切裂纹数 20)。当竖向位移在 1.0～2.5mm 区间内，裂纹扩展发育不明显，但随着竖向位移的不断增大，拉伸裂纹数和剪切裂纹数明显增多，两块岩板铰接拱部位产生挤压损伤；当竖向位移达到 4.0mm 左右，岩拱结构开始发生卸载失稳，此时裂纹数仍在增长；当竖向位移达到 6.0mm 左右，裂纹基本不发生扩展，岩拱结构彻底失稳。

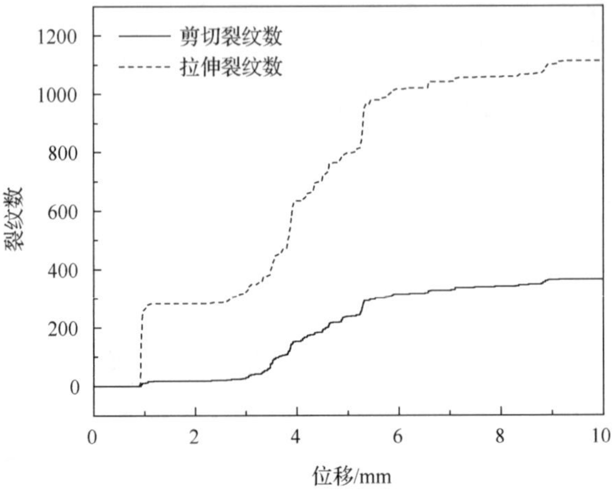

图 2.17　裂纹数与位移关系曲线

2.3.5　单层岩板断裂铰接拱失稳尺度效应

依次改变岩板长度、宽度、厚度，以揭示岩拱结构失稳的三维尺度几何效应。由图 2.18 可以看出，随着岩板长度的增加，岩拱结构失稳的竖向荷载和水平反力峰值均呈缓慢下降趋势，但变化幅度不大；随着岩板厚度的增加，岩拱结构失稳的竖向荷载和水平反力峰值呈现为明显的上升趋势；随着岩板宽度的增加，岩拱结构失稳的竖向荷载和水平反力峰值也呈现出明显的上升趋势。由计算结果可知，相对岩板长度，岩板宽度和岩板厚度对岩板断裂铰接成拱结构的变形失稳更为敏感。

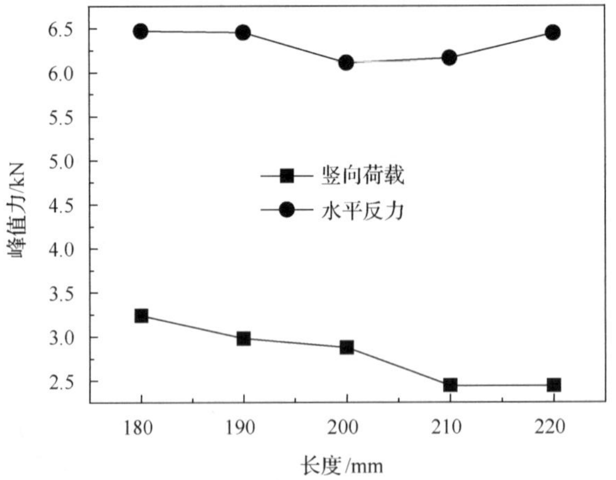

(a) 长度效应

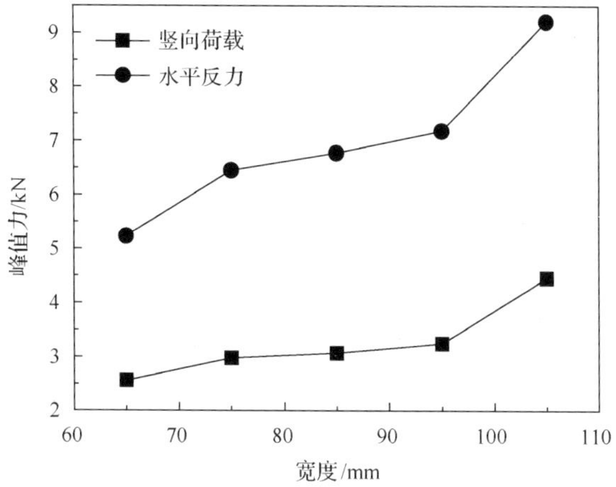

(b) 宽度效应

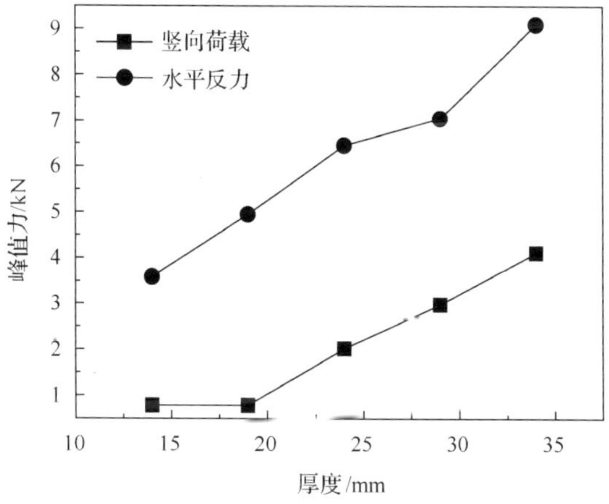

(c) 厚度效应

图 2.18　竖直荷载和水平反力的峰值力与几何尺寸效应关系曲线

2.4　集中荷载作用下双层岩板断裂铰接失稳分析

2.4.1　双层岩板断裂铰接拱失稳特征

如图 2.19(b) 所示，应用颗粒流分析程序模拟计算，得到集中荷载作用下双层岩板竖向荷载-水平反力-位移关系曲线，其变化趋势与室内试验结果 2.19(a) 基本一致，说明数值模拟结果可信。

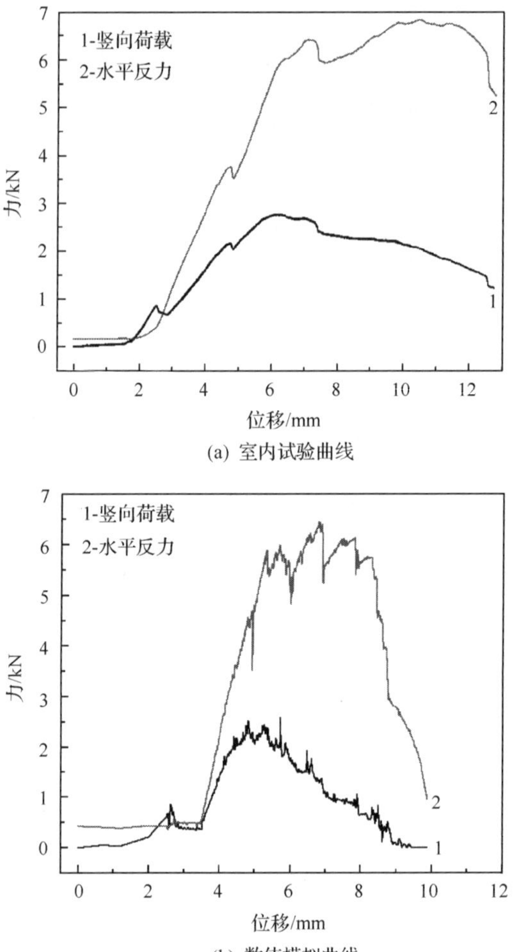

(a) 室内试验曲线

(b) 数值模拟曲线

图 2.19　集中荷载作用下力与位移关系曲线

2.4.2　双层岩板断裂铰接拱失稳过程

如图 2.20(a)所示，在集中荷载作用下，双层岩板上层厚板自上而下产生脆性断裂，并形成铰接拱结构。由图 2.20(b)可以看出，随着竖向荷载的继续增大，下层厚板也出现了自下而上的拉裂纹，双层岩板断裂贯通形成叠合铰接拱结构，在上层岩板两端底部位置出现压剪破坏效应。由图 2.20(c)可以看出，当竖向荷载进一步增大，双层岩板铰接拱结构开始承载，两侧断裂岩板绕着中间贯通裂纹转动，使中间贯通裂纹部位的破坏加剧。由图 2.20(d)可以看出，当竖向荷载增大超过岩拱结构承载峰值时，双层岩板铰接拱结构开始出现卸载破坏失稳现象，岩板两端底部位置压剪破坏加剧。

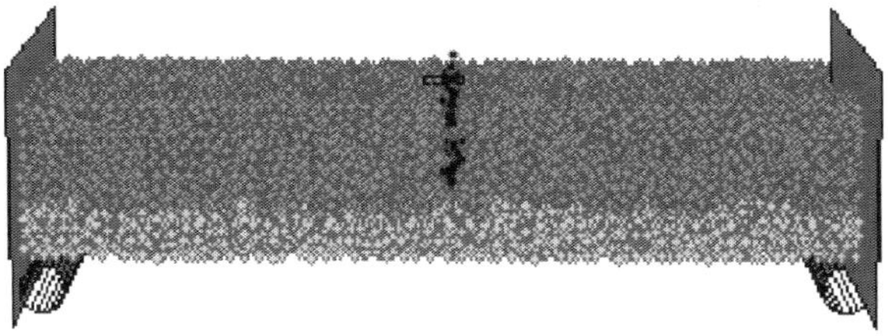

(a) 上板脆性起裂

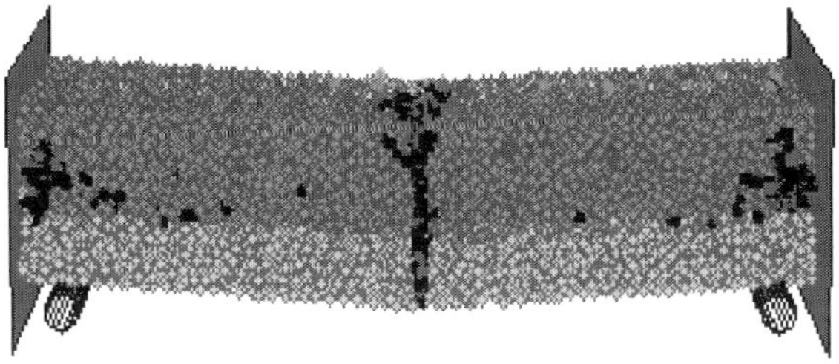

(b) 双板断裂贯通

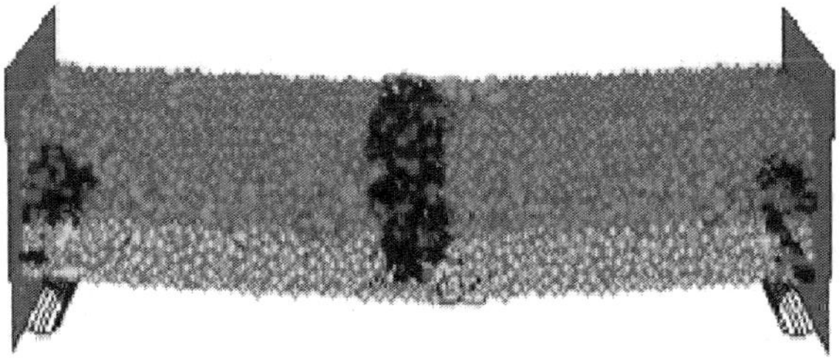

(c) 铰接岩拱承载

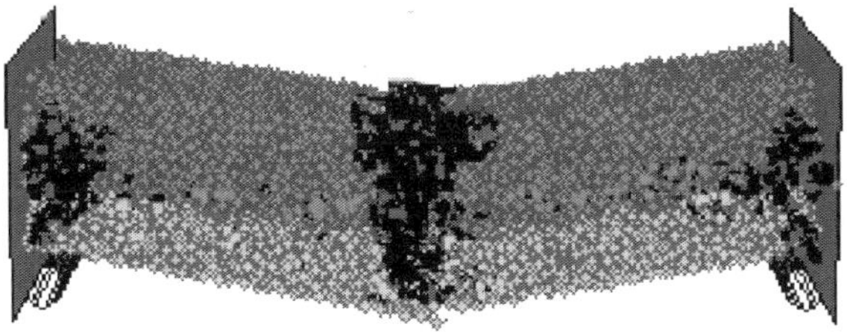

(d) 岩拱失稳破坏

图 2.20　双层岩板断裂铰接失稳演化过程

2.4.3　双层岩板断裂铰接成拱声发射特征

由图 2.21 和图 2.22 可以看出，当双层岩板的竖向位移达到 2.7mm 时，在竖向荷载-位移曲线第一峰值附近，声发射计数陡然增长，下层岩板产生拉、剪断裂。在竖向位移处于 2.7～4.5mm 内，声发射计数和岩板裂纹数变化不明显，其曲线出现相对稳定平台。当竖向位移处于4.5～8.5mm时，声发射计数和岩板裂纹数不断增加，竖向荷载曲线先升后降、水平反力曲线增大到最大峰值附近，出现平台波动变化，双层岩板断裂铰接拱结构处于承载阶段。当竖向位移超过8.5mm后，双层岩板铰接拱进入卸载失稳阶段，竖向荷载和水平反力曲线迅速下降，声发射计数和岩板裂纹数不再变化。由图2.22可以看出，在双层岩板变形、断裂以及失稳过程中，岩板呈现拉剪复合破坏模式，主要以剪切破坏为主。

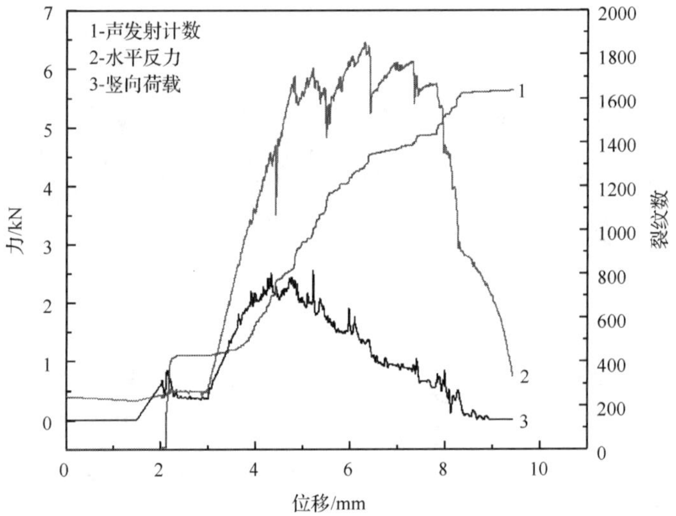

图2.21　竖向荷载-声发射计数-位移关系曲线

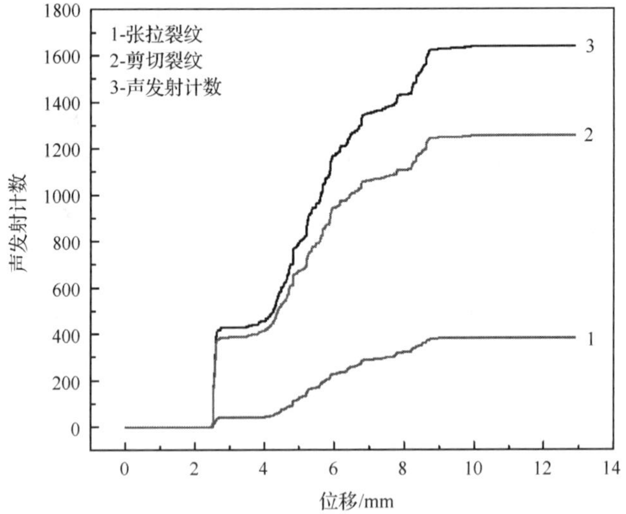

图2.22　岩板位移与声发射计数关系曲线

2.4.4　双层岩板断裂失稳影响因素分析

1. 双层岩板间摩擦系数变化

由图 2.23 可以看出，随着双层岩板层间摩擦系数由 0、0.25、0.50、0.75、1.00 依次增大，竖向荷载峰值由 2.5kN 逐渐增大至 5.0kN，竖向荷载峰值曲线总体呈上升趋势；水平反力峰值曲线出现先增大后减小变化，但其数值变化不大，稳定在 6.5kN 左右。水平反力峰值比竖向荷载峰值大。当摩擦系数为 1.0 时，竖向荷载峰值和水平反力峰值接近。在集中荷载作用下，随着层间摩擦系数的增大，双层岩板的整体性增强，层状岩板整体结构的稳定性提高。

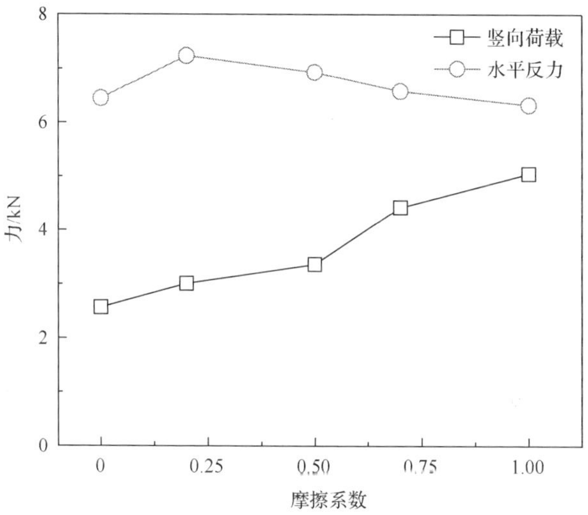

图 2.23　岩板受力与摩擦系数关系曲线

耗散能量变化可反映岩板铰接成拱失稳演变过程。如图 2.24 所示，随着双层岩板层间摩擦系数由 0、0.25、0.50、0.75、1.0 增大，双层板间以及颗粒之间的摩擦力产生的摩擦能在 0.25 附近最大；随后曲线呈下降趋势，当摩擦系数增加到 0.75，耗散能量基本保持在 2.8MJ，而总能量随着摩擦系数的增大而增大，稳定在 9.5MJ。

2. 双层岩板组合关系变化

由图 2.25 可以看出，随着双层岩板的组合形式由双层薄板、上厚下薄双层岩板、上薄下厚双层岩板到双层厚板变化，竖向荷载峰值曲线和水平反力峰值曲线总体均呈上升趋势。上厚下薄、上薄下厚双层岩板组合形式对竖向荷载峰值影响不大，但对水平反力峰值有明显影响。上薄下厚双层岩板断裂铰接成拱的稳定性比上厚下薄双层岩板好，抵抗变形能力强。

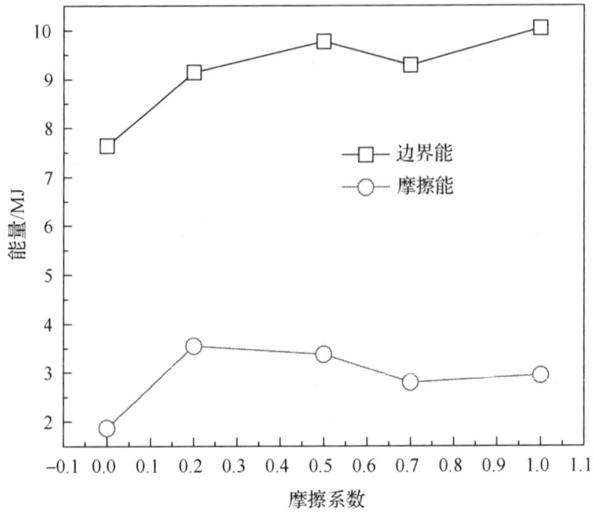

图 2.24　能量耗散和板间摩擦系数关系曲线

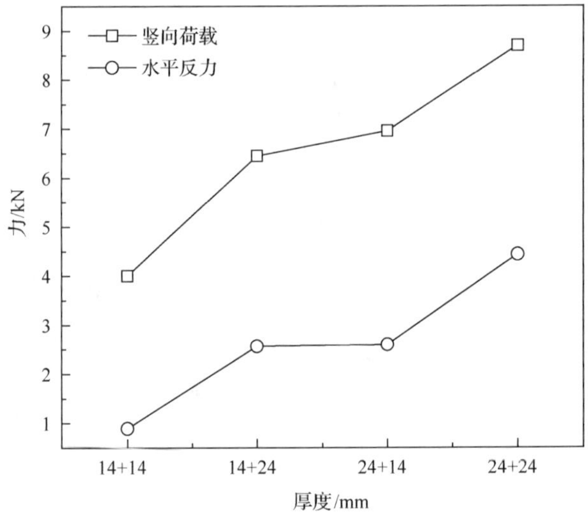

图 2.25　双层岩板受力与岩板组合关系曲线

总体来看，随着岩板厚度的增大，竖向荷载峰值曲线和水平反力峰值曲线呈现显著增大趋势，岩板厚度尺寸效应显著。

2.4.5　双层岩板断裂失稳能量耗散特征

熵的概念是研究热功转变时提出来的，熵是一个状态函数。通过统计学方法得到

$$S = k_{\mathrm{B}} \ln \Omega \tag{2.15}$$

式中，S 为熵；k_B 为玻尔兹曼(Boltzmann)常数；Ω 则为宏观状态所包含的微观状态数量。

式(2.15)是用来描述与系统混乱程度存在对应关系的系统熵值的玻尔兹曼原理。在宏观状态中所包含的微观态数量越少，说明系统内部的运动越单一，越有序，熵值就越小；反之，系统内部的运动越复杂多样，越无序，熵值就越大。

熵的概念在热力学、经典统计力学以及经济学等学科领域已经得到广泛应用[41]。熵的表达式为

$$H(x) = -\sum_{i=1}^{\infty} p_l \ln p_l \tag{2.16}$$

式中，信息熵 $H(x)$ 是用来描述一个随机变量出现的期望值；p_i 是信息量 x 的概率函数，其函数值区间范围为 0 至 1，且 $\sum_{i=1}^{\infty} p_i = 1$。求出每个信息量出现的概率，就能得到相应表征系统不确定性的熵值。引用信息熵概念就能够描述层状岩板铰接断裂破坏过程中内部复杂无序的颗粒运动。

在边界条件与作用荷载给定条件下，层状岩板内部共有 n 个单元体，第 i 个单元体的应变能 u_i 为

$$u_i = \int_{ij} \frac{1}{2} \sigma_{ij} \varepsilon_{ij} \mathrm{d}V_i \tag{2.17}$$

式中，σ_{ij} 和 ε_{ij} 分别为岩板内部单元体的应力和应变；V_i 为第 i 个单元体的体积。将层状岩板内部的单元体应变能相加，即总应变能为

$$U = \sum_{i=1}^{n} u_i \tag{2.18}$$

假设 p_i 满足下式：

$$p_i = \frac{u_i}{U}, \quad i = 1, 2, \cdots, n \tag{2.19}$$

且 p_i 满足以下条件：

$$\sum_{i=1}^{n} p_i = 1 \tag{2.20}$$

$p_i \geqslant 0 \quad (i = 1, 2, \cdots, n)$，$p_i$ 为第 i 个单元的应变能占总应变能的概率，表示岩板内部不同位置应变能分布情况。为描述岩板内部的应变能分布信息，将应变能熵定义为

$$S = -\sum_{i}^{n} p_i \ln p_i \tag{2.21}$$

式(2.21)将层状岩板内部的应变能转化为应变能熵，表示该岩板内部不同位置应变能的分布情况，以揭示层状岩板在集中荷载作用下破坏过程的演化。

测量球域(measurement sphere)表示颗粒流分析模型内的许多参数能在一个给定的球形区域内被测量，该区域的位置和大小可随意指定。孔隙率、应力、应变率、配位数和滑移比都可以通过定义的测量球域来测量。如图 2.26 所示，在双层岩板内设置五个监测点，在每个监测点可以检测球体范围内应变能变化。

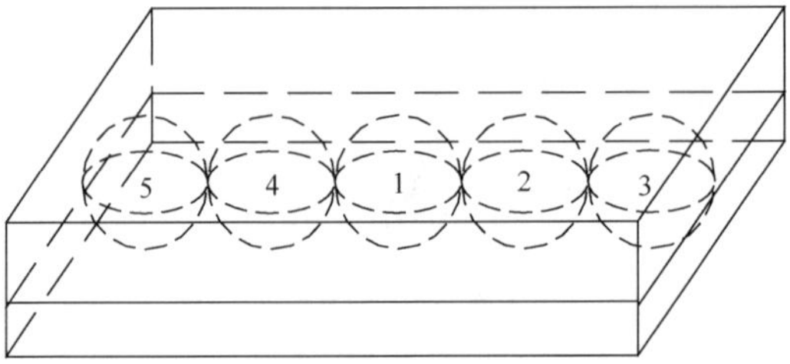

图 2.26　岩板内监测球体位置示意图

如图 2.27 所示，对于竖向岩拱结构，各监测点应变能均呈显著增长趋势，尤其是监测点 1 位置，应变能变化显著，说明该部位岩板变形、断裂破坏剧烈。当竖向位移超过 8.5mm 后，岩板铰接拱结构失稳破坏，应变能不再变化。

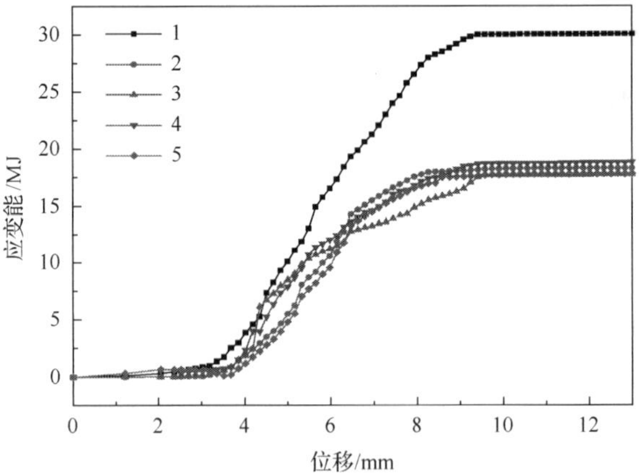

图 2.27　应变能-位移变化曲线

如图 2.28 所示，当竖向位移为 2.7mm 时，双层岩板处于弹性变形阶段，应变能熵曲线变化不明显。当竖向位移为 4.5mm 时，应变能熵曲线突然陡降，此时下层岩板产生断裂。当竖向位移在 2.7～4.5mm 范围时，应变能熵曲线出现先增后降的变化，岩板系统呈现混乱不稳定状态。当竖向位移在 4.5～8.5mm 范围时，双层岩板铰接拱处于承载耗能阶段，应变能熵曲线迅速陡降。当竖向位移超过 8.5mm 后，岩板铰接拱结构失稳破坏，应变能熵曲线趋向最小值。可见，双层岩板变形失稳过程与应变能熵曲线密切相关，应变能熵可以表征系统整体的稳定状态。

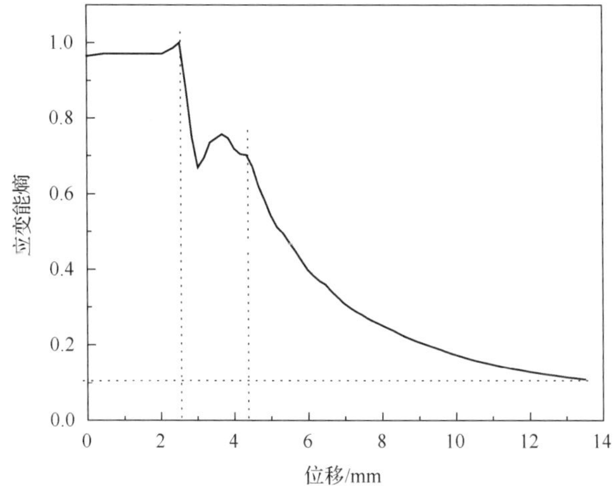

图 2.28　双层岩板断裂失稳过程应变能熵-位移变化曲线图

2.5　固定边界条件岩板断裂失稳破坏特征

2.5.1　构建计算模型

以上厚下薄组合双层岩板为例，构建数值计算模型。具体思路如下：

(1) 按照指定岩板尺寸，采用半径扩张法，在所围成的平行六面墙体内生成初始试样集合体。通过均匀改变颗粒半径生成指定的内应力。

(2) 按 190mm×75mm×38mm 尺寸生成单层岩板，如图 2.29(a) 所示，接着，按实际尺寸设置光滑的水平节理面，生成上厚下薄的双层岩板。首先删除岩板四周的墙体，在岩板上方生成边长为 1cm×1cm 墙体作为集中荷载，同时，在岩板下方的两端生成圆柱形墙体作为支座，再根据不同的边界条件设置边界约束，如图 2.29(b) 所示。

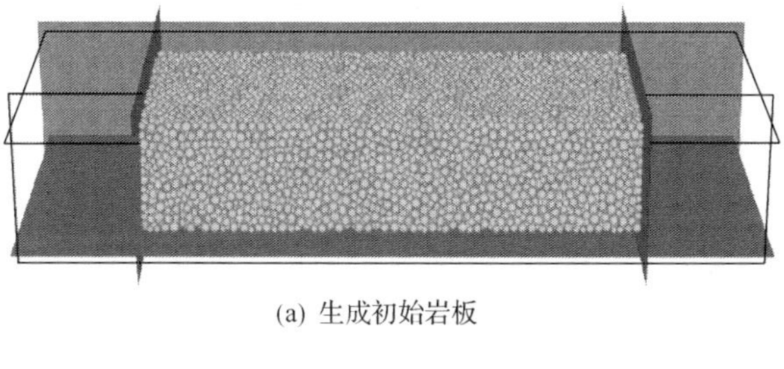

(a) 生成初始岩板

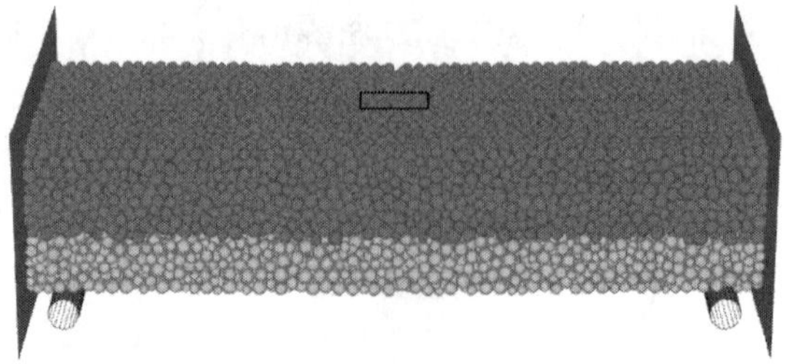

(b) 施加边界条件和侧向墙体

图 2.29　构建双层岩板计算模型

(3)集中加载速度设为 0.10m/s，利用裂纹跟踪函数，研究岩板在加载过程中的裂纹扩展。

2.5.2　组合岩板断裂铰接拱失稳破坏过程

在如图 2.30(a)所示岩板弹性变形阶段，岩板发生轻微的弹性收缩变形，此时岩板未产生裂纹。在如图 2.30(b)所示岩板脆性断裂阶段，上层厚板在岩板在加载点形成一条贯通裂纹，而下板在中央位置并未出现裂纹，在固定边界条件下，两块岩板单独承受荷载作用比较明显，上层厚板形成独立的拱结构。在加载点与岩板接触表面出现局部剪切破坏，在下层岩板固定端边界处，因支座和上层岩板所受集中力扩散作用，产生切向裂纹和拉伸裂纹，形成局部破坏。在如图 2.30(c)所示岩拱结构受力阶段，随着荷载的增加，上层厚板裂纹继续增长，下层薄板在中央位置产生贯通断裂，断裂的岩板在两端固结的情况下形成悬臂板，在断裂处有铰接拱形成。在厚板两端产生的裂纹主要以拉伸裂纹为主，在薄板和厚板两端交界处形成剪切裂纹和拉伸裂纹，以拉伸裂纹为主。在如图 2.30(d)所示岩拱失稳破坏阶段，整个岩拱结构发生了较大的变形，岩板中间产生裂纹明显增多，且岩板两边与固端接触的颗粒由于断裂破坏已经脱离岩板。

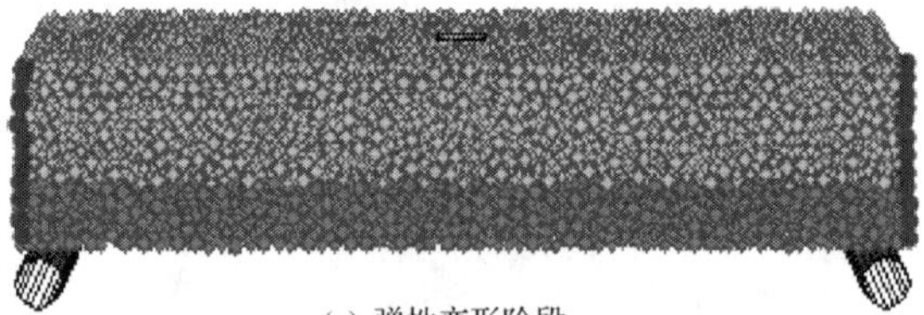

(a) 弹性变形阶段

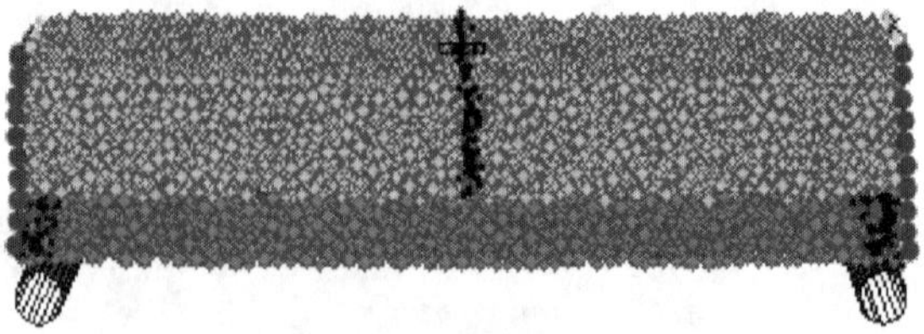

(b) 脆性断裂阶段

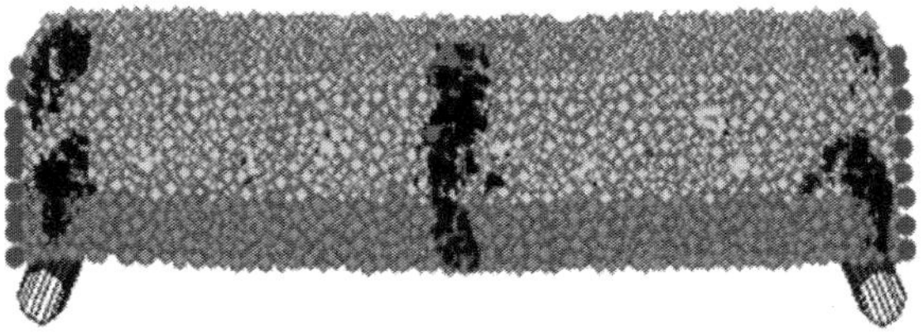

(c) 岩拱结构受力阶段

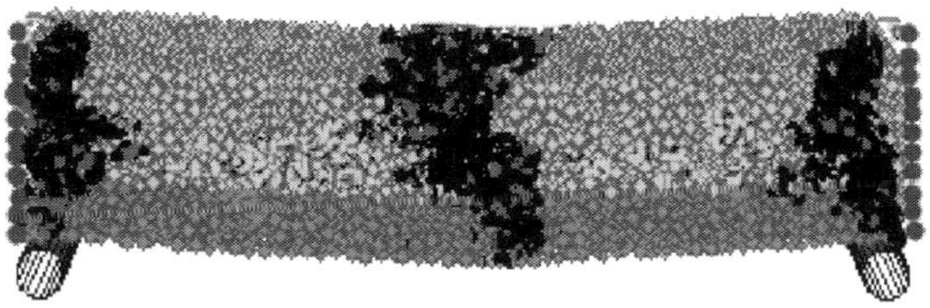

(d) 岩拱失稳破坏阶段

图 2.30　双层岩板断裂铰接失稳破坏过程图

2.5.3　组合岩板断裂铰接拱失稳破坏特征

如图 2.31 所示，在集中荷载作用下，厚板砂岩的竖向荷载-裂纹数-位移关系曲线可分为四个阶段。位移 0～1.8mm 为弹性变形阶段 A，在加载初期，荷载跳跃起伏，加载力还没有稳定，随后竖向荷载-位移曲线呈线性增长，此时裂纹数为零。位移 1.8～3.7mm 为岩板脆性断裂阶段 B，在该阶段的竖向荷载-位移曲线呈现先降后升趋势，前期为上层厚板断裂导致内力重分布，后期为上层铰接和下层薄板共同作用下的增长趋势，此时声发射现象主要以张拉裂纹为主，剪切裂纹变化不明显。位移 3.7～6.5mm 为岩拱结构受力阶段 C，在该阶段，上下层岩板中间

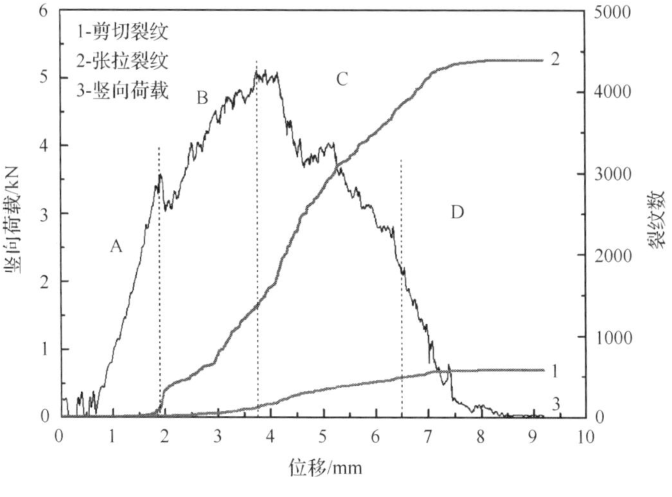

图 2.31　双层岩板竖向荷载-裂纹数-位移关系曲线图

均产生贯通裂纹，且岩板竖向荷载-位移曲线呈阶梯下降趋势，前期竖向荷载增加，此时铰接拱和断裂板形成的悬臂板共同作用，当达到峰值以后，呈阶梯下降趋势，主要因为双层岩板两端固结处会产生断裂，内力会重分布。在此阶段的张拉裂纹和剪切裂纹均有明显的增长幅度，裂纹的变化主要为下层薄板和固定端岩板的断裂。位移大于6.5mm为岩拱卸载失稳阶段D，在该阶段，竖向荷载下降明显，张拉裂纹和剪切裂纹变化不明显。

2.5.4　组合岩板断裂铰接拱失稳影响因素分析

1. 加载速度变化特征

如图2.32所示，加载速度在0.1～1.0m/s内，双层岩板破坏时竖向荷载增大明显。当速度大于1.0m/s时，岩板破坏时竖向荷载增大不明显。

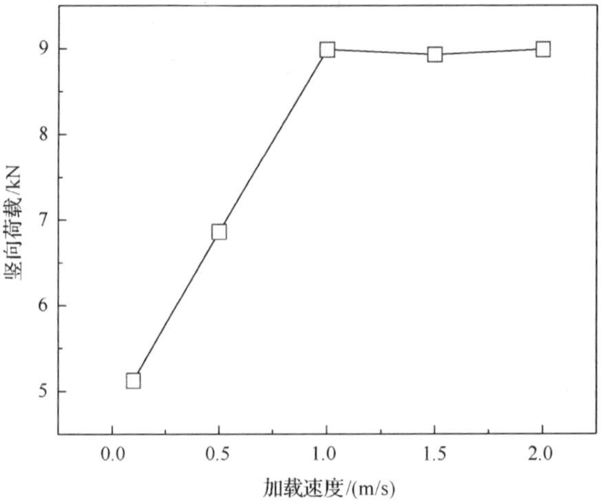

图2.32　岩板破坏时竖向荷载-加载速度关系曲线

2. 岩板几何尺度效应

如图2.33所示，在固定边界条件下，当双层岩板总厚度不变时，岩板破坏时竖向荷载自小而大的次序依次为上薄下厚、两层同厚、上厚下薄、整块厚板。由此可见，随着上层岩板的厚度增大，岩板破坏时的竖向荷载也随之变大。当整块厚板承受荷载作用时，竖向荷载明显变大，此时主要体现为岩板的整体作用。

3. 混合边界条件变化

当边界条件改变时，双层岩板的水平力峰值和竖向力峰值均会产生相应变化。如图2.34所示，其边界条件依次为双板铰接(图2.34(a))、下板固定上板铰接(图2.34(b))、上板铰接下板固定(图2.34(c))和双板固定(图2.34(d))。

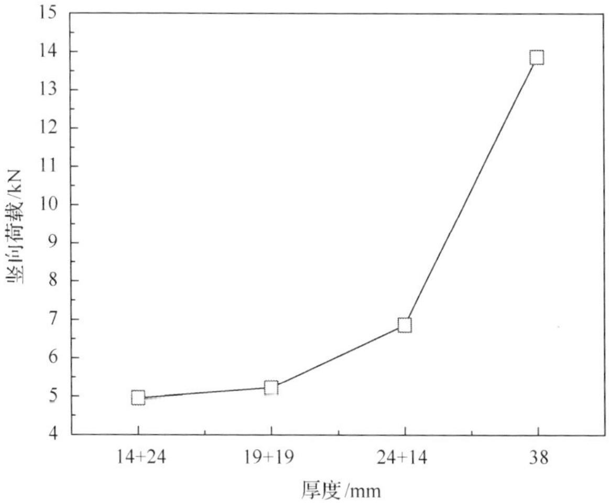

图 2.33　竖向荷载-厚度关系曲线图

(a) 双板铰接

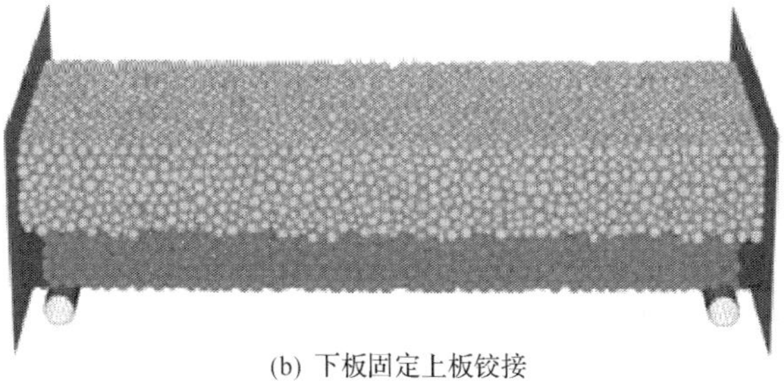

(b) 下板固定上板铰接

(c) 上板铰接下板固定

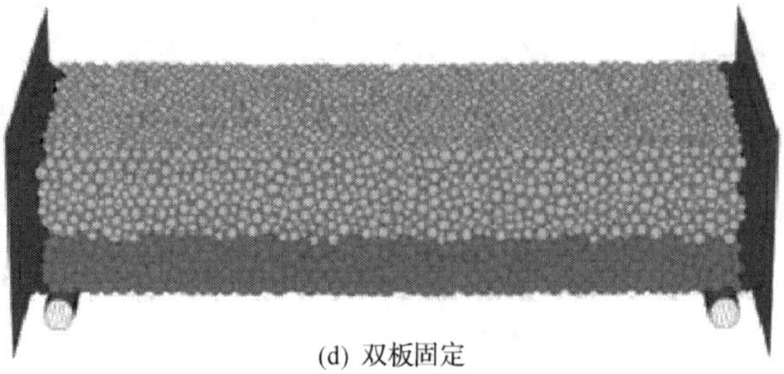

(d) 双板固定

图 2.34　不同边界条件示意图

由图 2.35 可以看出，当改变边界条件时，岩板破坏时的竖向荷载最大峰值变化不明显，而水平反力随着铰接边界向固定边界转变而变小。当岩板两端为全固定时，墙体受到的侧向力很小。其原因是，铰接边界条件有利于岩板在边界处的转动，可减缓边界处岩板的破坏程度。随着竖向荷载的增大，铰接岩板两侧墙体会给岩板一个反作用力，使其容易形成铰接拱受力结构。

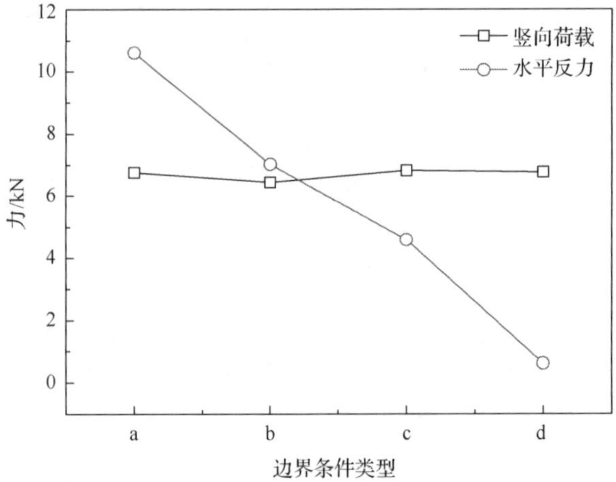

图 2.35　不同边界条件下岩板水平反力-竖向荷载曲线图

如图 2.36 所示，随着双层岩板层间黏聚力按 0MPa、0.5MPa、1.0MPa、1.5MPa、2.0MPa、7.5MPa、10MPa 顺序增大，竖向荷载峰值先变小后变大，最后趋于平稳。当黏聚力在 0～1.0MPa 范围内，竖向荷载峰值先减小，此时两块板之间作为独立的个体，相互作用比较明显。当黏聚力在 1.0～10MPa 范围内，两岩板之间的整体性增强，岩板竖向荷载峰值也随之变大。岩板之间的黏聚力小于 1/370 岩板内部粒子键强度，竖向荷载的峰值波动范围为 6.3～6.9kN，对两端固定的岩板影响较小。

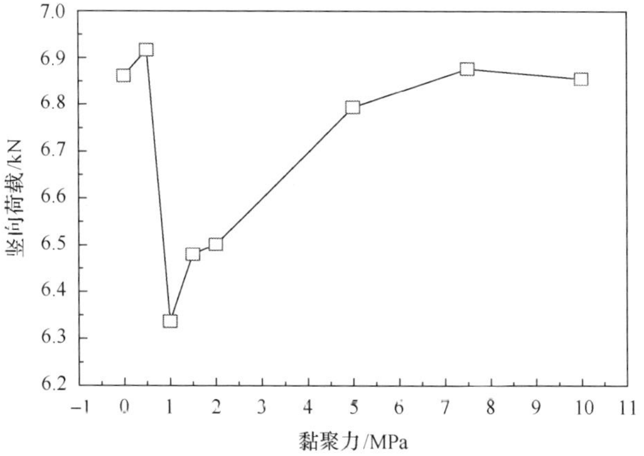

图 2.36　岩板颗粒间黏聚力-竖向荷载关系曲线

第 3 章　公路隧道围岩压力拱演化特征

3.1　隧道围岩压力拱特性

3.1.1　隧道围岩压力拱表征

公路隧道开挖前，地下岩体处于三维应力的平衡状态；公路隧道开挖后，由于解除了约束，隧道开挖面围岩由三维应力状态变为二维应力状态，隧道围岩临空面的切向应力为最大值，径向应力为最小值。随着隧道围岩二次应力状态的自我调整，径向应力从零向围岩内部逐渐增大至原岩应力状态，切向应力向围岩内部经历峰值变化后逐渐也趋于原岩应力状态。

如图 3.1 所示，隧道开挖后，隧道围岩为抵抗不均匀变形而进行自我调节，在围岩内部形成的压应力集中区域，称为压力拱。压力拱不仅存在于隧道围岩顶板，同时存在于隧道围岩两帮和底板。处于压力拱中的岩体承担着自身和其上岩体的荷载，这样一个具有拱的力学特性的结构可确保其上方岩体不会塌落。

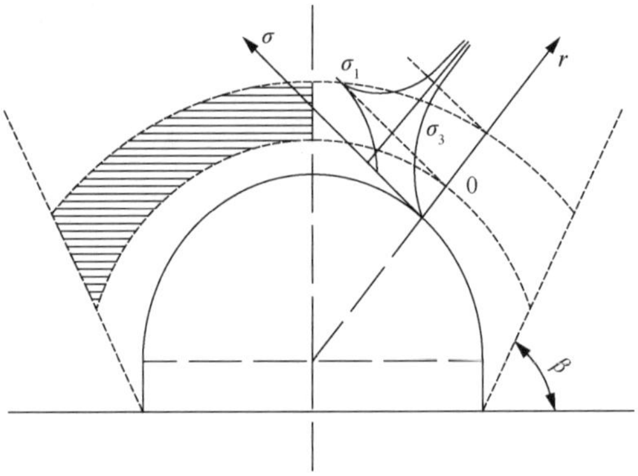

图 3.1　压力拱形态及边界范围示意图

在开挖隧道的周围存在着不同形态的压力拱。为了研究方便，定义变量

$$e = \frac{\sigma_1 - \sigma_3}{\sigma_1} \tag{3.1}$$

式中，σ_1 和 σ_3 分别为隧道开挖后围岩单元的最大主应力和最小主应力，MPa。

将隧道围岩单元最大主应力峰值点对应的边界定义为压力拱的内边界。将所定义的隧道围岩单元应力变量 e 为 0.1 的点对应的边界视为压力拱外边界。公路隧道围岩压力拱边界形态如图 3.1 所示，图中，r 为距离(单位为 mm)，σ 为应力(单位为 MPa)，β 为破裂角。在公路隧道的两侧墙角，以普氏理论与朗肯理论中破裂角 β 向隧道围岩内部延伸与压力拱内、外边界相交的边界作为压力拱的侧向边界。破裂角 $\beta = 45° + \varphi / 2$，$\varphi$ 为隧道围岩内摩擦角。

为便于分析，定义隧道围岩压力拱特征参数如图 3.2 所示。图中，h_t 为压力拱拱顶厚度(单位为 m)，h_m 为压力拱拱腰厚度(单位为 m)，h_f 为压力拱拱脚厚度(单位为 m)。

隧道围岩压力拱的力学与工程意义为：当压力拱内边界靠近隧道开挖面时，隧道围岩稳定状态较好，反之，隧道围岩稳定状态则较差。压力拱拱体的厚度能够表明隧道围岩受扰动的程度及范围，该厚度小，说明承担拱体自身及其上荷载的岩体荷载较小；厚度大，则意味着需要承担较大的围岩荷载。

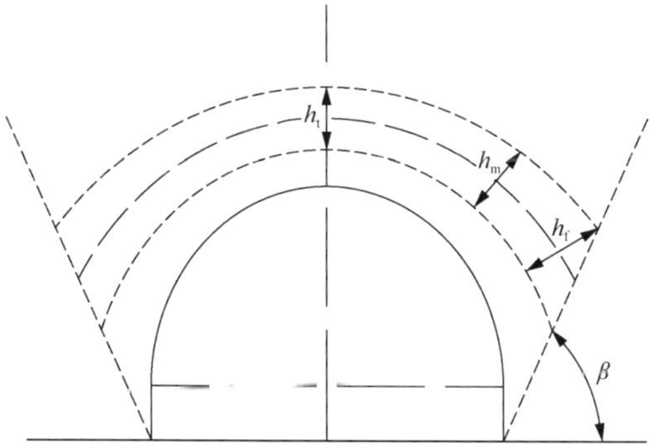

图 3.2　隧道围岩压力拱几何参数示意图

3.1.2　建立数值计算模型

某公路隧道直墙半圆拱断面设计尺寸为：宽×高=24m×13m。隧道围岩为风化砂岩，稳定性较差，属Ⅳ级围岩。公路隧道施工区域水文地质条件简单。根据《公路隧道设计规范》(JTGD70-2—2014)，公路隧道Ⅳ级围岩的物理力学参数选取如表 3.1 所示。

表 3.1　公路隧道围岩的物理力学参数取值表

围岩级别	重度 /(kN/m^3)	弹性模量 /GPa	泊松比	黏聚力 /MPa	摩擦角 /(°)
Ⅳ	22～23	1.3～6	0.3～0.35	0.2～0.7	27～39
Ⅲ	23～25	6～20	0.25～0.3	0.7～1.5	39～50
Ⅱ	25～27	20～33	0.2～0.25	1.5～2.1	50～60

应用仿真计算软件构建数值计算模型及网格划分，如图 3.3 所示。该模型计算范围为：长×宽×高=80m×2m×64m，共划分为 10048 个单元。计算模型侧面限制水平移动，底面固定，模型上表面为荷载边界，施加以模拟上覆岩层自重的均布荷载。假定隧道围岩材料破坏符合莫尔-库仑(Mohr-Coulomb)强度准则。隧道处于静水应力状态，即侧压力系数 $\lambda = 1.0$。

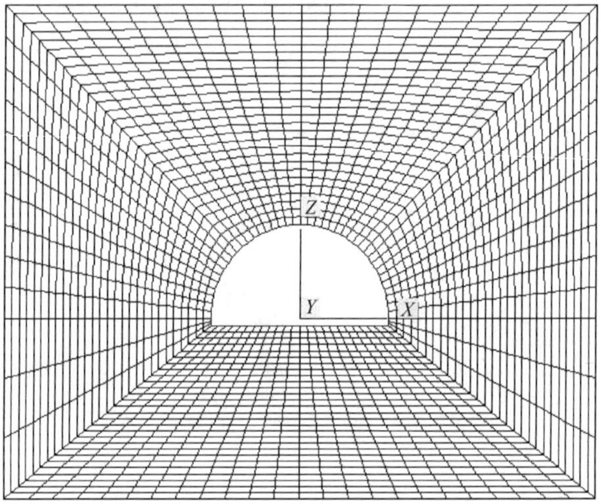

图 3.3　数值计算模型及网格划分示意图

公路隧道开挖后的平面应力分布状况如图 3.4 所示。图 3.4 中，起自隧道底两侧斜线为破裂角线，曲线由内向外依次为压力拱内、外边界线。依据隧道围岩压力拱内、外边界的定义，确定压力拱中轴线，采用绘图和数据分析软件拟合该公路隧道压力拱曲线方程模型，如图 3.5 所示。

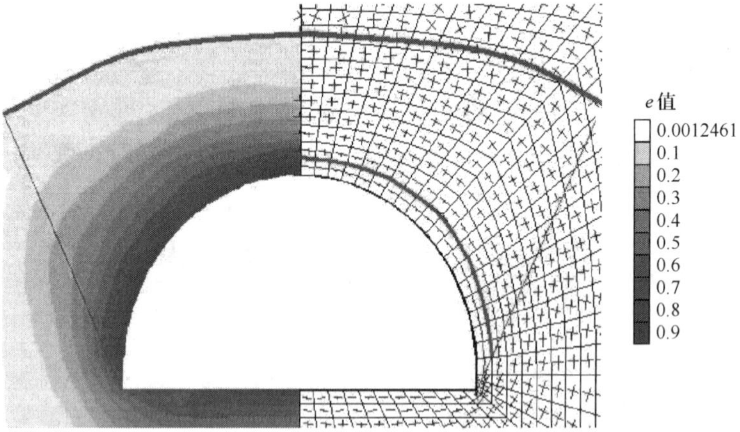

图 3.4　隧道围岩应力边界与主应力矢量分布图

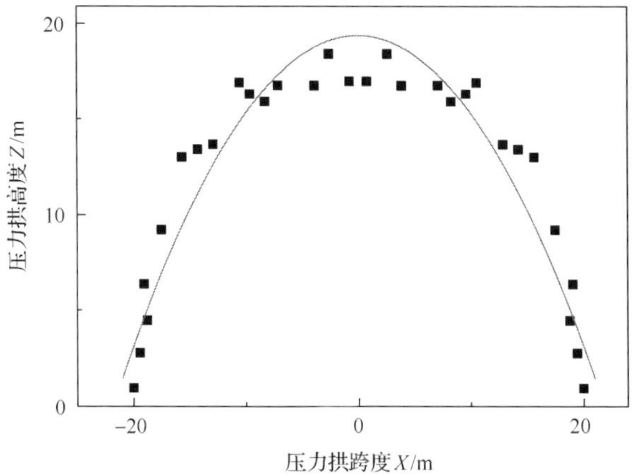

图 3.5　公路隧道压力拱曲线方程模型

公路隧道压力拱拟合曲线方程为

$$Z = -0.033X^2 + 16.797 \tag{3.2}$$

式中，$-20.37 < X < 20.37$。

3.1.3　隧道围岩压力拱尺寸效应

为了便于研究，定义公路隧道跨高比

$$\kappa = \frac{B}{H} \tag{3.3}$$

式中，B 为公路隧道宽度，m；H 为公路隧道高度，m。

图 3.6 为跨高比变化时的隧道围岩压力拱拟合曲线图，图中，X 为压力拱跨度，Z 为压力拱高度。如图 3.6 所示，当公路隧道埋深为 80m 时，随着跨高比 κ 的增大，隧道围岩压力拱的形状由尖拱状变化为圆弧拱，即隧道围岩压力拱的拱部趋于平缓。随着跨高比 κ 的增大，隧道围岩压力拱曲线开口逐渐增大，拱高逐渐变大，压力拱越来越远离隧道开挖面。

图 3.7 为压力拱几何参数变化曲线图，图中，h_t 为压力拱拱顶厚度，h_m 为压力拱拱腰厚度，h_f 为压力拱拱脚厚度。由图 3.7 可以看出，h_t、h_m、h_f 曲线值随着跨高比 κ 增大而增大，即在一定埋深(80m)条件下，压力拱的厚度随跨高比的增大总体呈现增大趋势。

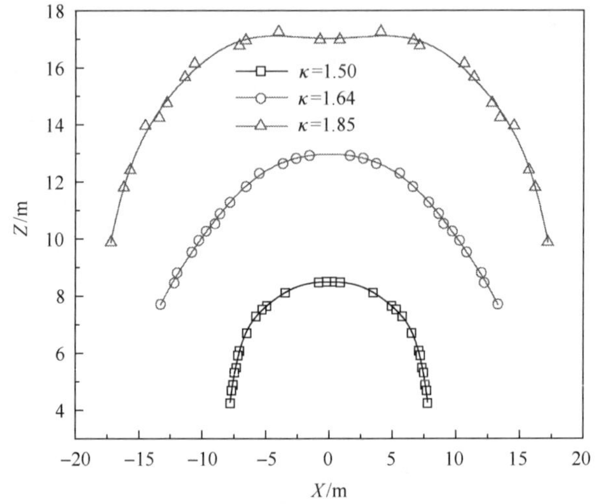

图 3.6　跨高比变化时的隧道围岩压力拱拟合曲线图

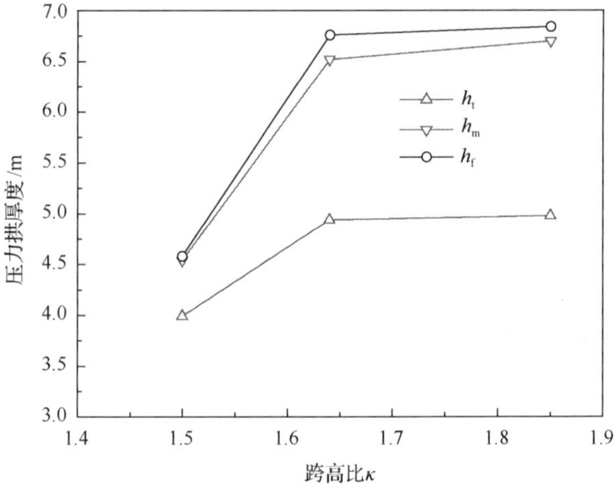

图 3.7　压力拱几何参数变化曲线图

3.1.4　隧道围岩压力拱围岩差异效应

如图 3.8 所示，公路隧道开挖尺寸为：宽×高=24m×13m（κ=1.85），当隧道埋深为 80m 时，随着围岩级别按Ⅳ、Ⅲ、Ⅱ变化，拟合压力拱中轴线逐渐降低。这表明随着围岩级别的逐渐提高，隧道围岩压力拱曲线高度降低，压力拱逐渐靠近隧道开挖临空面。隧道围岩条件越好，隧道围岩压力拱需要承担的围岩荷载越小，隧道围岩越稳定。

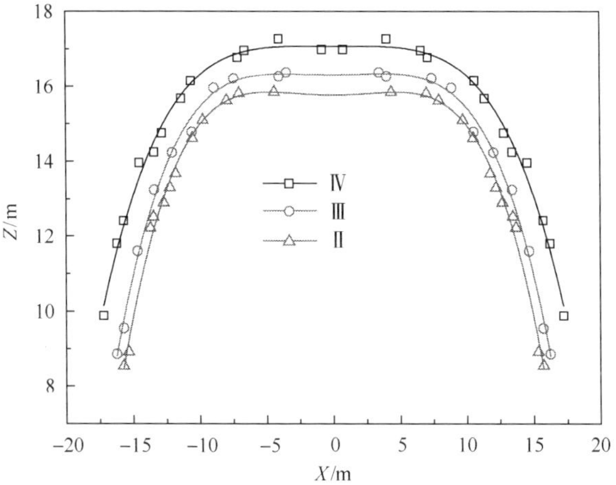

图 3.8　不同围岩隧道压力拱曲线示意图

3.1.5　隧道围岩压力拱应力状态效应

依据隧道围岩压力拱内、外边界的定义，确定压力拱中轴线。λ 表示隧道围岩的侧压力系数，如图 3.9 所示，当 λ=0.25 时，隧道顶部出现拉应力，隧道围岩只有局部成拱，且压力拱呈现不连续分布形态；如图 3.10 所示，当 λ=0.34 时，隧道顶部压力拱较薄，沿隧道顶部略微上凸，两侧压力拱突出，呈现“蝴蝶状”分布形态；如图 3.11 所示，当 λ–0.72 时，隧道压力拱呈扁拱状，其中轴线为抛物线的一部分；如图 3.12 所示，当 λ=1.0 时，隧道围岩处于静水应力状态，隧道压力拱在破裂角以上的范围内分布较为均匀；如图 3.12～图 3.14 所示，随着 λ 继续增大变化，压力拱形态被水平向压缩，拱体整体呈向上凸起变化；如图 3.15 所示，当 λ=1.7 时，压力拱拱顶略有凹陷，呈现双峰状分布形态。

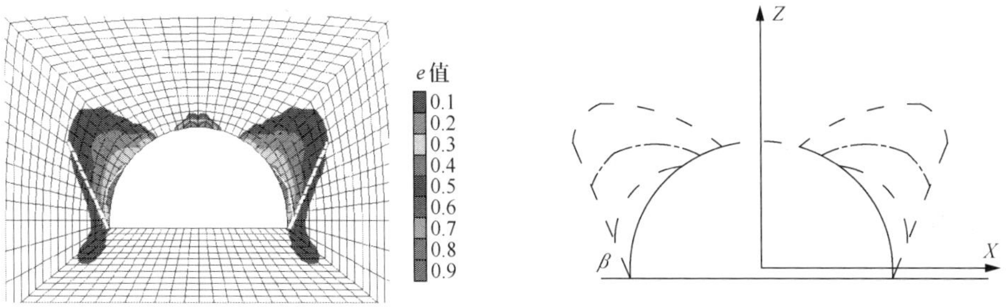

(a) 压力拱 e 等值线图　　(b) 压力拱边界简化图

图 3.9　λ= 0.25 时压力拱边界曲线图

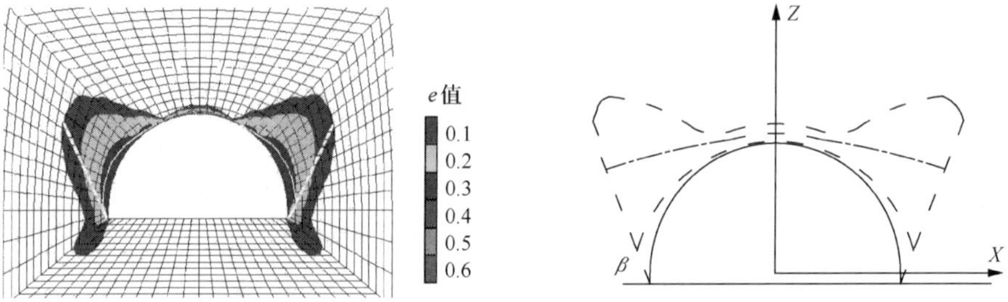

(a) 压力拱 e 等值线图　　(b) 压力拱边界简化图

图 3.10　λ= 0.34 时压力拱边界曲线图

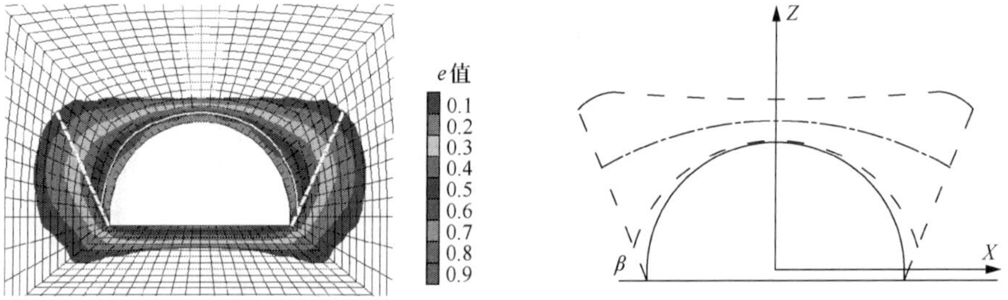

(a) 压力拱 e 等值线图　　(b) 压力拱边界简化图

图 3.11　λ = 0.72 时压力拱边界曲线图

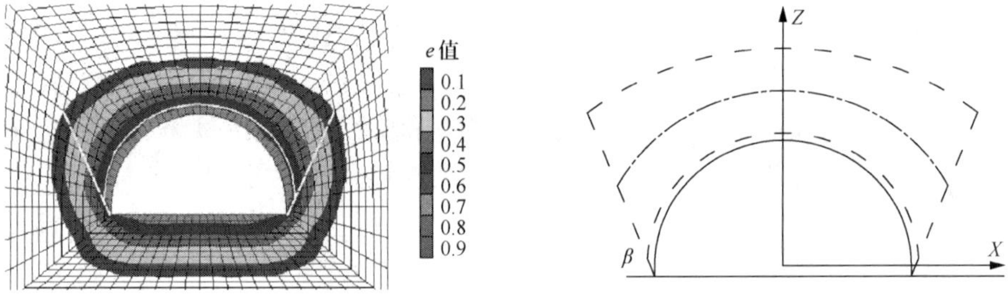

(a) 压力拱 e 等值线图　　(b) 压力拱边界简化图

图 3.12　λ= 1.0 时压力拱边界曲线图

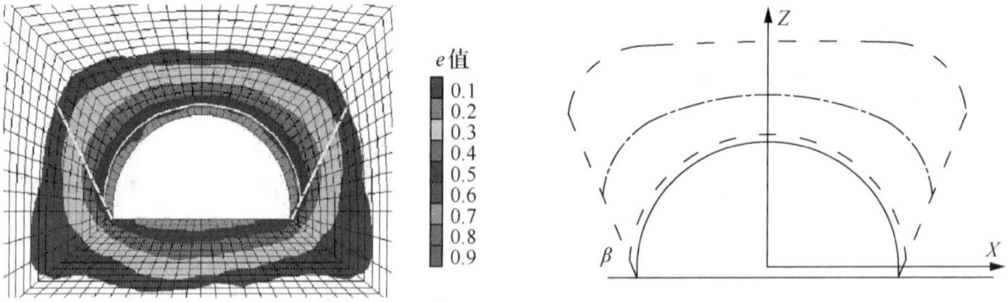

(a) 压力拱 e 等值线图　　(b) 压力拱边界简化图

图 3.13　λ= 1.3 时压力拱边界曲线图

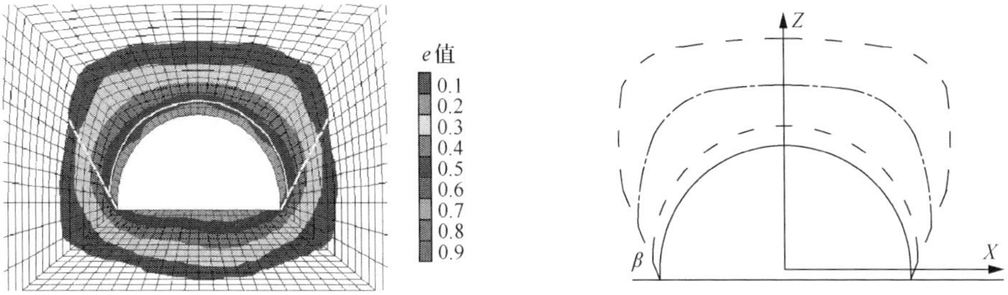

(a) 压力拱e等值线图　(b) 压力拱边界简化图

图 3.14　λ = 1.5 时压力拱边界曲线图

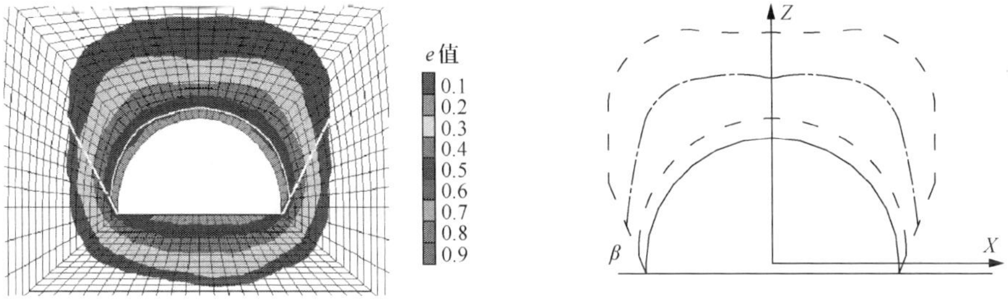

(a) 压力拱e等值线图　(b) 压力拱边界简化图

图 3.15　λ = 1.7 时压力拱边界曲线图

如图 3.16 所示，当 0.34＜λ＜1 时，随着 λ 的逐渐减小，隧道围岩压力拱形态逐渐由平顶拱向尖顶拱变化，压力拱中轴线逐渐降低，即压力拱拱体位置整体下移。如图 3.17 所示，当 λ＞1 时，随着 λ 的逐渐增大，压力拱拱顶由上凸至顶部凹陷变化，压力拱中轴线逐渐升高，即压力拱拱体位置整体上移，越来越远离隧道边缘，压力拱拱脚越来越靠近隧道边缘；当 λ=1.7 时，压力拱中轴线表现为顶部下凹，整体呈双峰状分布形态。

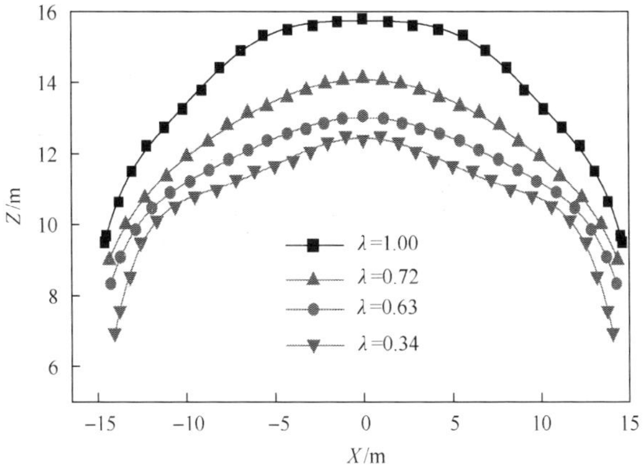

图 3.16　λ＜1 时压力拱中轴线变化趋势图

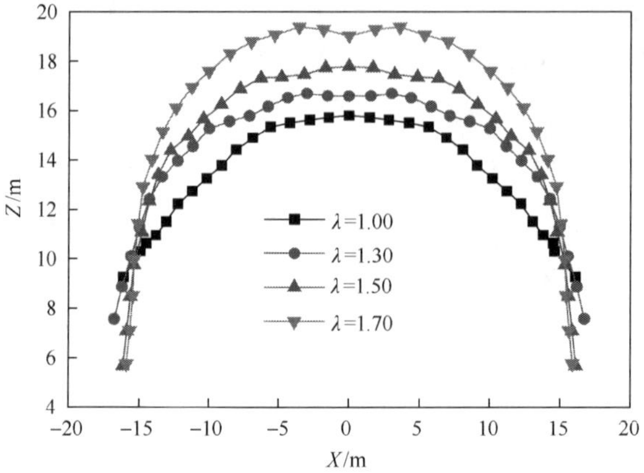

图 3.17 $\lambda>1$ 时压力拱中轴线变化趋势图

综上所述，当 $\lambda<0.34$ 时，隧道顶部围岩出现拉应力，造成无法形成压力拱，在隧道顶部两侧上方形成两个压力拱区；当 $0.34<\lambda<1$ 时，隧道围岩顶部压力区范围逐渐扩大，呈现扁形压力拱；当 $\lambda>1$ 时，隧道压力拱上凸，λ 达到一定程度时拱顶出现凹陷，压力拱中轴线呈现双峰状分布形态。

3.2 沿隧道轴向分步开挖围岩压力拱分布形态

3.2.1 三维数值计算模型

应用 FLAC^{3D} 构建三维数值计算模型如图 3.18 所示。该模型计算范围为：长×

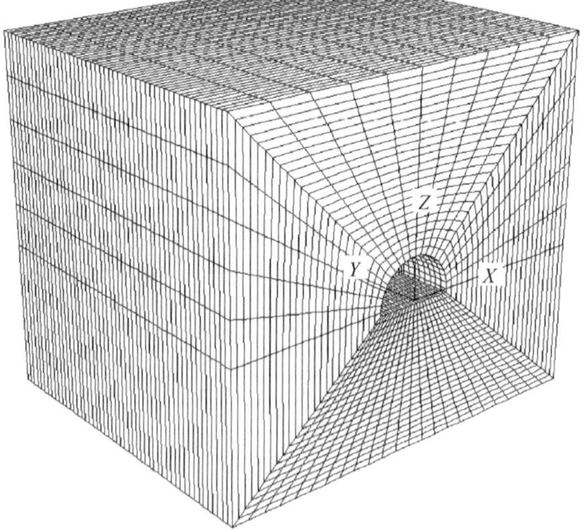

图 3.18 三维数值计算模型及其网格划分图

宽×高=120m×100m×103m，共划分为 42000 个单元。计算模型侧面限制水平移动，底面固定，模型上表面为荷载边界，施加以模拟上覆岩层 80m 自重的均布荷载。假定隧道围岩材料破坏符合莫尔-库仑强度准则。假定隧道围岩处于静水应力状态，即侧压力系数 λ=1.0。

3.2.2　静水应力状态沿隧道轴向压力拱分布形态

如图 3.19 所示，当 λ=1.0 时，随着隧道分步开挖长度由 6m、12m 至 18m 变化，隧道围岩压力拱逐渐向外扩展，工作面前方压力拱体逐渐变厚，工作面顶部压力拱呈斜向上方楔状凸起发展，逐渐增厚且有峰顶出现；工作面底部的压力拱凹陷形态越来越明显，可见，工作面附近压力拱分布形态呈现非均匀向外扩展特征(白色实线为压力拱内边界线)。

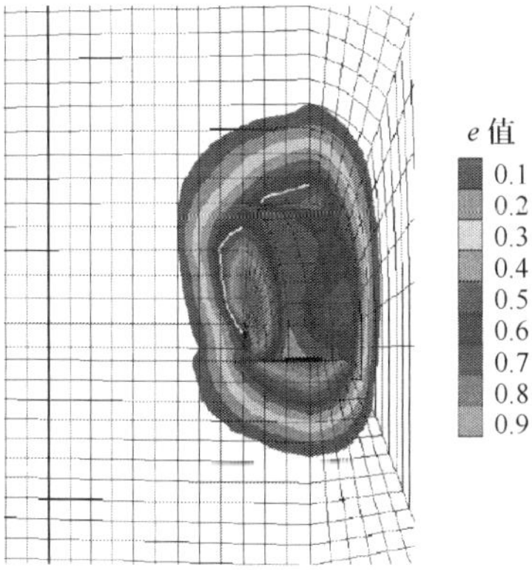

(a) 开挖6m

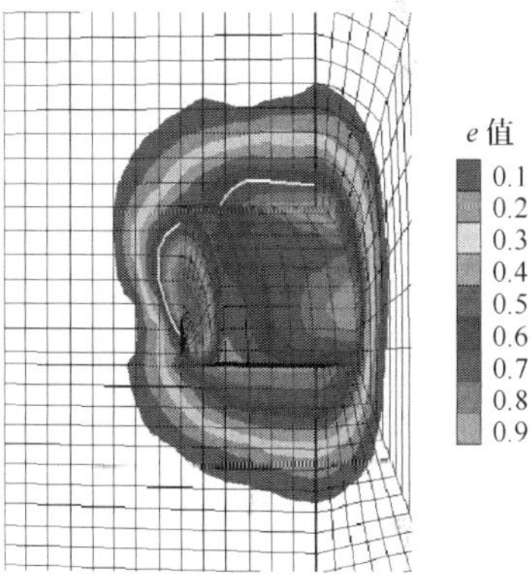

(b) 开挖12m

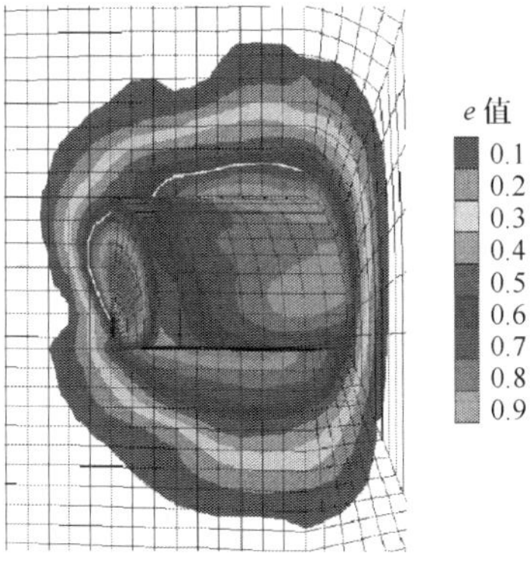

(c) 开挖18m

图 3.19　沿隧道轴向分步开挖压力拱形态变化范围

如图 3.20 所示，随着隧道分步开挖长度由 6m、12m 至 18m 变化，隧道开挖工作面附近单元的最大主应力与最小主应力差值逐渐增大，而表征单元最大主应力差的剪应力 τ_{max} 为

$$\tau_{max}=\frac{\sigma_1-\sigma_3}{2} \tag{3.4}$$

可见，随着隧道分步开挖长度的逐渐增加，隧道开挖工作面附近围岩剪应力集中程度逐渐增大，即隧道开挖工作面附近围岩的不稳定性趋于增强。

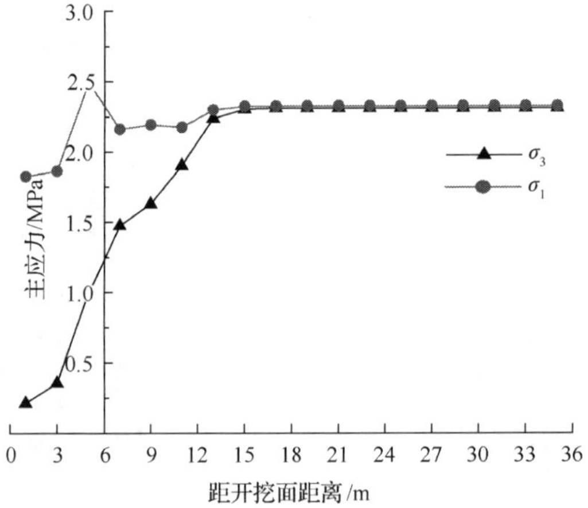

(a) 开挖6m

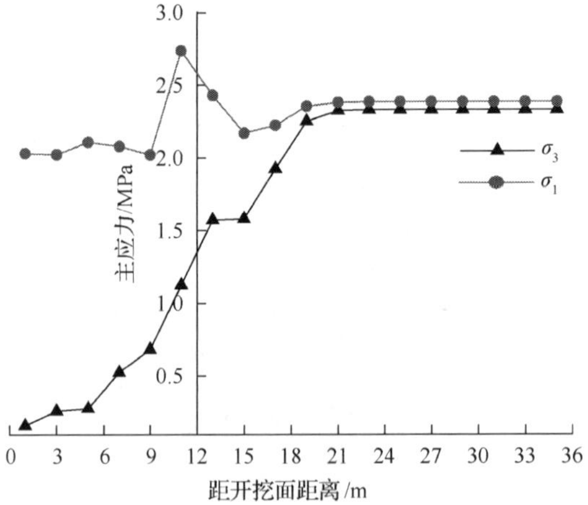

(b) 开挖12m

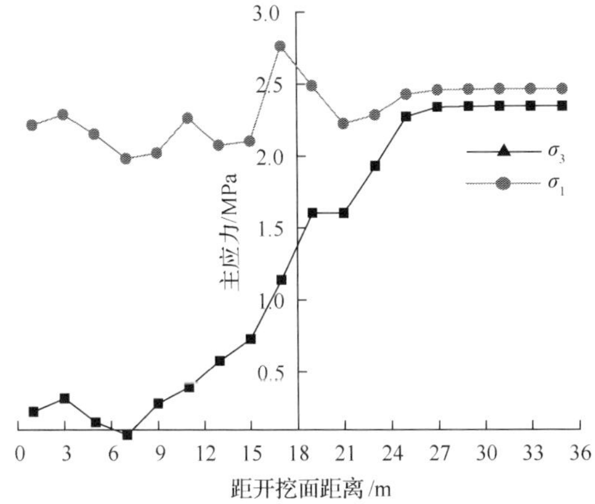

(c) 开挖18m

图 3.20　沿隧道轴向分步开挖主应力变化曲线图

3.2.3　不同应力状态沿隧道轴向压力拱演化特征

如图 3.21 所示，当 λ<1.0 时，隧道掘进工作面斜上方的压力拱隆起、呈单峰楔体分布形态，水平方向压力拱变厚，掘进工作面底板压力拱凹形态明显，掘进工作面后方顶板压力拱体变薄。当 λ>1.0 时，隧道掘进工作面顶板压力拱隆起，呈不对称双峰分布形态，水平方向压力拱变薄，掘进工作面底板压力拱有凹陷，掘进工作面后方顶板压力拱体变厚。当 λ=1.0 时，隧道围岩压力拱分布形态介于上述二者之间。

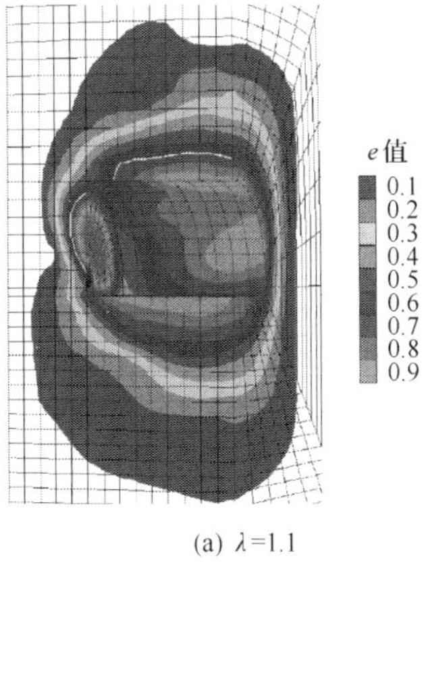

(a) λ=1.1

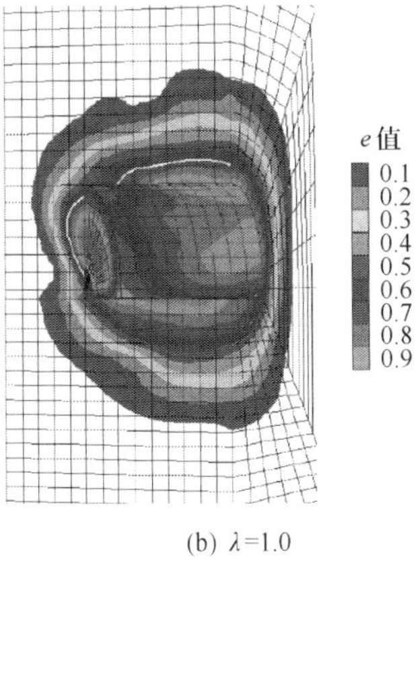

(b) λ=1.0

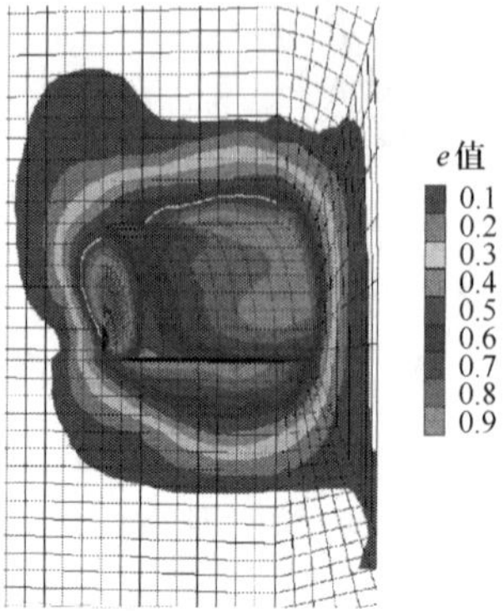

(c) λ=0.9

图 3.21　不同应力状态沿隧道轴向压力拱形态变化图

隧道开挖横截面围岩压力拱形态如图 3.22 所示，当 λ<1.0 时，隧道压力拱呈尖拱形；当 λ=1.0 时，隧道压力拱呈圆拱形；当 λ>1.0 时，隧道压力拱呈扁拱形。当 λ=1.0 时，隧道压力拱范围最小、形状最规则。

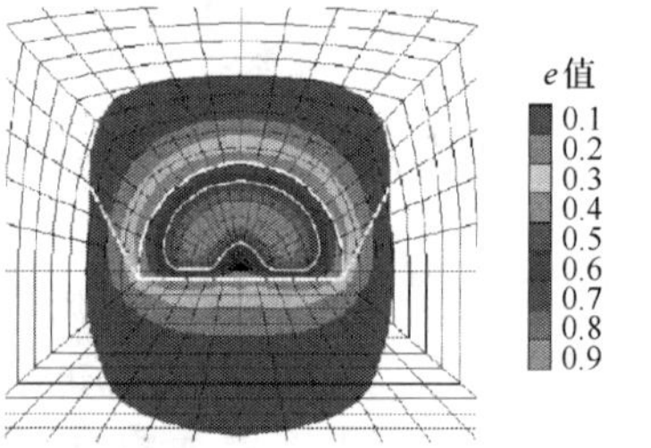

(a) λ=1.1

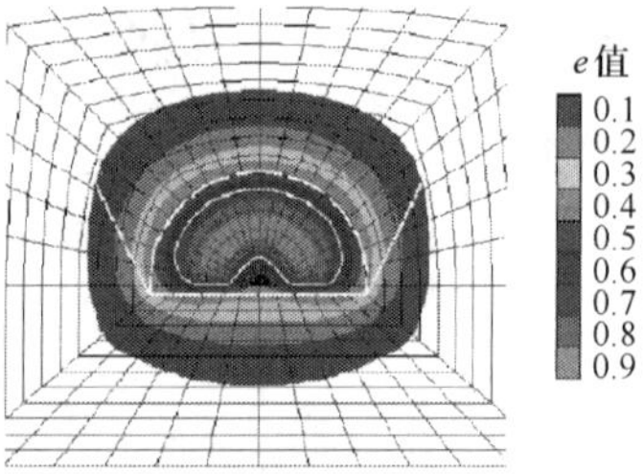

(b) λ=1.0

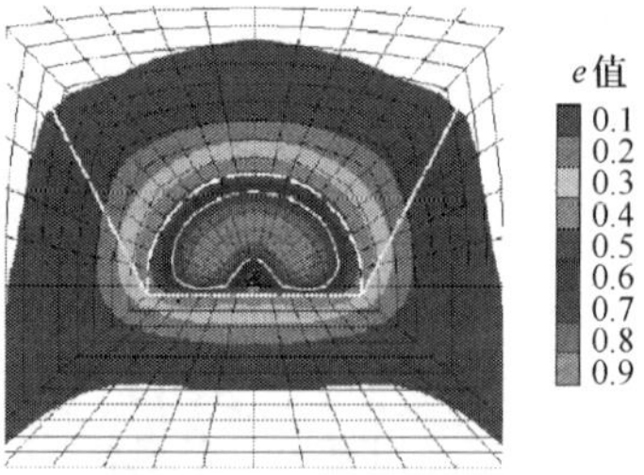

(c) λ=0.9

图 3.22　不同应力状态垂直隧道轴向压力拱形态变化图

3.3　隧道围岩压力拱主动调控技术

3.3.1　组合锚杆支护尺寸效应

如图 3.23 所示，在全长锚固锚杆作用下，锚杆支护范围岩体形成泡状应力集中区。如果合理安排锚杆的间、排距，可使发生大变形的隧道松动围岩体联系在一起，形成人为主动加固压缩拱区。两根锚杆的距离不同，产生的锚固效应也完全不同：如图 3.24 所示，当两根锚杆相距较远时，锚杆之间相互影响较小，各自的应力泡独立存在；当两根锚杆距离靠近时，两者应力泡产生交叉重叠现象。

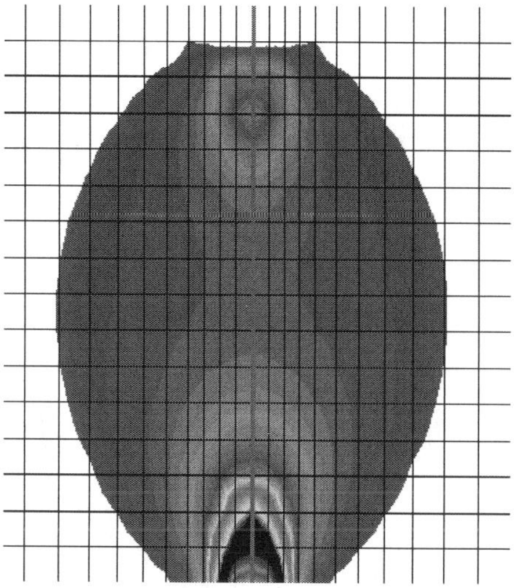

图 3.23　单根锚杆作用下的围岩主应力云图

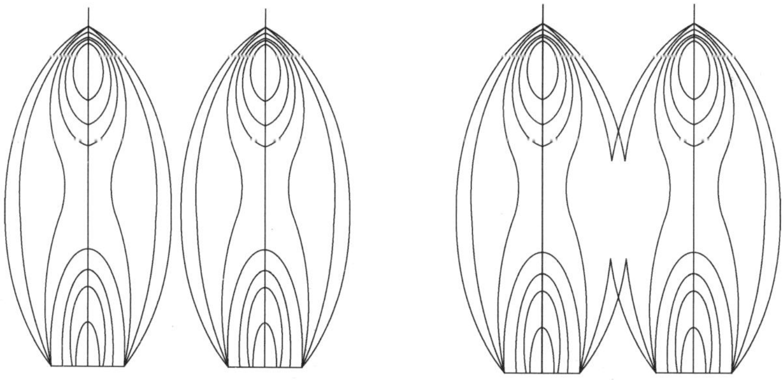

(a) 距离较远　　(b) 相互交叠

图 3.24　锚杆距离主应力效应示意图

如图 3.25 所示，在全长锚固锚杆作用下，相邻锚杆附近围岩呈现连续泡状压缩拱。当锚杆长度由 1.6m、2.4m 变化到 3.2m 时，组合锚杆支护对浅部岩体的应力状态有明显的调节作用。锚杆支护的主要物理力学参数见表 3.2 所列内容。

如图 3.25 和图 3.26 所示，当锚杆长度由 1.6m、2.4m 变化到 3.2m 时，相应组合锚杆支护的加固拱中轴线出现小幅下移趋势，即随着锚杆支护长度的增加，人为加固拱中轴线逐渐靠近隧道围岩开挖面，这对维护隧道浅部围岩的稳定性有积极意义。

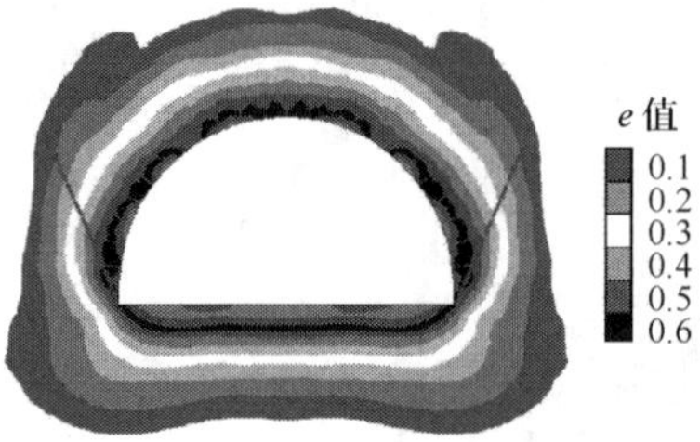

(a) 1.6m长锚杆

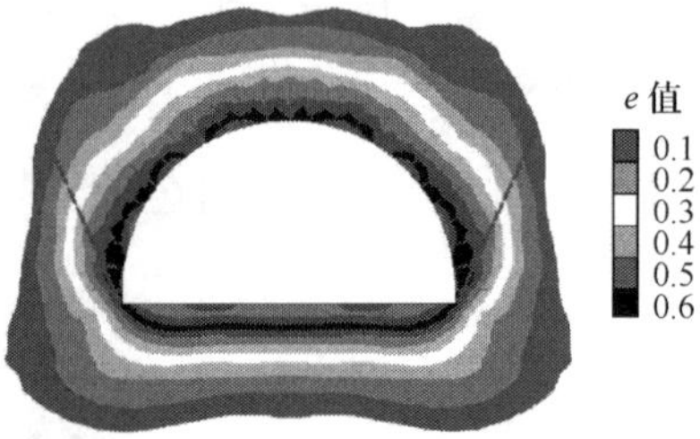

(b) 2.4m长锚杆

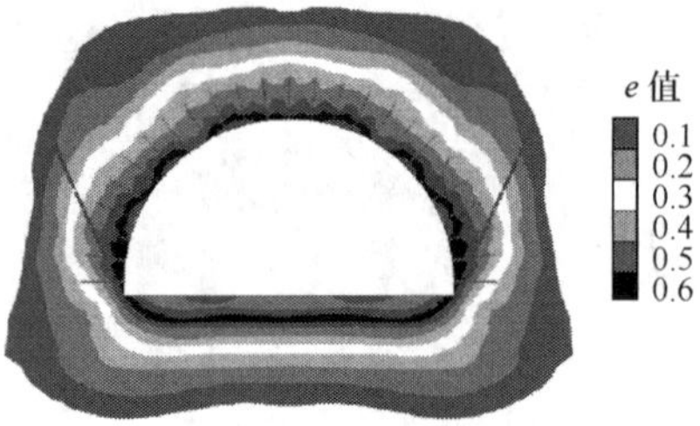

(c) 3.2m长锚杆

图 3.25　不同长度锚杆形成的围岩压力拱范围示意图

表 3.2　全长锚固锚杆支护参数表

弹性模量/GPa	横截面积/mm^2	单元的周长/cm	砂浆黏聚力/MPa	张拉强度/kN	砂浆内摩擦角/(°)
1.96	254.34	5.65	1.75	320	30

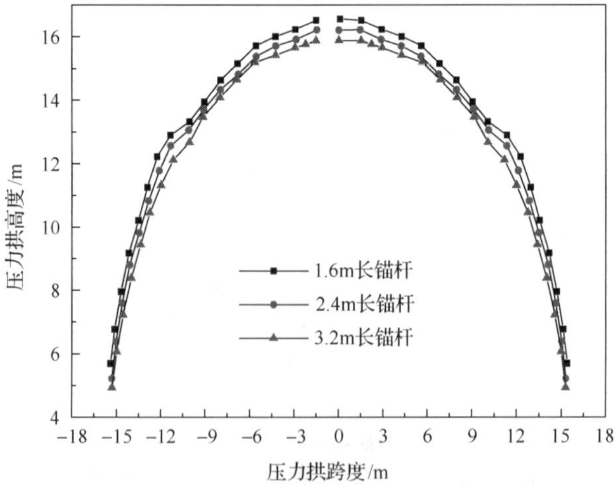

图 3.26　不同锚杆长度隧道围岩压力拱中轴线分布图

3.3.2　不同应力状态组合锚杆支护特性

公路隧道开挖后，组合锚杆支护围岩加固拱的形态受侧向压力的影响较大。如图 3.27 所示，组合锚杆支护的长度为 3.2m，当 $\lambda>1.0$ 和 $\lambda<1.0$ 时，隧道围岩压力拱中轴线的拱顶部分均呈下凹分布形态；由 $\lambda=1.0$ 变化到 $\lambda<1.0$ 时，拱脚部分压力拱跨度由窄变宽，拱体顶部呈由高至低变化。

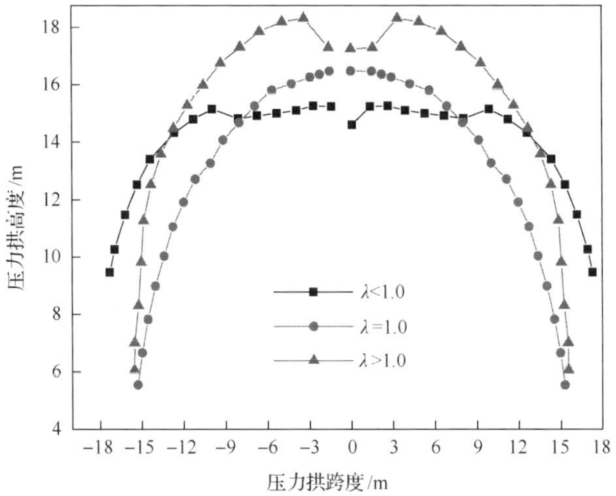

图 3.27　不同 λ 隧道围岩压力拱中轴线分布图

3.3.3　锚杆与锚索联合支护隧道围岩压力拱特征

以 9.0m 长锚索与 2.4m 长锚杆联合支护隧道围岩压力拱分布形态如图 3.28 所示（锚索主要参数见表 3.3 所列内容）。单根锚索、2 根锚索和 3 根锚索分别与锚杆耦合作用，在隧道围岩中形成的人为主动加固拱分布形态差异明显。随着锚索数量的增加，隧道围岩人为主动加固拱分布更加均匀，充分调动深部岩体的强度和维护隧道围岩的稳定性。

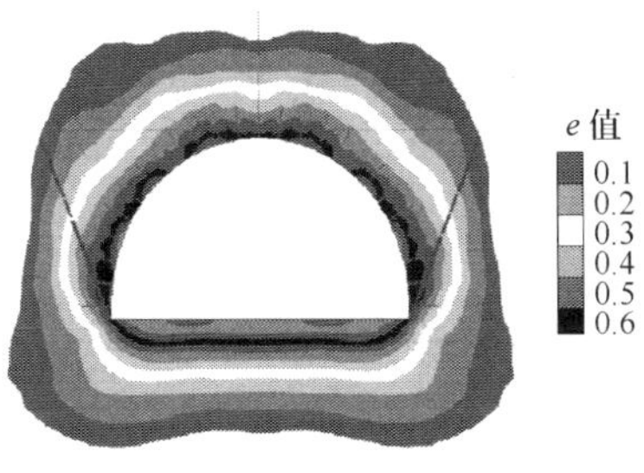

(a) 单根锚索

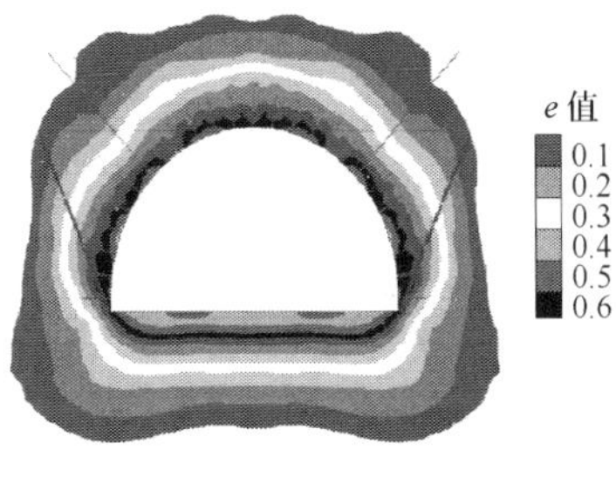

(b) 2根锚索

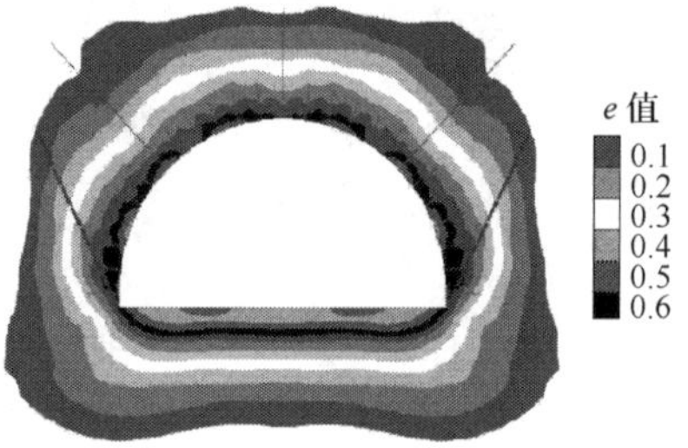

(c) 3根锚索

图 3.28　不同数量锚索围岩压力拱范围示意图

表 3.3　锚索支护参数表

弹性模量 /GPa	横截面积 /mm^2	单元的周长 /cm	砂浆黏聚力 /MPa	屈服强度 /kN	砂浆刚度 /(kN/m)	砂浆内摩擦角 /(°)
2.00	200.96	5.02	1.0	400	2.0	30

公路隧道开挖至 18m 时，有无锚杆支护隧道围岩主应力 σ 距开挖面距离 X 的变化曲线如图 3.29 所示。依据第三强度理论，即最大切应力理论强度条件，依据式(3.4)可知，有无锚杆支护时，公路隧道掘进面单元应力差值 $\sigma_1-\sigma_3$ 分别为 0.72MPa 和 0.88MPa。这说明掘进面处的应力集中现象减弱，锚杆与围岩协调作用削弱了隧道围岩的应力集中程度，有助于隧道围岩的稳定。

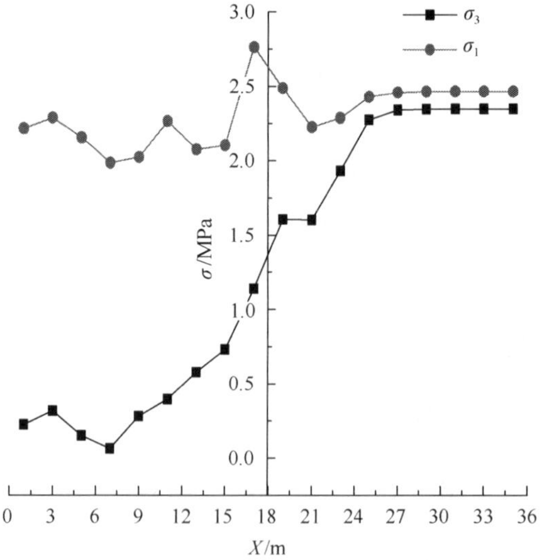

(a) 无锚杆支护

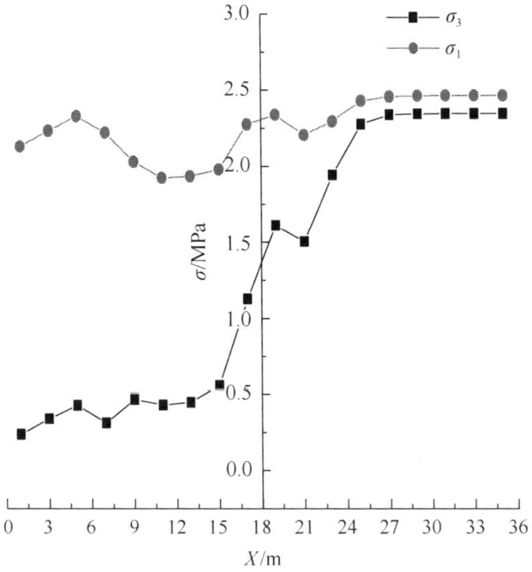

(b) 有锚杆支护

图 3.29　隧道开挖至 18m 掘进面主应力变化图

3.4　圆形隧道开挖围岩应力演化热辐射特征

3.4.1　热辐射红外成像技术简述

热辐射红外成像技术是利用红外辐射原理，将物体表面的红外辐射温度场分布转换为红外热图，具有非接触、实时性与全场性等特点。该技术对非接触获取试验材料表面应力场随时间和空间变化的完整信息具有重要的实用价值[42]。

近年来，热辐射红外成像技术研究发展较快，取得了一定成果。例如：2002 年，Eto 等[43]通过碳-碳混合物和石墨等材料的缺陷无损检测试验，验证了材料表面的红外辐射特性，发现试验样品的孔尺寸和粗糙度越大，数据点的变化越大。2003 年，Kournyts'kyi 等[44]用热红外辐射设备对两层半厚度的透明复合材料加热，以此来研究热、力耦合及扩散过程，发现离辐射源近的并且厚度小的层被加热后的温度显示更低。2007 年，Ploteau 等[45]实现了工业熔炉的设计、施工、标准化生产的红外辐射技术，进行了工业熔炉的红外辐射原位测量，此后热红外技术在汽车车体连接件的热加工过程中被广泛应用。为了观察个别岩石表面光谱发射率的可变性，2009 年，Balick 等[46]使用了超光谱成像分光计现场测量了热红外长波的光谱发射率的变化特性。2009 年，Bideau 等[47]建立数值模型预测材料在厚度方向上的温度变化及观测纵剖面上的硫化过程。2010 年，Park[48]通过试验方法用热辐射照相仪测量从韩国取样的花岗岩、闪长岩、玄武岩和凝灰岩等岩石在单轴加载下破裂的三个阶段(破裂前、破裂时、破裂后)的温度升高和热异常的分布情况。2013 年，Lai 等[49]通过使用红外热辐射仪和准静态直剪试验设备研究外包混凝土梁的耐久性，监测外包混凝土梁的中间裂缝过程。2013 年，Baroň 等[50]在研究岩石边坡、不稳定岩石峭壁工况中，提出了一种用高分辨率机载红外热成像仪测绘张开裂缝和拉裂缝的新方法。2014 年，Usamentiaga 等[51]概括介绍了红外热成像法，并提出温度测量和无损检测的通用程序。2014 年，Laaidi 和 Belattar[52]采用红外热成像法预测了样本缺陷引发的温度变化或热量对比。2015 年，Khan 等[53]通过数值模拟和试验研究等多种研究方法进行了混凝土砖石结构构件无损伤探测研究，验证了热辐射成像法的有效性。

国内学者已将热辐射技术应用于岩石力学与工程方面，取得了不少研究成果。2002 年，Wu 等[54]基于红外辐射探测在岩样单轴加载下试验，发现岩石表面的热红外辐射异常特征是岩石破坏的征兆，揭示了岩石变形或岩石破坏的特点。2004 年，李国华等讨论了红外辐射热成像技术在温度测量方面的主要特征和红外热成像设备发展的特点，还对红外热成像技术的应用，热诊断设备的应用，构筑物、建筑物的测试，以及灾害的预防和治愈等问题进行了论述[55]。2005 年，Zhang 等[56]在限压条件下用热红外辐射方法进行了不带锚杆和带锚杆的隧道加固围岩变形特征研究，研究发现带锚杆的隧道围岩热红外辐射温度比不带锚杆的增加得更高，改变得更快，并且应力集中区、被锚杆加固区的温度变化比应力松弛区、粉碎区域更明显。2006 年，郭文奇等[57]通过热红外辐射探测光弹性材料，以提取热红外成像数据，得到红外辐射等温线边界，研究发现低热区和高热区分别对应于拉应力场和压应力场。2009 年，Wang 等[58]从热力学理论和固体材料在外荷载作用下的微观性能出发，应用数值计算和试验方法，得到了固体材料在外荷载作用下红外辐射特征的定量描述，并基于三种应变的总和推出一个计算红外辐射温度差的公式。2010 年，He 等[59]通过物理模型试验采用红外热成像技术进行了水平层状地层的大深度巷道开挖模拟试验研究，在岩石损伤的开始、传播和结合过程中，通过红外热成像技术从空间和频率角度揭示了对挖掘响应的理解。2011 年，张艳博和刘善军[60]通过红外热像系统并结合数值模拟，选择带孔岩石试样进行了单轴加载下红外辐射变化特征的研究，研究显示热像技术能够探测岩石应力和灾变。2012 年，陈智强等[61]使用等效材料进行模拟试验，并借助热红外成像仪设备研究了岩爆诱发的变形规律和围岩破坏。2013 年，Gong 等[62]进行了大型物理模型试验模拟巷道开挖，并且基于红外热成像技术探测了倾斜岩层的结构性能。2014 年，张慧慧和刘善军[63]利用红外辐射技术探测钟乳石岩画病害发生部位。2014 年，Wen 等[64]建立了一个深采场三维结构力学模型，并根据灾难系统理论分析了深井隧道动态的灾害系统模型。2015 年，张艳博等[65]用物理试验方法，利用红外热成像仪研究了不同水分条件下花岗岩的红外辐射温度特性。

上述研究表明，红外热辐射成像技术可以用于探测混凝土、煤岩和金属等材料的变形破坏过程。但对于连拱隧道开挖过程中偏态压力拱演化的红外热辐射特征，研究鲜见报道。本书采用相似材料制作物理模型，结合红外热辐射成像技术对圆形隧道开挖进行不同围压条件的双向加载试验，考虑围岩所处的应力状态、围岩材料及微观结构等方面，阐释围岩应力与红外热辐射温度变化之间的关系，为隧道工程合理开挖与安全支护提供技术依据。

3.4.2　热辐射红外成像技术原理

岩体在应力作用下会发生变形，而变形导致内部质点间的距离发生变化，引起热力学变化，从而引起温度变化。这是岩体的热力耦合效应，发生在岩体弹性阶段的称为热弹效应，发生在塑性阶段的称为热塑效应。1851 年，Thomson 创立了热弹效应理论，将固体单元应力与物理温度以数学表达式形式联系起来[66]

$$\frac{\Delta T}{T}=-K\cdot\Delta\sigma \tag{3.5}$$

式中，ΔT 为温度的变化量；T 为被考虑单元的热力学温度；K 为热弹系数；$\Delta\sigma$ 为主应力的变化量。

基于热弹定律可以进行固体应力测量，这称为基于热辐射的应力图分析。但由于岩石材料是一种非均质、各向异性材料，测量结果具有较大的离散性，因此，目前还不能直接利用热弹效应理论进行岩石的定量分析。

图 3.30 给出了圆形隧道围岩应力的计算力学模型。

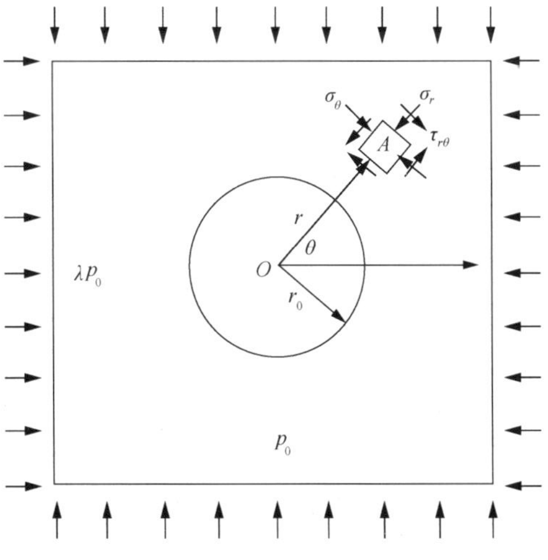

图 3.30　圆形隧道围岩应力的计算力学模型

一般地，根据 Kirsch 的公式[67]，A 点应力在弹性状态下满足式(3.6)：

$$
\begin{cases}
\sigma_r = \dfrac{p_0}{2}\left[(1+\lambda)\left(1-\dfrac{r^2}{r_0^2}\right)-(1-\lambda)\left(1-\dfrac{4r^2}{r_0^2}+\dfrac{3r^4}{r_0^4}\right)\cos(2\theta)\right] \\
\sigma_\theta = \dfrac{p_0}{2}\left[(1+\lambda)\left(1+\dfrac{r^2}{r_0^2}\right)+(1-\lambda)\left(1+\dfrac{3r^4}{r_0^4}\right)\cos(2\theta)\right] \\
\tau_{r\theta} = -\dfrac{p_0}{2}\left[(1-\lambda)\left(1+\dfrac{2r^2}{r_0^2}-\dfrac{3r^4}{r_0^4}\right)\sin(2\theta)\right]
\end{cases}
\tag{3.6}
$$

式中，r_0 为圆形隧道半径；r 为从 A 点到圆心 O 点的距离；p_0 为竖向应力；λp_0 为水平应力，λ 为侧压力系数；σ_θ 为切向应力；σ_r 为径向应力；$\tau_{r\theta}$ 为剪应力。

式(3.6)可为热辐射红外成像技术探测岩样实时应力场提供定性理论支持。热辐射技术作为一种观测材料表面温度变化的方法，基于辐射温度和应力之间关系的建立，能够实时取得热辐射和应力变化时间和空间上的演化特征。

3.4.3　圆柱试样单轴压力试验热辐射效应

1. 试样单轴压力试验热辐射特征

采用石粉(试验用)相似材料进行了连拱隧道浇模成型及V级围岩的配比试验分析，选用了水和石粉比为0.8∶1的配比，模型试样烘干密度为0.883g/cm^3，孔隙比(材料中孔隙体积与材料中颗粒体积之比)为1.94。圆柱试样具体制作步骤如下：

(1)将圆柱试样模具(净尺寸ϕ50mm×100mm)洗刷干净，并在内壁均匀涂上薄薄的一层油，见图3.31(a)。

(2)按图3.31(b)装配模具。

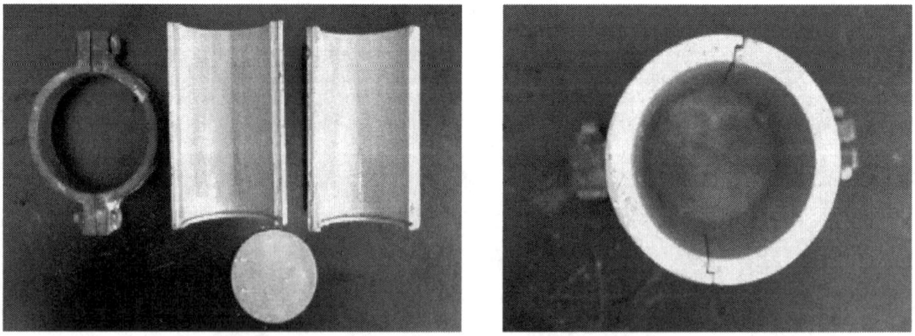

(a) 模具配件　　(b) 模具装配

图3.31　圆柱试样制作模具装配

(3)按水和石粉质量比0.8∶1称量水和石粉，在搅拌盆中先加入水，再慢慢把石粉撒入水中，搅拌均匀成糊状，防止出气泡。

(4)浇筑试样后，刮平、成型，待试样干后脱模，如图 3.32(a)所示。制备好的圆柱试样直径 50mm、长度 100mm，其两端分别抛光，平整精度小于 0.01mm，如图 3.32(b)所示。试样的基本参数见表 3.4。

(a) 试样浇筑

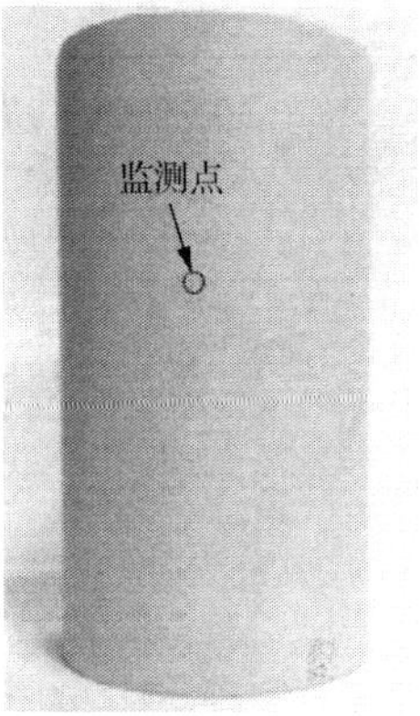

(b) 试样成品

图 3.32　圆柱试样

表 3.4　圆柱试样物理力学参数

密度/(g/cm³)	孔隙比	弹性模量/kPa	泊松比	质量比(水：石粉)	孔隙率/%
0.883	1.94	167	0.23	0.8：1	65.35

加载设备选择 RLW-3000 伺服控制压力试验机，其最大荷载为 3000kN。选择单向加载位移控制方式，加载速度为 0.0025mm/s。为探测圆柱试样在受压过程中红外热辐射温度和成像记录，选择红外相机，其光谱响应范围 7.5～13μm，测温范围−40～500℃，温度灵敏度为 0.02℃，图像分辨率为 640 像素×480 像素。试验系统如图 3.33 和图 3.34 所示。

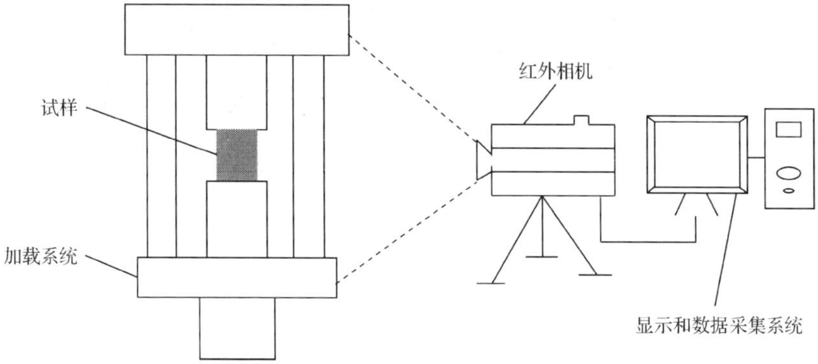

图 3.33　圆柱试样试验系统示意图

图 3.34　试验设备

(1)打开电脑，启动、检查、调试力学试验系统。

(2)把圆柱试样放置在压头正下方，用粗调控制将压头接近试样，然后按照设定的加载速度使压头逼近试样并加载。

(3)连接红外相机并进行必要调试。

(4)对圆柱试样，在轴向以恒定速度 0.0025mm/s 加载至峰值荷载，直至圆柱试样变形破坏。

(5)试验完毕后，卸载，抬升压头，导出试验数据，取出试样，关闭试验设备。

2. 应力-温度-时间曲线变化特征

试样表面的平均红外辐射温度反映整个试样的红外辐射能量，是表征试样加载过程中红外辐射变化特征的一个重要指标。本试验中对试样前表面(正对热像仪)的平均红外辐射温度进行采样计算，并绘制了平均红外辐射温度与时间曲线。圆柱试样单轴压缩应力-时间全程曲线对反映试样岩石力学性质非常重要。圆柱试样红外截取区域及加载过程中照片如图 3.35 所示。圆柱试样破坏前后对比照片如图 3.36 所示。从图 3.35(a)、(b)和(c)中可以看出，圆柱试样显示了一个从暖色到冷色的降温效应，在图 3.36 中圆柱试样主要显示为拉破坏模式，由于张拉破裂面间不发生摩擦，无摩擦热效应产生，破裂体积发生膨胀而产生吸热效应，使得张拉破坏主要为吸热过程。

在单轴加载试验过程中，从圆柱应力-温度-时间曲线可以看出(图 3.37)，整个曲线波动较大，在 C 点应力达到峰值点，对应加载时间为 570s。C 点前包括短暂的弹性变形阶段(AB 段)和塑性变形阶段(BC 段)。总体来看，C 点前应力曲线非线性增长；C 点后应力迅速下降，D 点时试样已发生破坏。

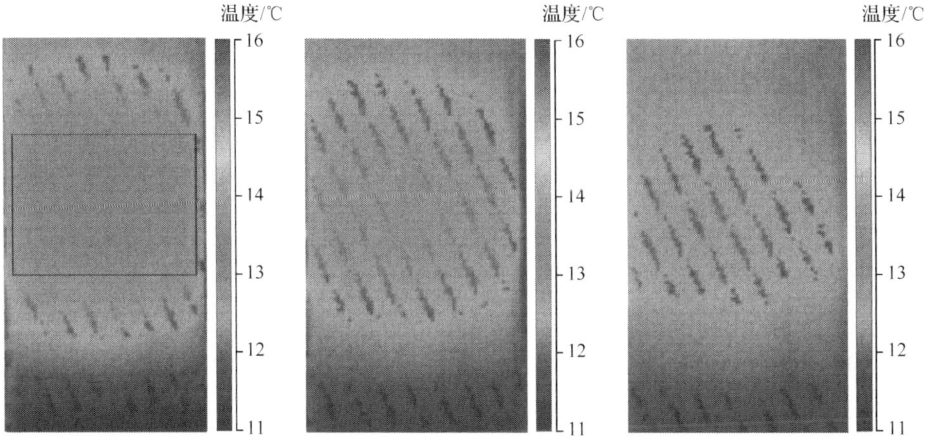

(a) 加载前红外截取区域　　(b) 峰前区　　(c) 峰后区

图 3.35　圆柱试样红外截取区域及加载过程中照片

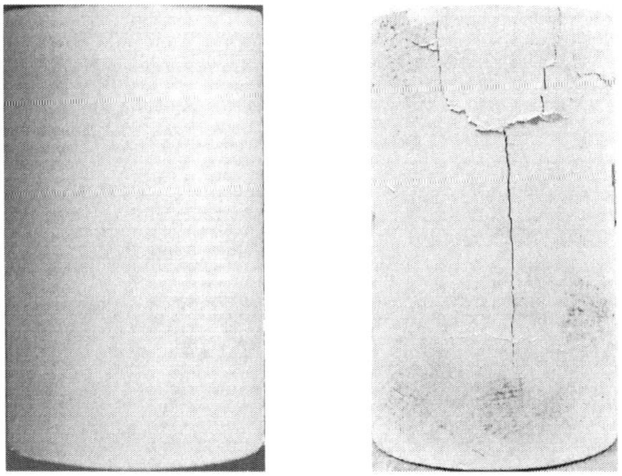

(a) 破坏前　　(b) 破坏后

图 3.36　圆柱试样破坏前后对比照片

如图 3.37 所示，以峰值点 C 为界，左侧应力曲线上升，而右侧应力曲线下降，为两种相反态势；但红外温度监测曲线是单调下降的，为了合理反映相似材料的吸热与应力变化之间的相关关系，采用应力峰前与峰后曲线分别拟合的方法。将圆柱试样应力-时间曲线划分为两个变化阶段，即峰前区的非线性增长和峰后区的近似直线下降。在整个试验过程中，试样表面平均红外辐射温度 T_{AR} 曲线呈整体

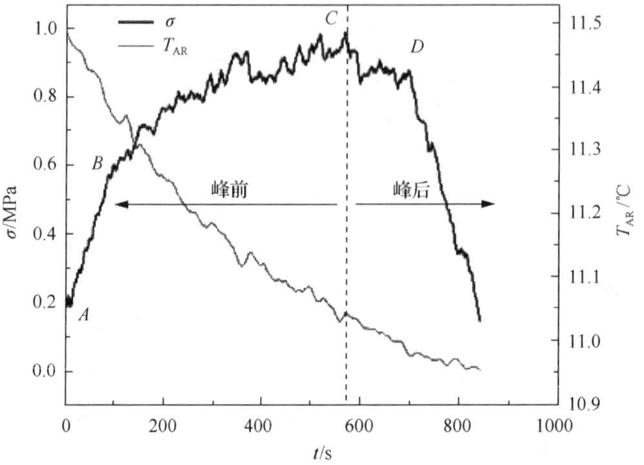

图 3.37　圆柱试样的应力-温度-时间曲线

单调下降趋势，C 点前温度下降较快，C 点后试样产生塑性变形温度下降变缓，热辐射温度从 11.50℃下降到 10.95℃，变化幅值为 0.55℃。

为了反映试样在单轴压缩条件下的红外辐射特性，绘制了试样表面平均红外辐射温度 T_{AR} 与轴向应力 σ 之间的关系曲线(图 3.38)。随着荷载的增加，试样的轴向应力 σ 和平均红外辐射温度 T_{AR} 显示出显著的变化，也就是在峰前阶段为负非线性相关，在峰后阶段正线性相关。拟合公式为

$$\sigma = 11.50 - 0.0057e^{\frac{T_{AR}}{0.232}} \quad (峰前阶段) \tag{3.7}$$

$$\sigma = 0.12T_{AR} + 10.94 \quad (峰后阶段) \tag{3.8}$$

式中，T_{AR} 为平均红外辐射温度。

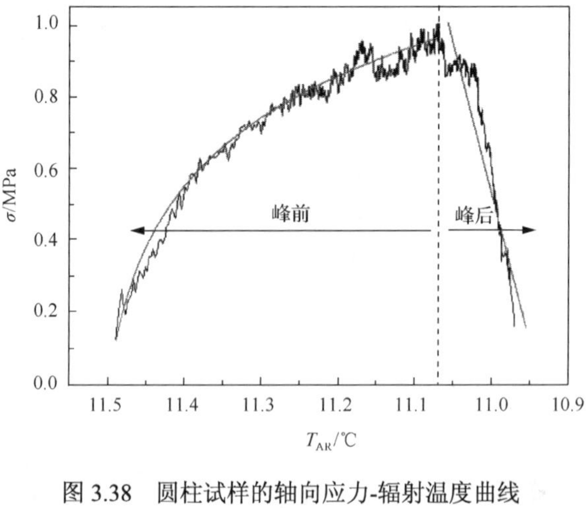

图 3.38　圆柱试样的轴向应力-辐射温度曲线

3. 试样热红外特征微观结构分析

对圆柱试样的相似材料石粉试样进行 X 射线衍射分析，得到石粉试样的矿物种类及其含量，如表 3.5 所示。由表 3.5 可知，石粉试样的方解石含量最高，为 52.4%；半水石膏含量为 28.8%；白云石含量中等，为 14.2%；硬石膏为 1.8%；石英为 1.7%；黏土矿物含量较低，为 1.1%。此外，由石粉试样的扫描电子显微镜扫描微观结构(图 3.39)可见，石粉试样矿物颗粒主要呈短纤维状和片状，矿物颗粒联系松散，颗粒间裂隙和孔隙较多。

一般地，固体在弹性阶段都存在热弹效应，即当材料受压时温度上升，而受拉时温度下降，然而，材料在弹性阶段除存在热弹效应外，还存在空隙气体逸出的吸热效应，即试样受压时导致内部空隙气体逸出，从而引起温度下降，产生吸热效应。这样对于不同材料，因内部所含空隙多少的差异会产生不同程度的吸热效应，从而造成不同的温度变化类型。对于内部空隙较多的试样，产生的吸热效应强烈，热弹效应低于气体逸出吸热效应，则温度下降。

表 3.5　石粉试样的矿物种类和含量

种类	石英	方解石	白云石	硬石膏	半水石膏	黏土矿物
含量/%	1.70	52.40	14.20	1.80	28.80	1.10

图 3.39　石粉试样扫描电子显微镜微观结构图

在圆柱试样的单轴压应力试验中，试验表面热辐射温度主要表现为温度降低。这个结果是由于试样里的方解石含量高，导热性低，热弹效应不显著，再加上白石矿物颗粒联系松散，颗粒间裂隙和孔隙较多，产生的吸热效应显著而造成的。

当试样在应力作用下进入塑性变形阶段时，微观结构在屈服阶段产生大量的微破裂，从而导致热效应，即摩擦热效应产生。对于不同性质的微破裂，其摩擦热效应会有所不同。当微破裂的性质为张性时，破裂面间不发生摩擦，因而无摩擦热效应产生，此时由于破裂体积发生膨胀而产生吸热效应，温度下降；而当微破裂的性质为剪性时，破裂面会发生错动和摩擦，因而有摩擦热效应产生，必然导致温度上升和高温红外辐射。本试验中，圆柱试样破裂形式为张性破裂，会因体积膨胀而产生吸热效应，故试样整体温度降低。

3.4.4　不同围压圆形隧道围岩应力-热辐射试验

方形圆孔试样具体制作步骤如下：

(1)将方形圆孔试样模具(净尺寸长×高×厚=110mm×110mm×30mm)洗刷干净，并在内壁均匀涂上薄薄的一层油，如图3.40(a)所示。

(2)按图装配模具，如图3.40(b)所示。

(3)称量水和石粉，按水和石粉质量比为0.8∶1取料，在搅拌盆中先加入水，再慢慢把石粉撒入水中，搅拌均匀成糊状，防止出气泡。

(4)浇筑试样后，刮平、成型，待试样干后脱模，如图3.41(a)所示，制备好的隧道围岩物理模型如图3.41(b)所示。圆形隧道开挖前填充圆柱如图3.42所示。

(a) 模具配件　　(b) 模具装配

图3.40　圆形隧道试样制作模具装配

(a) 试样浇筑　　(b) 试样成品

图3.41　圆形隧道试样

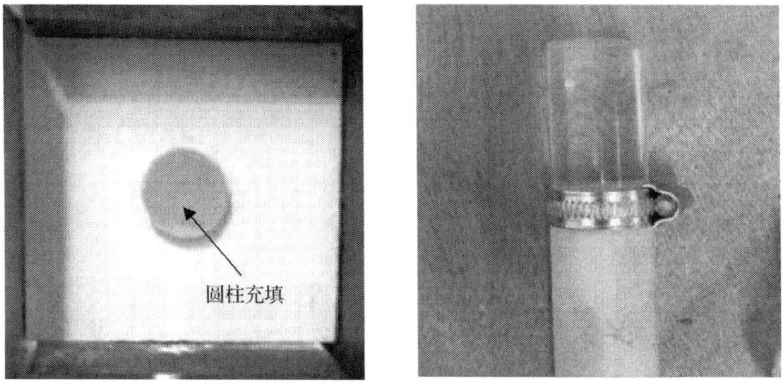

(a) 被填充的圆形隧道　　(b) 用来填充圆形隧道的圆柱

图 3.42　圆形隧道填充圆柱

加载设备选择 RLW-3000 伺服控制压力试验机，其最大荷载可达 3000kN。选择双向加载位移控制方式，加载速度为 0.0025mm/s。为探测圆形隧道在开挖过程中红外热辐射温度和成像记录，选择红外相机进行试验，具体参数同前面圆柱试样试验。试验系统布置示意如图 3.43 所示。

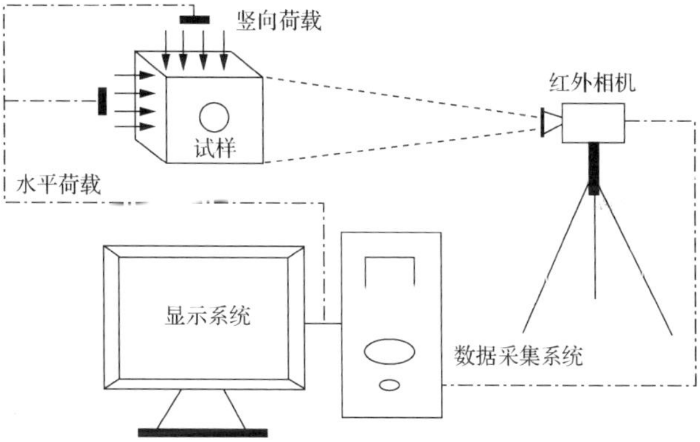

图 3.43　圆形隧道试验系统

(1) 打开电脑，启动、检查、调试力学试验系统。

(2) 把试样放置在压头正下方，用粗调控制将压头接近试样，然后按照设定的加载速度使压头逼近试样并加载。

(3) 连接红外采集设备并进行必要调试。

(4) 在加载前，先在方形板状带圆孔试样中插入圆柱形充填体，然后，以恒定速率 0.0025mm/s 双轴加载至 5.0kN，抽出圆柱卸载保持 2.0min；重新插入圆柱形充填体，再次以恒定速率 0.0025mm/s 垂直向继续加载至 6.5kN，抽出圆柱卸载保持 2.0min，采集相关数据，加载过程结束。

(5) 试验完毕后，先水平卸载，后轴向卸载，抬升压头，导出试验数据，取出试样，关闭相关试验设备。

3.4.5　圆形隧道围岩应力演化热辐射监测及分析

通过截取红外图像区域，方形带圆孔试样上的红外监测点布置见图 3.44。随着时间的增长，试样监测点的应力-温度-时间变化曲线总体呈下降趋势，如图 3.45 所示。在第一次开挖隧道卸载点(660.0s)、第一次开挖后充填隧道(770.0s)和在第二次开挖隧道卸载点(1180.0s)，应力-温度-时间变化曲线均出现了较大的波动。试验中首先对试验模型进行水平方向和垂直方向等速加载，直到 500.0s 时达到相对

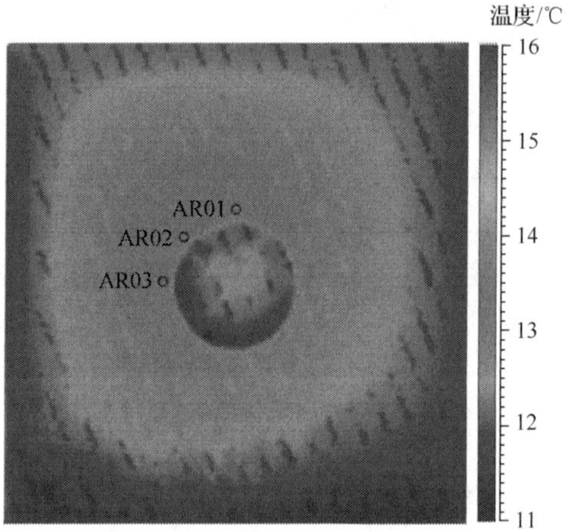

图 3.44　试样上的红外监测点和位置

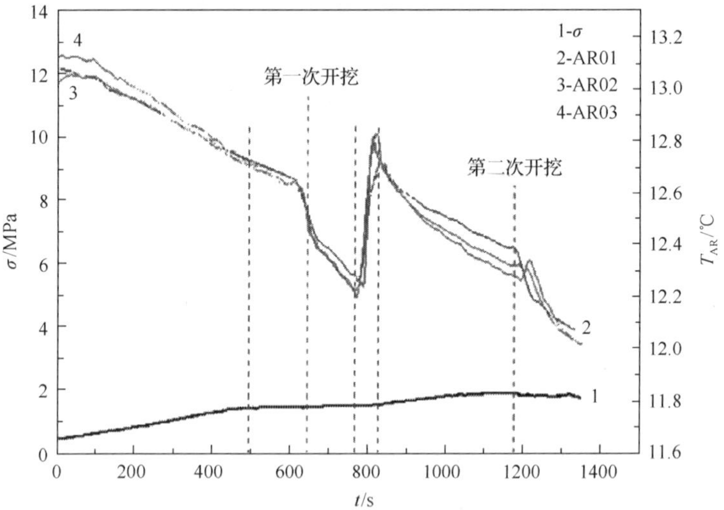

图 3.45　圆形隧道的应力-温度-时间变化曲线

稳定状态，三个监测点 AR01、AR02 和 AR03 的温度 T_{AR} 和应力 σ 相差不大，温度 T_{AR} 约为 12.7℃，结合图 3.46(a)可知此时圆形隧道周边围岩的应力场和温度场呈现均匀状态。

在双向均匀加载至 5.0kN 条件下，第一次开挖圆形隧道卸载(660.0s)时，温度和应力曲线呈陡然下降趋势(图 3.45)，虽然隧道开挖瞬时围岩应力集中程度增大，但三个监测点 AR01、AR02 和 AR03 的温度接近，约为 12.5℃，结合图 3.46(b)可知此时圆形隧道周边围岩的应力场和温度场仍呈现均匀状态。

当对圆形隧道进行第一次开挖后的充填，三个监测点 AR01、AR02 和 AR03 的温度和应力曲线出现陡然上升趋势(770～830s)。接着维持 5.0kN 的水平荷载不变，继续增加垂直方向荷载到 6.5kN，三个监测点温度曲线开始以不同的速率下降，说明在圆形隧道的围岩中产生了一个复杂的应力重分布过程。

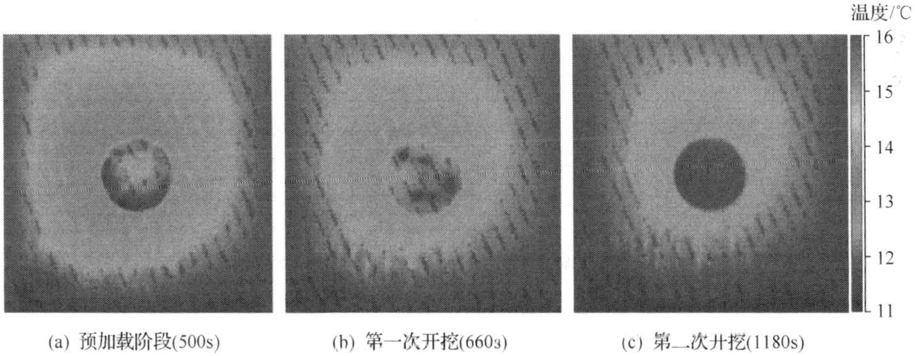

图 3.46　圆形隧道加卸载过程红外辐射图像变化图

第二次开挖隧道卸载(1180.0s)时，三个监测点 AR01、AR02 和 AR03 的温度出现了明显差异，即 $T_{AR01}=12.40$ ℃，$T_{AR02}=12.33$ ℃和 $T_{AR03}=12.28$ ℃，结合图 3.46(c)，表明此时圆形隧道围岩应力场呈现非均匀应力状态。基于试验系统测量得出，三个监测点 AR01、AR02 和 AR03 的应力显示如下：$\sigma_{AR01}<\sigma_{AR02}<\sigma_{AR03}$。当 $r=r_0$，式(3.6)可以写成：

$$\begin{cases}\sigma_\theta = p_0\left[(1+2\cos\theta)+\lambda(1-2\cos\theta)\right] \\ \sigma_r=\tau_{r\theta}=0\end{cases} \tag{3.9}$$

当 $r=r_0$，$\lambda=5.0/6.5=0.77$ 时，有 $\sigma_{90^\circ}=1.31p_0$，$\sigma_{135^\circ}=2.10p_0$，$\sigma_{180^\circ}=2.23p_0$，$\sigma_{90^\circ}<\sigma_{135^\circ}<\sigma_{180^\circ}$。也就是说，通过这些公式计算验证了热辐射红外成像法监测结果的可靠性。

当第二次开挖完成后，三个监测点的温度曲线呈现陡然下降的趋势，如图 3.45 所示。

第4章　连拱隧道分步开挖围岩压力偏态效应

4.1　连拱隧道围岩压力拱演化特征

连拱隧道是指拱部衬砌结构通过中墙相连接的两条隧道。在连拱隧道施工过程中，左右两洞一般先后隔一定距离开挖，各洞再分步开挖，对围岩造成多次卸载、扰动。由于应力重分布过程是随开挖过程而动态发展，开挖卸载形成的压力拱也是动态发展，所以在一定时间、空间范围内，连拱隧道围岩会形成动态发展的偏态压力拱。

本章以黄山至衢州高速公路（浙江段）连拱隧道工程为背景，采用仿真计算软件模拟连拱隧道开挖施工过程，监测隧道围岩压力拱形态参数和围岩偏态位移，结合应变能熵的分析，阐述连拱隧道围岩压力拱力学演化过程及其偏态响应特征，这些可为连拱隧道的设计与施工安全提供基础依据。

4.1.1　工程概况

黄山至衢州高速公路（浙江段）连拱隧道工程（图 4.1），处于丘陵地区，地形起伏较大。全线按四车道高速公路标准进行设计，设计时速为 80km/h。隧道埋深为 30m～100m，偏压严重，穿越断层破碎带等不良地质区。隧道围岩主要在III级和V级之间变化，表层覆盖含黏性土碎石，褐色，中密，呈棱角状，岩性为砂岩，质地较硬，其下为灰色粉砂岩，岩层产状 30°∠33°。隧道区域范围内植被茂盛，工程地质条件复杂。

图 4.1　连拱隧道现场照片

该连拱隧道区域水文地质条件较简单，地下水类型为松散岩类孔隙水和风化基岩裂隙水，地表水主要为山区沟谷内季节性流水和横岭底村小溪。雨季时接受降雨入渗补给，沿节理渗入隧道而出现滴水、渗水现象。该地为暴雨多发地区，每年暴雨平均发生 5～7 次，且集中在雨季。地下水主要受大气降水补给。由于浅部松散残坡积层具有强透水性，厚度较薄，地表水也可通过基岩裂隙补给地下水。降雨期基岩裂隙水得到地表水的补充，降低了岩体颗粒胶结力，使泥岩吸水膨胀，变得松散破碎，造成岩体自稳能力极差，容易失稳。

黄山至衢州高速公路(浙江段)连拱隧道，采用整浇曲墙对称双跨连拱结构。该隧道内轮廓线为三心圆，连拱隧道典型设计断面如图 4.2 所示。连拱隧道整体跨度为 25.5m，隧道高度为 9.8m。该隧道左右线均采用钻爆法与机械开挖相结合的方式，采用上下台阶法进行开挖。

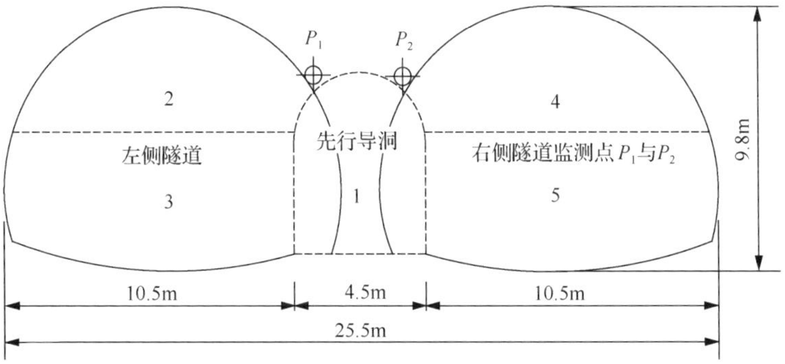

图 4.2　连拱隧道典型设计断面图

4.1.2　数值计算模型

由于隧道开挖卸载会导致围岩荷载传递路径发生变化，所以围岩为抵抗不均匀变形而进行自我调节直至成拱，以完成应力重分布。通过应力分析法确定连拱隧道围岩压力拱的内、外边界。将隧道径向围岩单元的最大主应力峰值处对应的边界定为压力拱的内边界。为了确定压力拱的外边界，定义应力变量：

$$e=\frac{\sigma_1-\sigma_3}{\sigma_1} \tag{4.1}$$

式中，σ_1 为连拱隧道开挖后，连拱隧道围岩单元的最大主应力；σ_3 为连拱隧道开挖后，连拱隧道围岩单元的最小主应力。

如图 4.3 所示，A 处为压力拱的内边界，B 处为压力拱的外边界，同时，在连拱隧道两侧的墙脚部位，以破裂角 β 向隧道围岩两侧延伸与压力拱的内、外边界相交，作为压力拱的侧向边界。破裂角 $\beta=45°+\varphi/2$ ，φ 为连拱隧道围岩的内摩擦角。为便于分析，将连拱隧道的围岩压力拱划分为三个区域。几何参数 h_t、h_m 和 h_f 分别代表各区域连拱隧道压力拱的拱顶厚度、拱腰厚度和拱脚厚度。

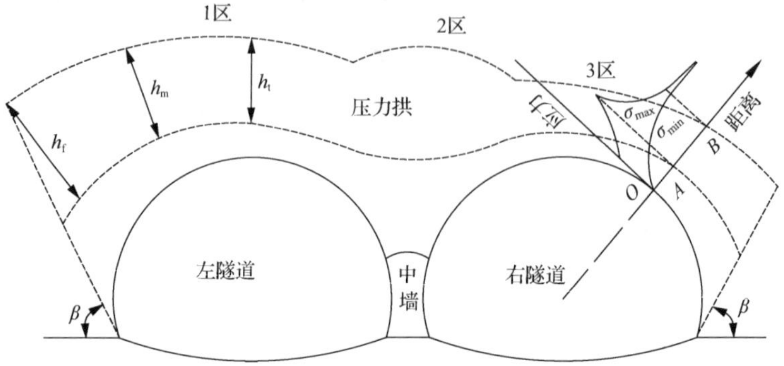

图 4.3　连拱隧道压力拱分区及形态参数示意图

连拱隧道压力拱的力学与工程意义在于：在分步开挖过程中，连拱隧道围岩将发生多次应力重分布，在开挖面附近形成具有自承载作用的偏态复合压力拱。复合压力拱拱体各区域的厚度能够表征隧道围岩受扰动的程度。对连拱隧道围岩压力拱的力学演化过程及其偏态响应特征进行研究，可为连拱隧道设计和施工安全提供理论基础。

以黄山至衢州高速公路(浙江段)连拱隧道典型断面为例，构建连拱隧道三维数值计算模型，如图 4.4 所示。由于无限长隧道可视为平面问题简化处理，该模型的轴向长度取较小值。整个模型计算范围为长×宽×高= 70m×4m×40m，共划分为 9536 个单元。计算模型的侧面限制水平移动，底面固定，模型上表面为荷载边界，施加以模拟上覆岩层自重的均布荷载。假定连拱隧道围岩材料破坏符合

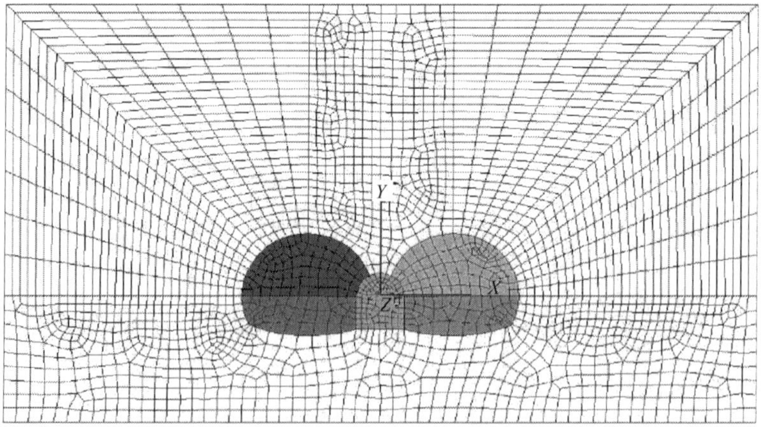

图 4.4　连拱隧道数值计算模型示意图

莫尔-库仑强度准则。假定隧道围岩处于静水应力状态，即侧压力系数 λ=1.0。隧道位移的监测点分别为 P_1 和 P_2(图 4.2)。公路隧道围岩的物理力学参数见表 4.1 所列内容。

表 4.1　公路隧道围岩的物理力学参数取值表

围岩级别	重度 /(kN/m^3)	弹性模量 /GPa	泊松比	黏聚力 /MPa	内摩擦角 /(°)	抗拉强度 /MPa
Ⅱ	27	26	0.2	2.1	60	1.0
Ⅲ	25	10	0.3	1.5	48	0.5
Ⅳ	22	4	0.35	0.45	35	0.2
Ⅴ	18.5	1.5	0.4	0.125	27	0.1

4.1.3　模拟分析方案

采用台阶法分步开挖。台阶法施工共分为五步。

第一步：进行计算模型初始应力场平衡计算后，将位移场和速度清零，然后开挖中导洞 1；

第二步：施工中隔墙后，开挖左侧隧道上部断面 2；

第三步：开挖左侧隧道下部断面 3；

第四步：开挖右侧隧道上部断面 4；

第五步：开挖右侧隧道下部断面 5。

基于上述计算，进行压力拱形态及演化过程分析，并分析连拱隧道压力拱的偏态效应。

在不同工况条件下，进行连拱隧道围岩压力拱演化特征分析，主要进行如下三方面的计算：

(1)进行两车道和三车道两种断面连拱隧道围岩压力拱演化特征的对比分析，揭示连拱隧道围岩压力拱的尺寸效应。

(2)进行台阶法(开挖步序 1-2-3-4-5)和拓展法(开挖步序 1-2-4-3-5)两种开挖下连拱隧道围岩压力拱演化特征的对比分析，揭示连拱隧道围岩压力拱的施工步序响应特征。

(3)考虑侧向压力影响，进行三种应力状态下连拱隧道围岩压力拱演化特征的对比分析，揭示连拱隧道围岩压力的应力状态效应。

4.1.4　连拱隧道分步开挖围岩压力拱演化过程

采用台阶法分步开挖，进行连拱隧道复合压力拱的演化特征分析。

第一步：如图 4.5(a)所示，导洞开挖后，由于隧道围岩应力的自调节作用，在中导洞围岩顶部形成形态对称的压力拱Ⅱ区(中导洞两侧白色虚线为压力拱的侧边界，图示外轮廓线为压力拱的外边界)。

第二步：如图 4.5(b)所示，施工中隔墙后，开挖左侧隧道上部断面，在左侧隧道顶部形成压力拱Ⅰ区，压力拱Ⅱ区明显向右侧偏移，且拱体厚度增大。压力拱Ⅰ区和压力拱Ⅱ区外边界分界不明显。

第三步：如图 4.5(c)所示，开挖左侧隧道下部断面 3 后，隧道围岩受扰动范围增大，压力拱Ⅰ区拱顶抬升，拱体厚度增大；压力拱Ⅱ区开始向左侧发展，拱顶抬升和拱体厚度显著增大，隧道围岩压力在中导洞顶部产生显著应力集中现象，说明中隔墙受力明显增大。

第四步：如图 4.5(d)所示，开挖右侧隧道上部断面 4 后，隧道围岩受扰动范围进一步增大，压力拱Ⅰ区拱顶继续抬升，拱体厚度进一步增大；压力拱Ⅱ区继续向左侧和顶部发展，但该区中心偏向压力拱Ⅲ区。此时，压力拱Ⅰ区、压力拱Ⅱ区和新生成的压力拱Ⅲ区连成一体，形成偏态非对称的连拱隧道复合压力拱。

第五步：如图 4.5(e)所示，开挖右侧隧道下部断面 5 后，随着压力拱Ⅲ区的抬升和拱体厚度的增大，连拱隧道围岩压力拱范围继续增大和调整，呈现压力拱Ⅱ区应力集中，压力拱Ⅰ区明显大于压力拱Ⅲ区的态势，表明连拱隧道的左侧隧道拱顶压力明显大于右侧隧道，即连拱隧道的复合压力拱呈现偏态分布特征。

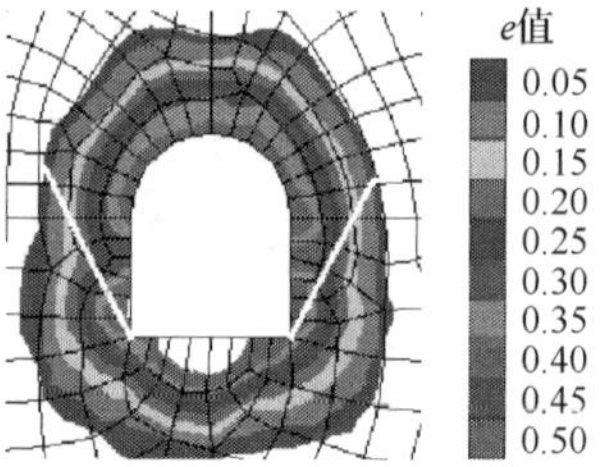

(a) 第一步

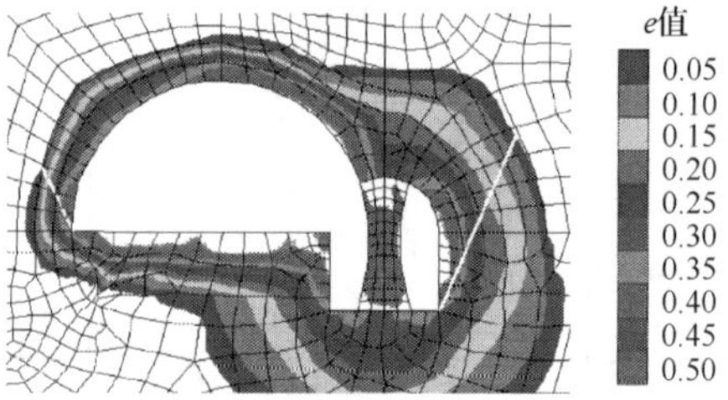

(b) 第二步

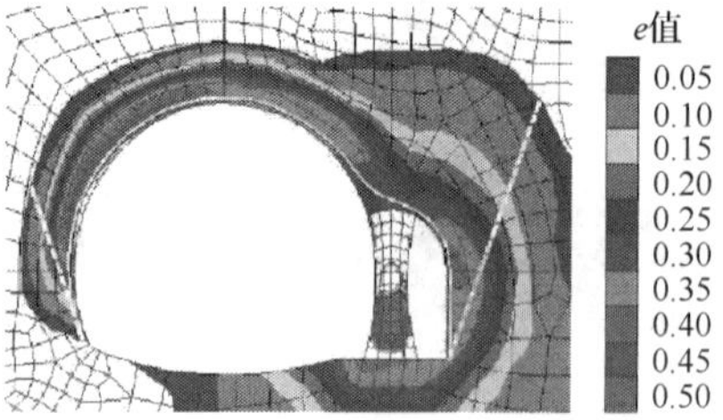

(c) 第三步

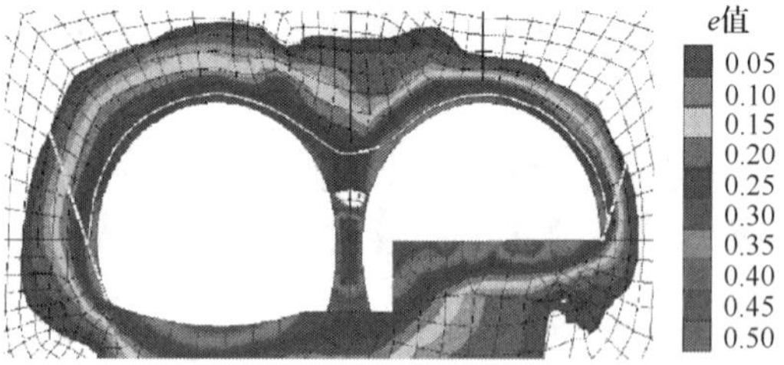

(d) 第四步

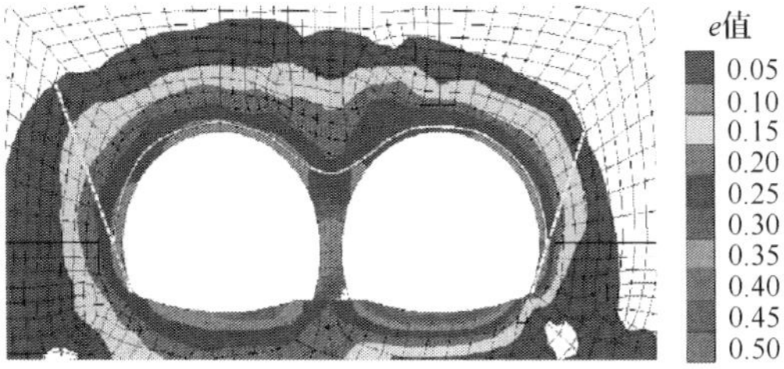

(e) 第五步

图 4.5　连拱隧道台阶法分步开挖围岩压力拱形态演化示意图

如图 4.6 所示，在采用台阶法分步开挖过程中，连拱隧道围岩复合压力拱的拱高及拱体厚度呈现逐渐增长趋势。总体来看，压力拱Ⅰ区的拱高上升速度最快且高度最大，压力拱Ⅱ区的拱高上升速度和高度中等，压力拱Ⅲ区的拱高上升速度和拱高最小。上述曲线变化，致使连拱隧道复合压力拱呈现偏态分布特征。

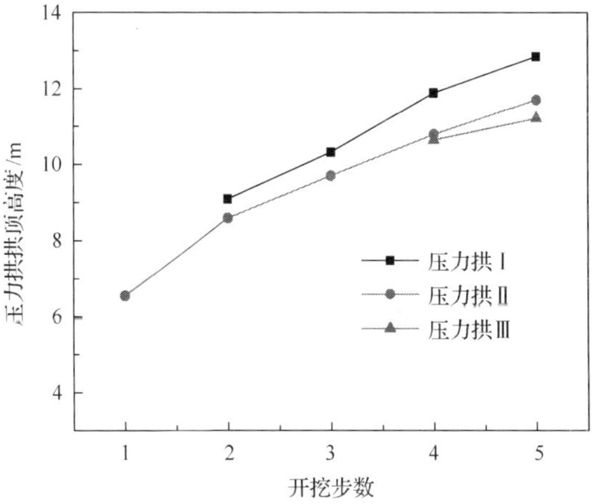

图 4.6　连拱隧道围岩压力拱的拱顶高度变化曲线图

由于隧道围岩变形能够直观反映隧道围岩的压力状态，在台阶法分步开挖过程中，在连拱隧道中墙顶部设置了位移监测点 P_1 和点 P_2(图 4.2)。

由图 4.7 可见，连拱隧道开挖过程结束后，监测点 P_1 和点 P_2 的垂向位移相差不大，但其水平位移出现了明显变化。第一步中导洞开挖后，P_1 和 P_2 点的水平位移分别向右侧和左侧产生了较小的水平位移；随着第二步和第三步左侧隧道开挖，P_1 点的水平位移开始向左侧发展，致使 P_1 和 P_2 点的水平位移均向左侧隧道方向偏移；第四步和第五步右侧隧道开挖后，尽管 P_2 点的水平位移开始向右侧方向发展，但其水平位移仍为负值，即 P_1 和 P_2 点的水平位移均向右侧隧道方向偏移，P_1 点的水平位移值大于 P_2 点的水平位移值。

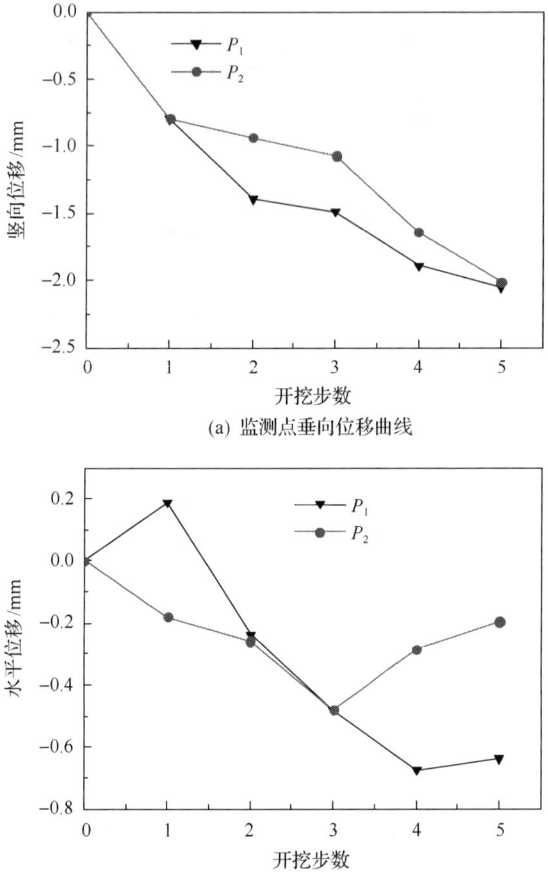

(a) 监测点垂向位移曲线

(b) 监测点水平位移曲线

图 4.7　连拱隧道围岩监测点垂向位移和水平位移曲线图

为了定量描述连拱隧道开挖过程中围岩的水平位移偏态效应，定义水平位移偏态系数 k_d：

$$k_{\mathrm{d}}=\left|\frac{d_{P_1}}{d_{P_2}}\right| \tag{4.2}$$

式中，d_{P_1} 为 P_1 点的水平位移；d_{P_2} 为 P_2 点的水平位移。

在式(4.2)中，当 $k_d>1$，连拱隧道围岩位移变形以左侧隧道为主，表明连拱隧道围岩压力左洞更大，左右洞围岩压力呈偏态分布；当 $k_d=1$，连拱隧道围岩变形左右对称，表明连拱隧道围岩左右洞压力相当，左右洞压力呈现左右均匀分布特征；当 $k_d<1$，连拱隧道围岩水平位移变形以右侧隧道为主，表明连拱隧道围岩右洞压力更大，围岩压力向右侧隧道偏态分布。

如图 4.8 所示，在台阶法分步开挖过程中，连拱隧道水平位移偏态系数 k_d 从 1 渐增至 3 变化，表明连拱隧道的围岩压力偏态效应显著，连拱隧道中隔墙水平位移以偏向左侧隧道变形为主。

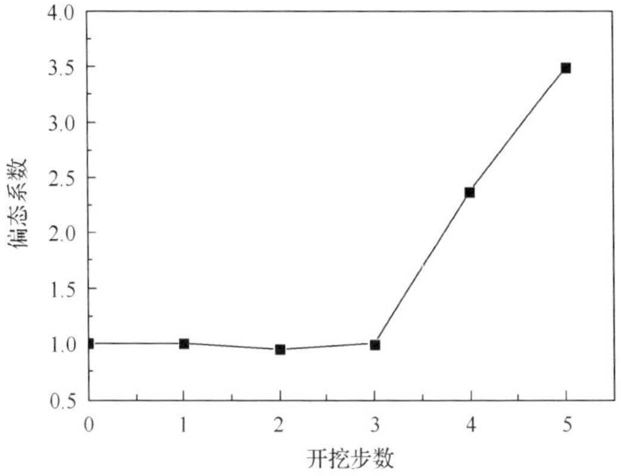

图 4.8　连拱隧道围岩压力偏态系数变化曲线图

4.1.5　不同工况连拱隧道围岩压力拱演化特征

1. 不同断面尺寸连拱隧道开挖围岩压力拱演化特征

如图 4.9 所示，在相同的围岩条件下，采用台阶法分别开挖二车道与三车道连拱隧道，随着隧道开挖尺寸(跨度)增大，压力拱Ⅰ区、压力拱Ⅱ区的拱高和拱厚呈现台阶式跃升、显著增大，压力拱Ⅲ区拱高和拱厚相对下降，形成左侧隧道和中墙拱顶压力相对右侧隧道偏态显著的分布特征，三车道连拱隧道围岩压力拱偏态效应比二车道情况下的更为显著。

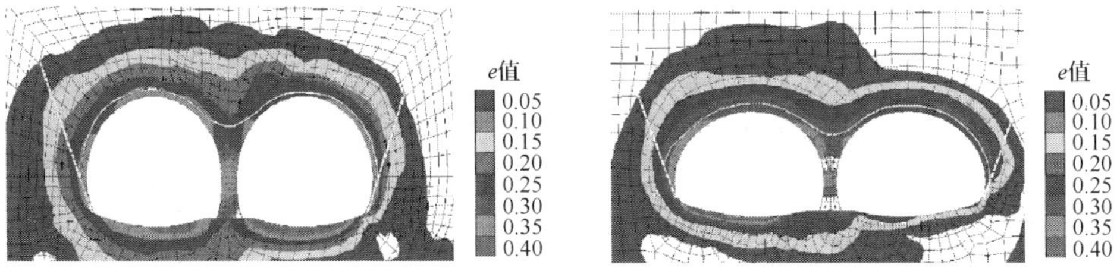

(a) 二车道　(b) 三车道

图 4.9　不同跨度连拱隧道压力拱形态示意图

二车道与三车道连拱隧道拱顶高度的变化曲线见图 4.10(a)所示，可见随着连拱隧道跨度的增大，对压力拱Ⅰ区和压力拱Ⅱ区的影响显著，在左侧隧道和中墙顶部位置，连拱隧道围压能量积聚与释放敏感，在连拱隧道设计与施工中应引起重视。如图 4.10(b)所示，在二车道与三车道连拱隧道的分步开挖过程中，三车道连拱隧道水平位移偏态系数从第一开挖步开始就明显大于两车道的，表明三车道连拱隧道的围岩压力偏态效应更显著，连拱隧道中隔墙水平位移以偏向左侧隧道变形为主。

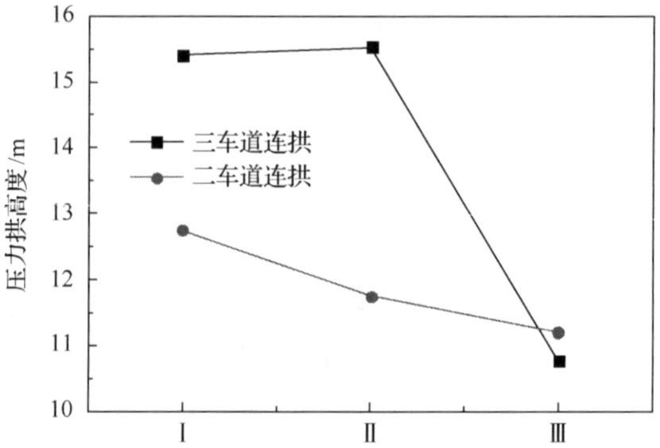

(a) 拱顶高度变化

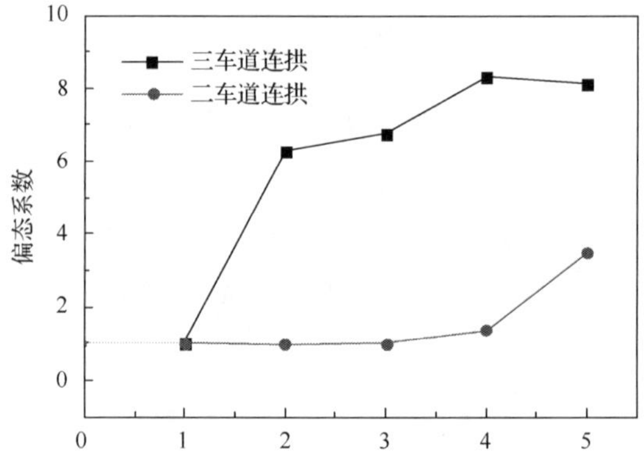

(b) 偏态系数变化

图 4.10　连拱隧道跨度对压力拱的影响

2. 不同开挖步序连拱隧道开挖围岩压力拱演化特征

分别采用台阶法(开挖步序 1-2-3-4-5)和拓展法(开挖步序 1-2-4-3-5)施工，由图 4.11 和图 4.12 可见，拓展法开挖使得连拱隧道的压力拱拱厚和拱高有小幅增加，而且拓展法开挖连拱隧道的压力拱分布较台阶法更均匀。拓展法分步开挖，使得最终连拱隧道围岩压力相对台阶法开挖水平位移偏态效应较小。

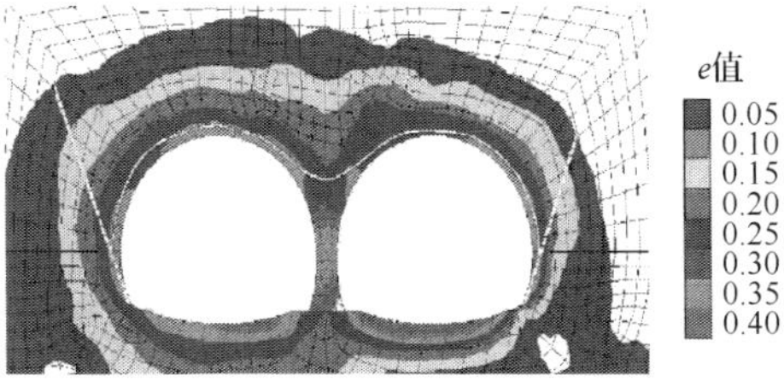

(a) 台阶法

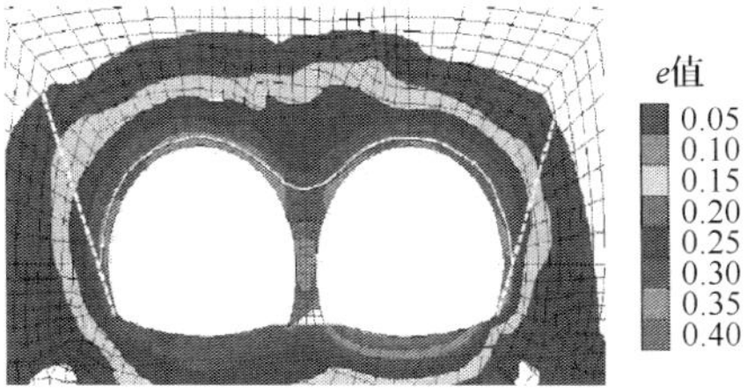

(b) 拓展法

图 4.11　不同开挖方法连拱隧道压力拱形态示意图

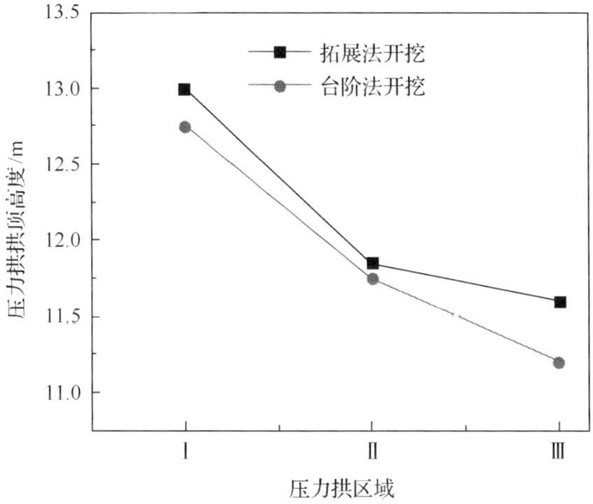

(a) 拱顶高度变化

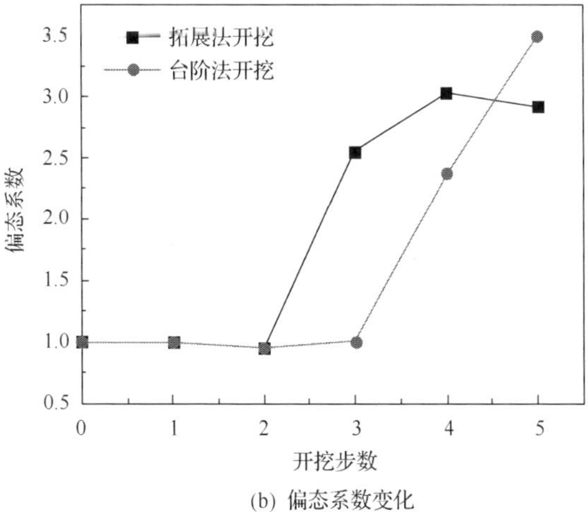

(b) 偏态系数变化

图 4.12　开挖方法对连拱隧道压力拱的影响

3. 不同应力状态连拱隧道开挖围岩压力拱演化特征

如图 4.13 和图 4.14 所示，随着隧道围岩侧压力系数由高至低变化，对连拱隧道围岩压力拱的形态产生显著影响。当侧压力系数 $\lambda>1$ 时，压力拱Ⅰ区和压力拱Ⅲ区拱高呈现较大幅度的向上凸起，且明显高于压力拱Ⅱ区，总体呈现左高右低的分布特征；当 $\lambda<1$ 时，相对于压力拱Ⅰ区和压力拱Ⅲ区拱高而言，压力拱Ⅲ区

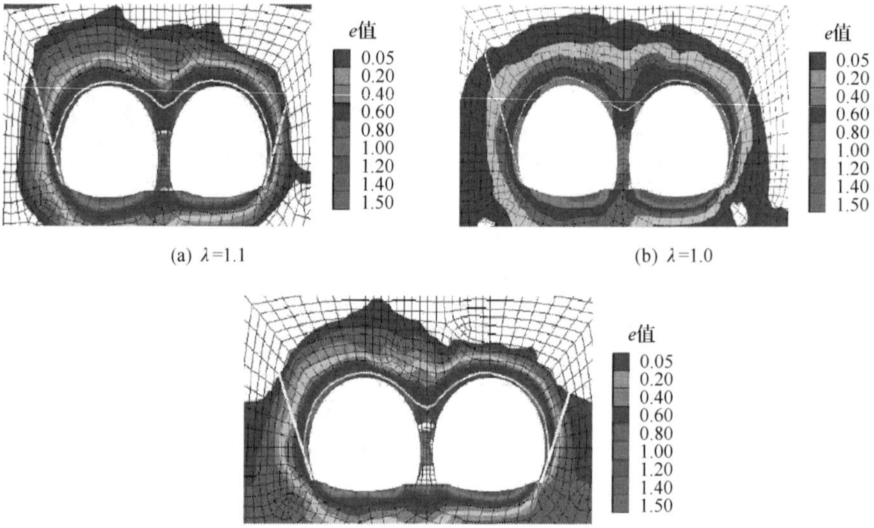

(a) λ=1.1　(b) λ=1.0

(c) λ=0.9

图 4.13　不同应力状态连拱隧道压力拱形态示意图

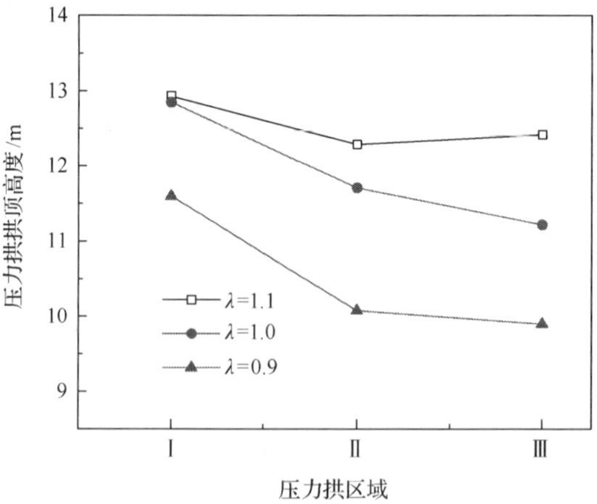

(a) 拱顶高度变化

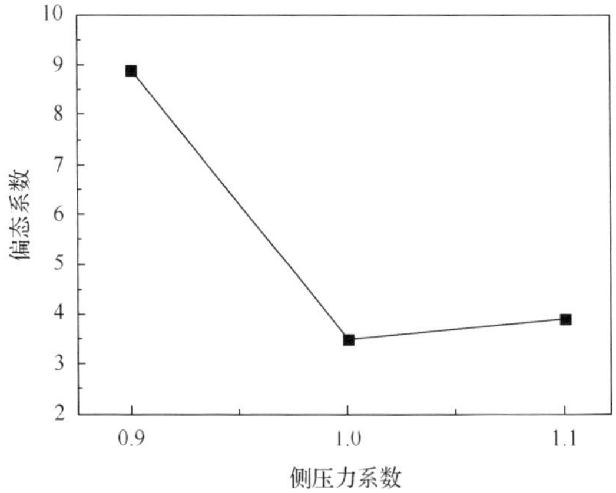

(b) 偏态系数变化

图 4.14　不同应力状态下拱顶高度和偏态系数变化曲线图

的拱高显著降低，连拱隧道围岩压力拱偏态分布特征显著。当 $\lambda=1$ 时，压力拱Ⅰ区、压力拱Ⅱ区和压力拱Ⅲ区的拱高变化介于上述二者之间，连拱隧道围岩压力拱的拱高和拱厚，虽然总体呈现左高右低的分布特征，但相对上述两种情况而言，围岩压力拱的拱高和拱厚起伏变化较小，表明当 $\lambda>1$ 和 $\lambda<1$ 时，对连拱隧道压力拱Ⅰ区和压力拱Ⅲ区的影响较大，即当 $\lambda=1$ 时的连拱隧道围岩压力拱监测点水平位移偏态效应较小，如图 4.14(b)所示。

4.2　连拱隧道开挖偏态压力等效荷载计算

1974 年在日本首次修建连拱隧道后，欧洲各国也相继采用了连拱隧道这种结构形式，连拱隧道的设计与施工至今已有 40 多年的历史。由于连拱隧道具有空间利用率高、占地面积少、线性流畅，便于运营管理等突出优点，连拱隧道得到了迅速的发展。然而，连拱隧道整体跨度大，施工工序复杂，隧道围岩应力变化大，与单拱隧道有所不同，目前在设计中尚无满足连拱隧道特点的围岩压力理论[68]。当前连拱隧道设计荷载主要是参考单拱隧道衬砌荷载力学分析的结果，并结合具体的工程进行经验性(类比性)设计，因此，往往造成连拱隧道围岩荷载设计的随意性。

现有研究多假设连拱隧道的围岩压力拱是对称形式，实际上由于受施工方法和地形因素等影响，在一定的时间和空间内连拱隧道围岩压力拱是非对称、呈偏态分布的，因此，有必要考虑施工方法和应力状态等因素，提出一种分步开挖双连拱隧道偏态等效荷载计算方法。

4.2.1　普氏压力拱围岩荷载计算

普氏理论认为，在具有一定黏结力的松散介质中开挖隧道后，隧道围岩能够形成自承压力拱，压力拱以上的岩体不受扰动，而压力拱以内是可能产生破坏的岩体范围，作用在隧道顶部的围岩压力仅是自然平衡拱内的岩体自重，其重量就是隧道支护设计所要承受的荷载。在实际工程中，为了计算方便，通常将隧道围岩顶部的最大围岩压力视为均布荷载，不计拱轴线的变化而引起的围岩压力变化，计算简图如图 4.15 所示。

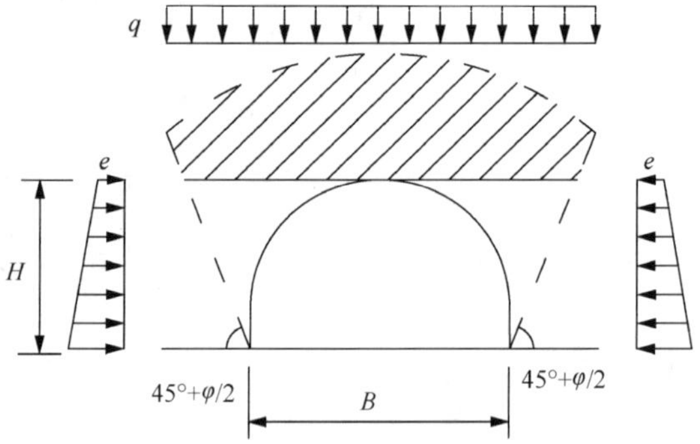

图 4.15　普氏理论隧道围岩荷载计算示意图

普氏理论隧道围岩荷载计算公式为

$$q = \gamma H_{\mathrm{eq}} \tag{4.3}$$

$$H_{\mathrm{eq}} = \frac{B/2 + H\tan(45^\circ - \varphi_{\mathrm{g}}/2)}{f_{\mathrm{r}}} \tag{4.4}$$

$$e = \left(q + \frac{1}{2}\gamma H\right)\tan^2\left(45^\circ - \frac{\varphi_{\mathrm{g}}}{2}\right) \tag{4.5}$$

式中，q 为垂直荷载，按均布荷载考虑，$\mathrm{kN/m^2}$；e 为侧向水平荷载，按均布荷载考虑，$\mathrm{kN/m^2}$；γ 为围岩重度，$\mathrm{kN/m^3}$；φ_{g} 为围岩计算摩擦角，°；H_{eq} 为等效荷载高度，m；B 为隧道宽度，m；H 为隧道高度，m；f_{r} 为普氏岩石坚固性系数(似摩擦系数)，可按下式计算：

$$\text{坚硬岩石：} f_{\mathrm{r}} \approx \frac{R_{\mathrm{b}}}{15} \tag{4.6}$$

较软岩石：$f_\mathrm{r} \approx \left(\dfrac{1}{8} \sim \dfrac{1}{10}\right) R_\mathrm{b}$　(4.7)

松散土质或极度破碎岩石：$f_\mathrm{r} \approx \tan\varphi$　(4.8)

黏性土或黄土：$f_\mathrm{r} \approx \dfrac{c}{R_\mathrm{b}} + \tan\varphi$　(4.9)

式中，R_b 为岩石单轴饱和抗压强度；φ 为围岩内摩擦角；c 为黏聚力。

4.2.2　连拱隧道围岩等效荷载计算

按照普氏理论，压力拱以上的岩体不受扰动，而压力拱以内是可能产生破坏的岩体范围，成为松散压力作用在支护结构上。前人研究认为，连拱隧道围岩荷载计算时其跨度介于半结构宽度与整个结构宽度之间取值[69-72]。先假设三种极限情况分析荷载：第一种情况为最不利工况，即不考虑中隔墙支护作用，以整个连拱隧道开挖宽度计算荷载，此时形成最不利荷载如图 4.16 所示；第二种情况为最有利工况，即假定中隔墙非常稳定，且回填密实，可取半结构宽度计算荷载；第三种情况是介于前两种情况之间。

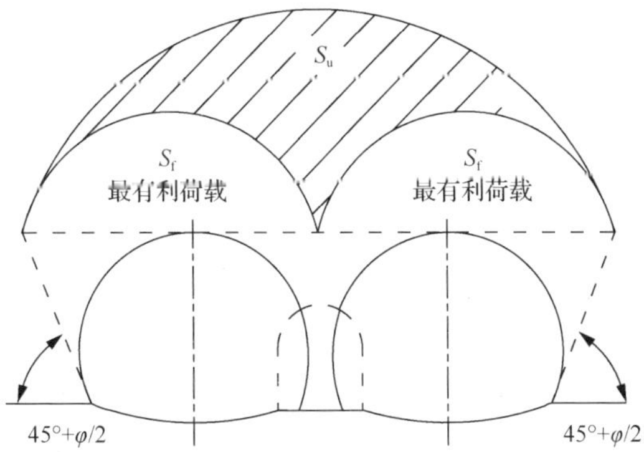

图 4.16　连拱隧道荷载计算常规模型

考虑施工方法，根据连拱隧道围岩偏态压力拱的边界曲线形态，将连拱隧道围岩荷载设计分成两区域，即左隧道区域荷载和右隧道区域荷载。按照普氏理论，把压力拱外边界以内围岩重量视为松散压力并简化为均布荷载，得到连拱隧道围岩荷载计算简图，如图 4.17 所示。

图 4.17 中，连拱隧道上部竖向荷载包括左侧隧道顶部竖向等效荷载 q_1、右侧隧道顶部竖向等效荷载 q_2 和双连拱隧道中隔墙顶部竖向等效荷载 q_3。同时，对应上述三部分等效荷载 q_1、q_2 和 q_3，水平等效荷载包括左侧隧道呈梯形分布的水平

等效荷载 e_1(包括最小值和最大值)、右侧隧道呈梯形分布的水平等效荷载 e_2(包括最小值和最大值)及双连拱隧道中隔墙顶部呈梯形分布的水平等效荷载 e_3(包括最小值和最大值)。对于荷载 e_3，由于此范围较小，故假定左、右侧对称。

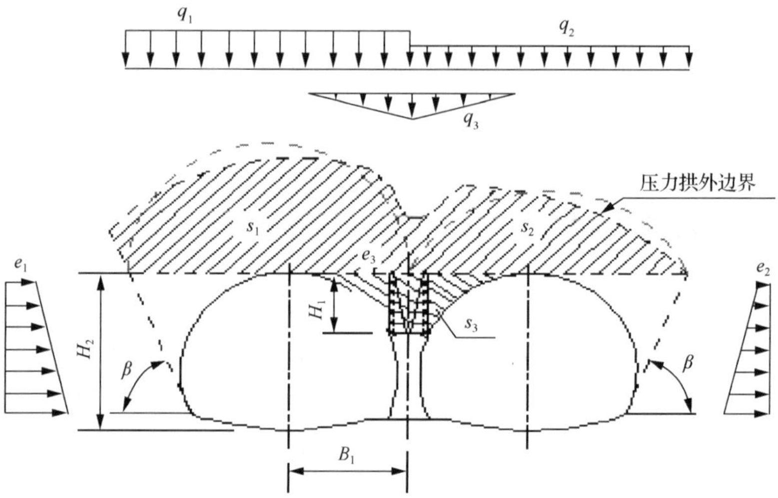

图 4.17　连拱隧道围岩压力拱及简化荷载计算示意图

连拱隧道分区荷载设计具体计算过程如下：

(1)按公式 $q_1=\left[B_1+H_2\tan\left(45°-\dfrac{\varphi}{2}\right)\right]\dfrac{\gamma}{f_{\rm r}}$ 计算左侧隧道顶部竖向等效荷载 q_1。其中，B_1 为左侧隧道的计算宽度，H_2 为左侧隧道的计算高度，φ 为双连拱隧道围岩内摩擦角，f 为双连拱隧道围岩普氏系数，γ 为双连拱隧道围岩重度。按公式 $e=\left(q_1+\dfrac{1}{2}\gamma H\right)\tan^2\left(45°-\dfrac{\varphi_{\rm g}}{2}\right)$ 分别计算左侧隧道水平等效荷载 e_1 的最小值(H=0)和最大值(H=H_2)，其中 $\varphi_{\rm g}$ 为双连拱隧道高度范围内侧向围岩加权平均内摩擦角。

(2)按双连拱隧道顶部区域 s_1 和 s_2 所占的面积比值，确定右侧隧道顶部竖向等效荷载 q_2，$q_2=q_1\dfrac{s_2}{s_1}$，并按公式 $e=\left(q_2+\dfrac{1}{2}\gamma H\right)\tan^2\left(45°-\dfrac{\varphi_{\rm g}}{2}\right)$ 分别计算右侧隧道水平等效荷载 e_2 的最小值(H=0)和最大值(H=H_2)。

(3)按双连拱隧道顶部区域 s_3 和 s_1 所占的面积比值，确定双连拱隧道中隔墙顶部竖向等效荷载 q_3，并按公式 $e=\left(q_3+\dfrac{1}{2}\gamma H\right)\tan^2\left(45°-\dfrac{\varphi}{2}\right)$ 分别计算中隔墙顶部水平等效荷载 e_3 的最小值(H=0)和最大值(H=H_1)。

4.2.3　隧道围岩等效荷载计算影响因素

以Ⅴ级围岩为例，考虑双连拱隧道两种开挖方法(台阶法开挖、拓展法开挖)以及三种应力状态(侧压力系数大于 1、侧压力系数等于 1 和侧压力系数小于 1)等因素，通过数值计算分析上述因素对连拱隧道荷载分布的影响。

其他条件相同，只考虑应力状态变化时，以 λ 表示侧压力系数，分别考虑 $\lambda<1$、$\lambda=1$、$\lambda>1$ 三种情况进行计算。当侧压力系数 λ 等于 0.9、1.0、1.1 时，Ⅴ级围岩时的压力拱形态如图 4.18 所示。偏于安全考虑，取压力拱外边界范围以内的围岩重量作为直接荷载，产生松散压力，作用在连拱隧道的支护结构上，化为等效荷载的计算简图如图 4.19 所示。

传统计算方法中假定连拱隧道左隧道与右隧道的等效荷载相等，然而，数值分析表明，各种应力状态下的连拱隧道左隧道的压力拱厚度明显大于右隧道，即左区的等效荷载明显大于右区的等效荷载，说明考虑偏态性提出连拱隧道荷载分区设计方法的必要性。

为了表征应力状态对左区等效荷载的影响，提出特殊工况荷载调整系数 ξ_1，ξ_1 为非均匀应力环境下左区等效荷载与均匀应力状态下左区等效荷载的比值，可以看出 ξ_1 与侧压力系数 λ 成正比，拟合公式为 $\xi_1=0.74\lambda+0.29$，其相关系数 $R=0.95$。

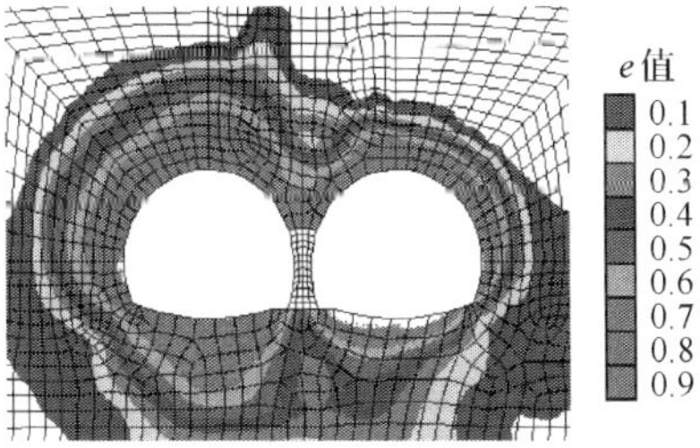

(a) $\lambda=1.1$

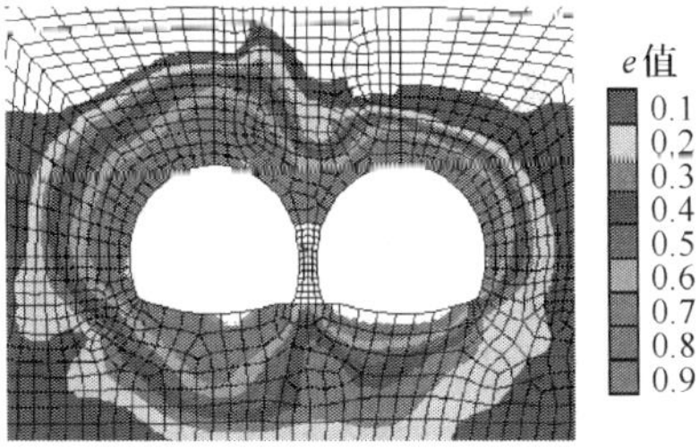

(b) $\lambda=1.0$

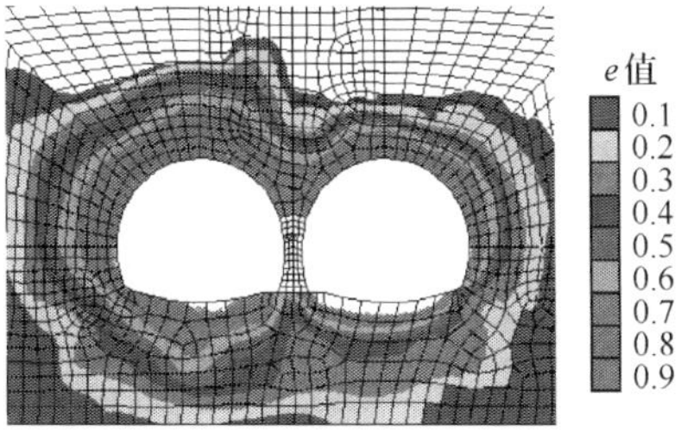

(c) $\lambda=0.9$

图 4.18　台阶法开挖Ⅴ级围岩不同应力环境下连拱隧道围岩压力拱形态

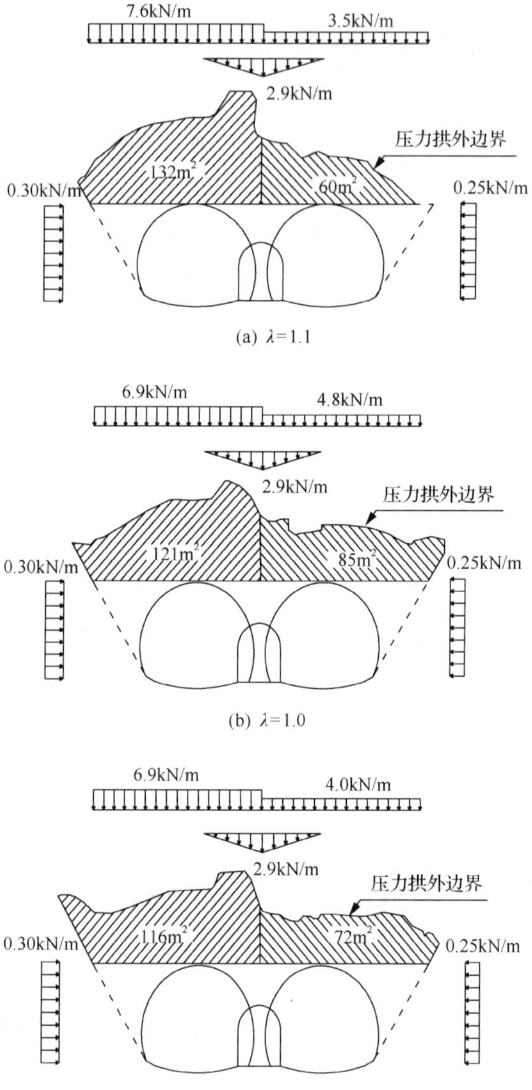

(a) $\lambda=1.1$

(b) $\lambda=1.0$

(c) $\lambda=0.9$

图 4.19　V级围岩不同应力环境下连拱隧道左右区等效荷载

为比较连拱隧道左区、右区等效荷载的偏态情况，提出荷载偏态系数 k_q，$b=(q_1-q_2)/q_1$。其中，q_1 和 q_2 分别为连拱隧道左区、右区竖向等效荷载，k_q 值越大说明荷载偏态性越严重，$b=0$ 说明连拱隧道左右区域等效荷载无偏态。由图 4.20 可知，高应力环境（λ=1.1）时，荷载偏态系数最大，其值超过 50%，而均匀应力环境（λ=1.0）下，荷载偏态系数最小，约为 30%，低应力环境（λ=0.9）下 k_q 值介于前两者之间。应力状态改变，偏态系数变化很明显，说明应力状态是控制荷载偏态的敏感因素。

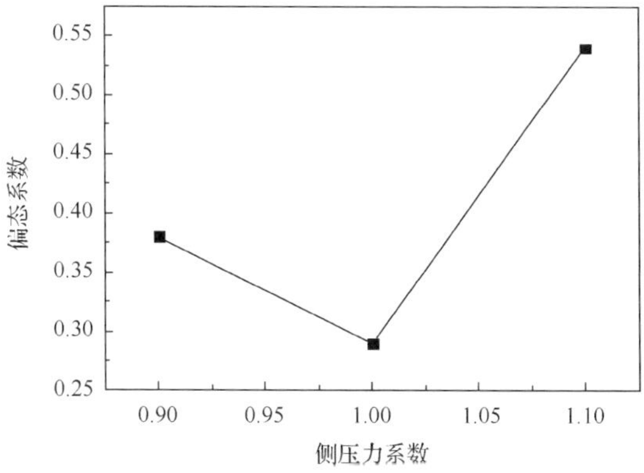

图 4.20　不同应力状态左右区等效均布荷载偏态系数比较

4.3　连拱隧道偏态压力热红外试验

4.3.1　相似模型制作

连拱隧道试件具体制作步骤如下：

(1)将连拱隧道试样模具(净尺寸长×高×厚=150mm×150mm×30mm)洗刷干净，并在内壁均匀涂上薄薄的一层油，如图 4.21(a)所示。

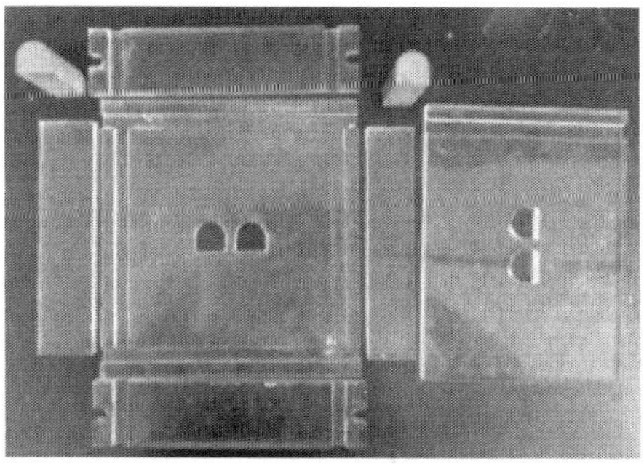

(a) 模具配件

(b) 模具装配

图 4.21　连拱隧道试样制作模具装配

(2)按图装配模具，见图 4.21(b)。

(3)称量水和石粉，按水和石粉质量比 0.8∶1 取料，在搅拌盆中先加入水，再慢慢把石粉撒入水中，搅拌均匀成糊状，防止出气泡。

(4)浇筑试样后，刮平、成型，待试样干后脱模，如图 4.22(a)所示。制备好的连拱隧道围岩模型如图 4.22(b)所示。连拱隧道试样的主要物理力学参数见表 4.2 所列内容。

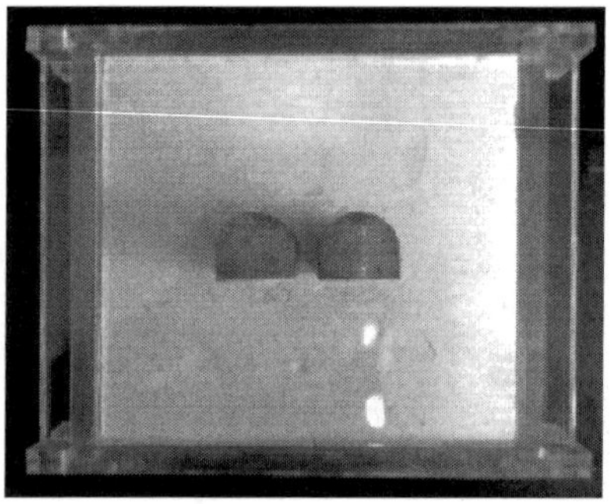

(a) 试样浇筑

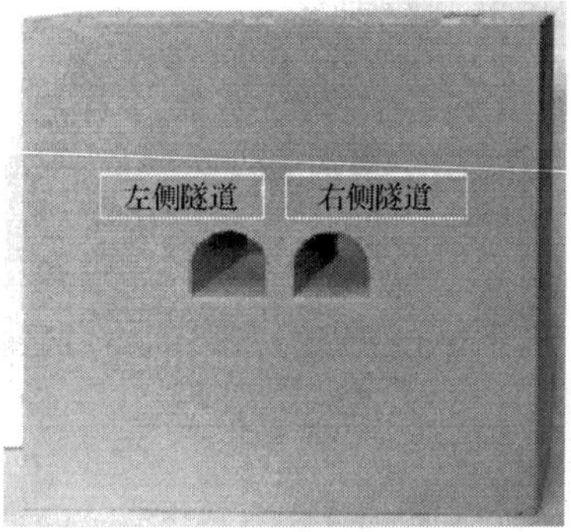

(b) 试样成品

图 4.22　连拱隧道模型样品

表 4.2　连拱隧道试样的主要物理力学参数

密度/(kg/m^3)	弹性模量/kPa	泊松比	质量比(水∶石粉)	孔隙率/%
0.941	167	0.23	0.8∶1	65.35

4.3.2　模拟试验步骤

试验设备和试验系统布置同圆形隧道加载试验，具体参见图 3.43。

(1)打开电脑，启动、检查、调试好力学试验系统。

(2)连接红外相机并进行必要调试。

(3)把连拱隧道模型试样放置在压头正下方，用粗调控制将压头接近试样，然后按照设定的加载速度使压头逼近试样并加载。

(4)对每个连拱隧道模型试样(方板带双孔试样)均以恒定速率 0.0025mm/s 双轴向加载至 7.5kN，稳定 1.0min 后垂直轴向加载至 9.0kN。

(5)分别采用台阶法和拓展法分步开挖连拱隧道模型，开挖结束后继续加载直至试样破坏，开挖过程中设置 AR01、AR02 和 AR03 三个红外辐射温度监测点，如图 4.23 所示。

(6)试验完毕后，先水平卸载、后轴向卸载，抬升压头，导出试验数据，取出试样，关闭相关试验设备。试验中不同开挖方法的实现采用图 4.24 所示的可拆卸铁块完成。

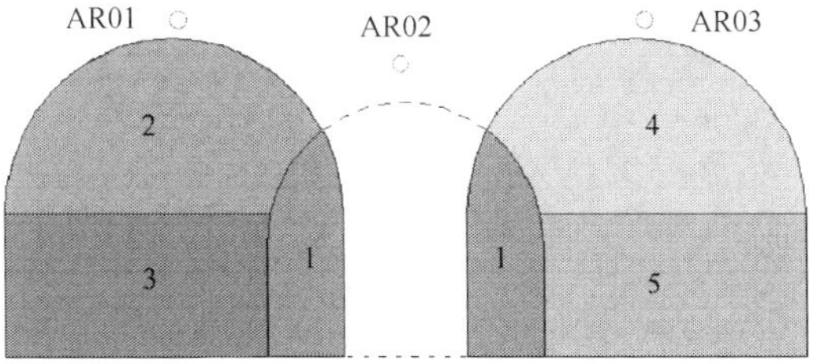

(a) 台阶法

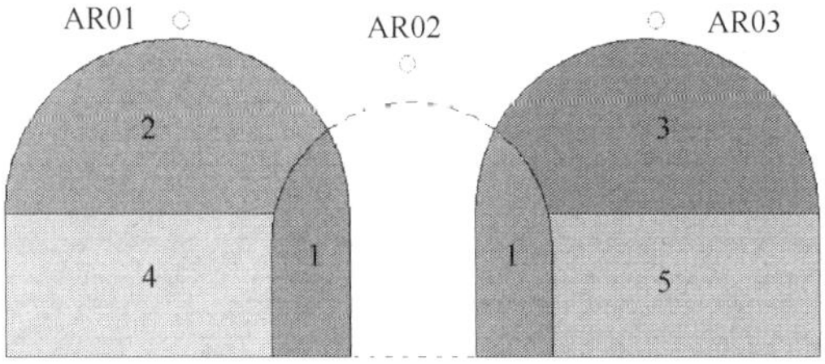

(b) 拓展法

图 4.23　连拱隧道分步开挖顺序示意图及监测点位置

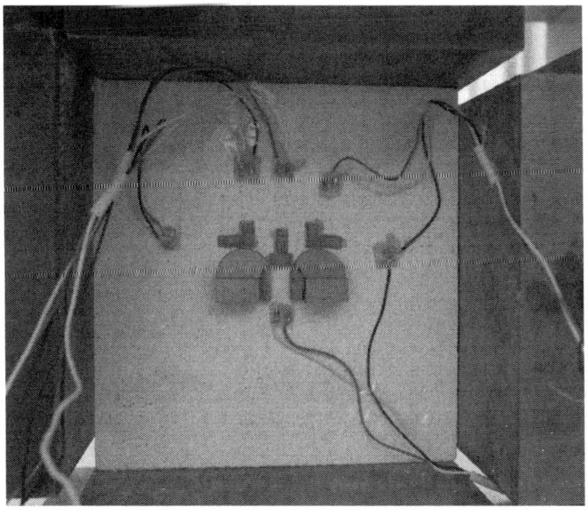

图 4.24　模拟隧道分步开挖的可拆卸铁块及监测点示意图

4.3.3　台阶法开挖隧道围岩应力热红外特征

台阶法开挖连拱隧道的模型试验中，随着时间的增长，应力-温度-时间变化曲线总体呈下降趋势，如图 4.25 所示。台阶法开挖的第二开挖步是一个关键步，在连拱隧道第二步开挖前，应力-温度-时间变化曲线下降较缓，而在连拱隧道第二步开挖后，应力-温度-时间变化曲线出现迅速下滑现象。

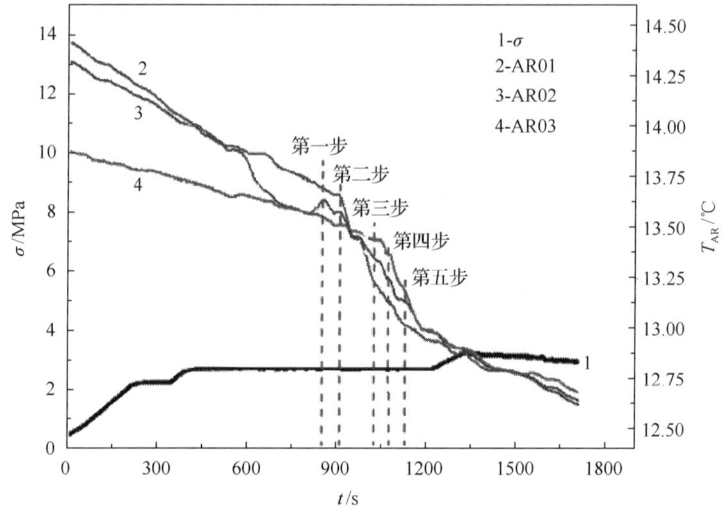

图 4.25　台阶法开挖的应力-温度-时间曲线图

在 840s 时进行连拱隧道第一步开挖，连拱隧道周边三个监测点 AR01、AR02 和 AR03 的温度数值分别为 T_{AR01}=13.70℃，T_{AR02}=13.62℃和 T_{AR03}=13.54℃，即 $T_{AR01}>T_{AR02}>T_{AR03}$。

在 905s 进行连拱隧道第二步开挖，连拱隧道周边三个监测点 AR01、AR02 和 AR03 的温度数值分别为 T_{AR01}=13.66℃，T_{AR02}=13.56℃和 T_{AR03}=13.50℃，即 $T_{AR01}>T_{AR02}>T_{AR03}$。根据峰前阶段拟合公式(3.7)，双连拱隧道围岩三个监测点的应力是 $\sigma_{AR01}<\sigma_{AR02}<\sigma_{AR03}$，即左隧道顶压力<中间岩柱顶压力<右隧道顶压力。

当第三步、第四步和第五步开挖连拱隧道后，连拱隧道周边三个监测点 AR01、AR02 和 AR03 的应力和温度曲线呈现迅速下降趋势，表明此时隧道围岩处于应力松弛或塑性变形阶段。由于三个监测点的温度分别为 $T_{AR01}<T_{AR02}<T_{AR03}$，根据峰后阶段拟合公式(3.8)，双连拱隧道围岩的应力是 $\sigma_{AR01}<\sigma_{AR02}<\sigma_{AR03}$，即左隧道顶压力<中间岩柱顶压力<右隧道顶压力。

采用台阶法分步开挖连拱隧道时序过程和试样表面红外热像变化分别如图 4.26 和图 4.27 所示。第二步挖掘是一个关键步骤，第二步开挖结束之前，连拱隧道围岩处于弹性变形阶段。第二步开挖连拱隧道后，在左侧隧道拱顶部位产生卸压变形破坏(图 4.26(c))，表明此时隧道围岩处于应力松弛或塑性变形阶段，连拱隧道围岩压力拱将向围岩深部转移和演化。

从图 4.27 可以看出，对应于分步开挖时序，连拱隧道试样表面红外热像颜色经历了由暖色至冷色的变化，该结果与试样监测点的红外热辐射温度-时间变化曲线一致。

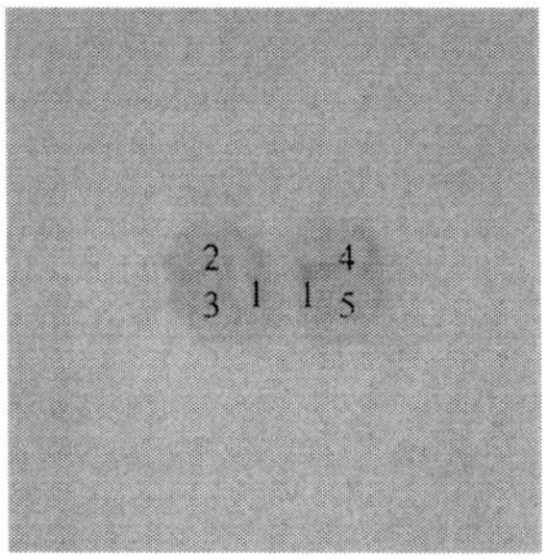

(a) 开挖前(300s)

(b) 第一步开挖(840s)

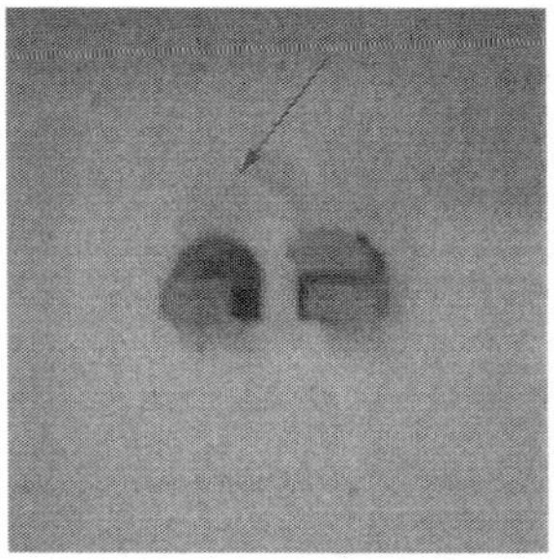

(c) 第二步开挖(905s)

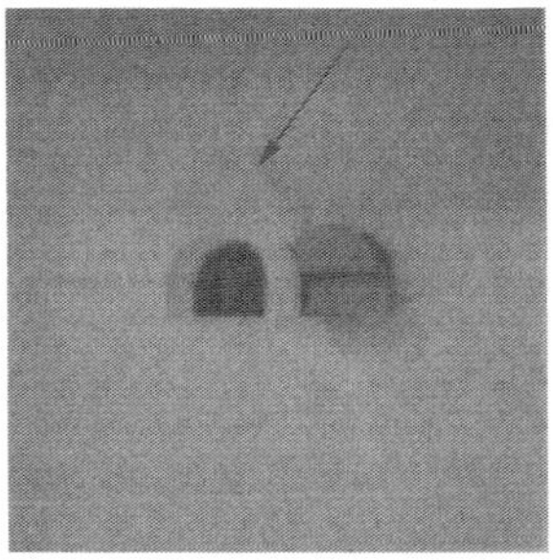

(d) 第三步开挖(1010s)

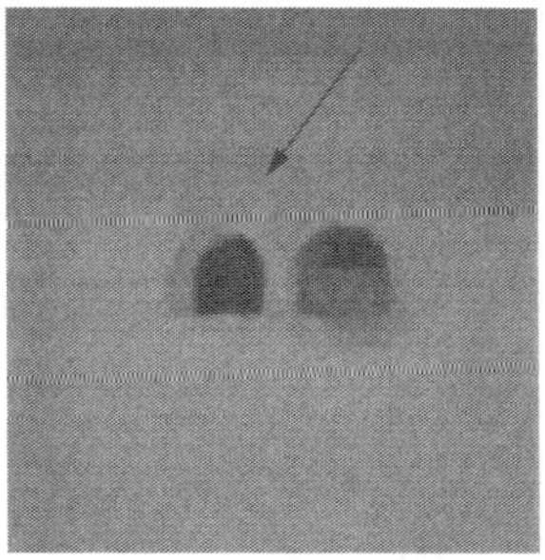

(e) 第四步开挖(1080s)

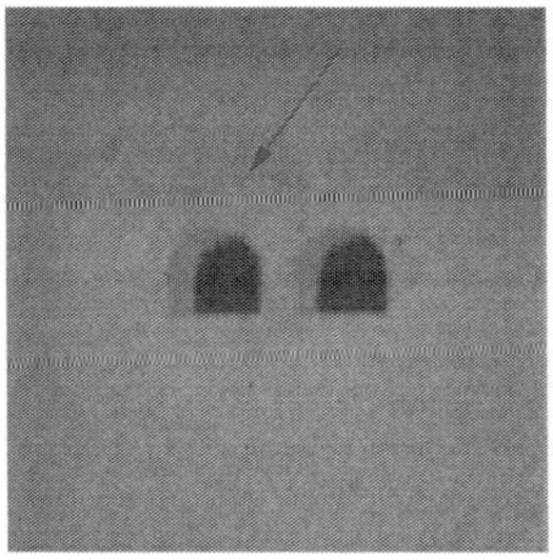

(f) 第五步开挖(1160s)

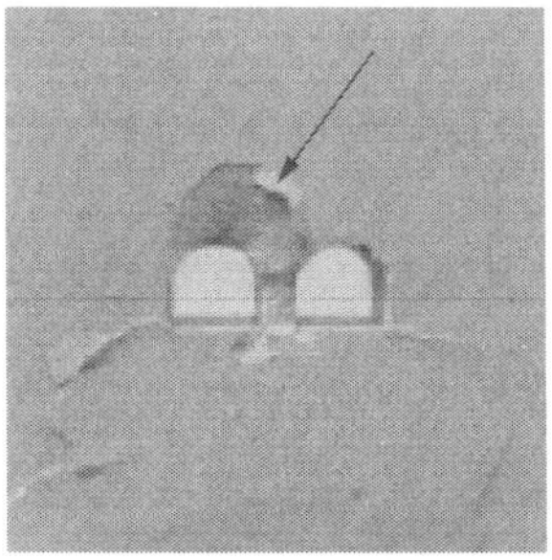

(g) 最终破坏(1450s)

图 4.26　台阶法开挖连拱隧道时序过程图

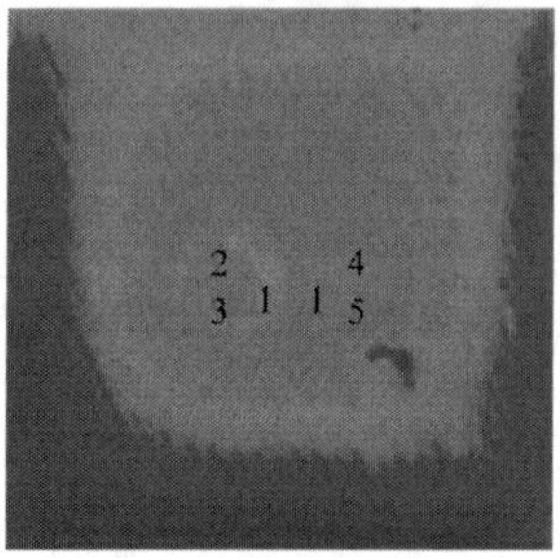

(a) 开挖前(300s)

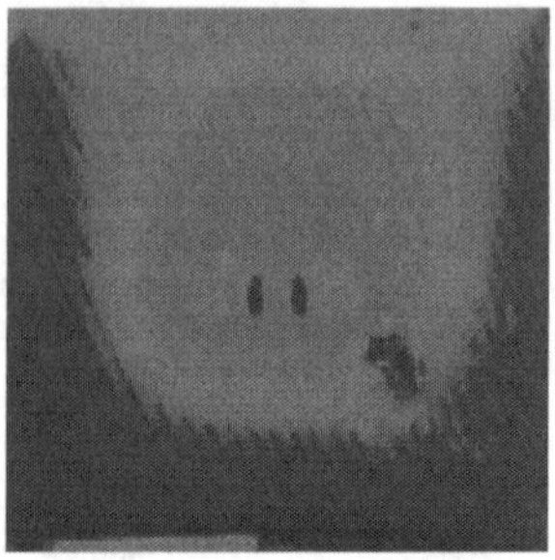

(b) 第一步开挖(840s)

(c) 第二步开挖(905s)

(d) 第三步开挖(1010s)

(e) 第四步开挖(1080s)

(f) 第五步开挖(1160s)

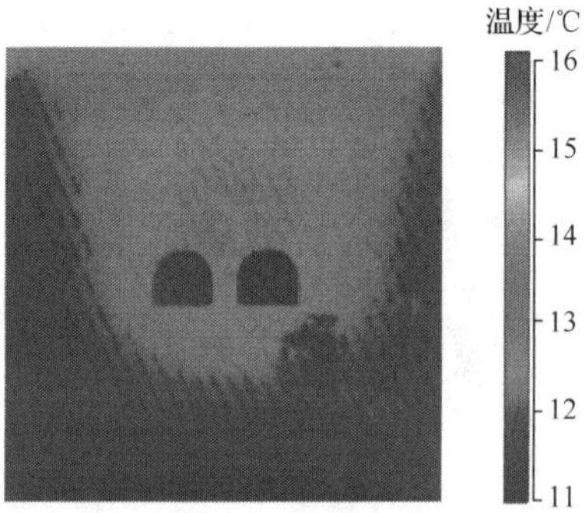

(g) 最终破坏(1450s)

图 4.27　台阶法开挖连拱隧道围岩表面红外热像图

4.3.4　拓展法开挖隧道围岩应力热红外特征

如图 4.28 所示，随着时间的增长，应力-温度-时间变化曲线总体呈下降趋势。拓展法开挖连拱隧道第三步开挖是关键的一步，应力-温度-时间变化曲线在第三步开挖前下降较缓，而在第三步开挖后，应力-温度-时间变化曲线迅速下降。

试验中，在 480s 时进行连拱隧道第一步开挖，连拱隧道周边三个监测点 AR01、AR02 和 AR03 的温度数值分别为 T_{AR01}=12.20℃，T_{AR02}=12.28℃和 T_{AR03}=12.15℃。在 545s 进行连拱隧道第二步开挖，连拱隧道周边三个监测点 AR01、AR02 和 AR03 的温度数值分别为 T_{AR01}=12.19℃，T_{AR02}=12.26℃和 T_{AR03}=12.14℃。

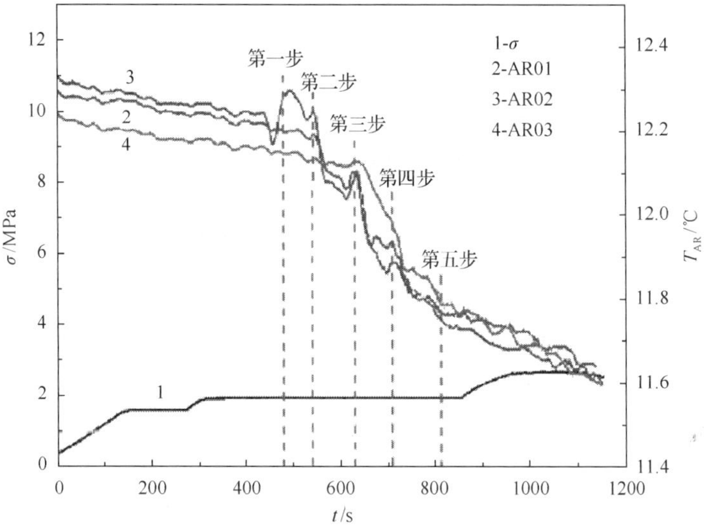

图 4.28　拓展法开挖的应力-温度-时间曲线图

第三步开挖连拱隧道(620s)，连拱隧道周边三个监测点 AR01、AR02 和 AR03 的温度数值分别为 T_{AR01}=12.11℃，T_{AR02}=12.08℃和 T_{AR03}=12.13℃，即 $T_{AR03}>T_{AR01}>T_{AR02}$。根据峰前阶段拟合公式(3.7)，双连拱隧道围岩的应力是$\sigma_{AR03}<\sigma_{AR01}<\sigma_{AR02}$，即右隧道顶压力＜左隧道顶压力＜中间岩柱顶压力。

当第四步和第五步开挖连拱隧道后，连拱隧道周边三个监测点 AR01、AR02 和 AR03 的应力和温度曲线呈现迅速下降趋势，表明此时隧道围岩处于应力松弛或塑性变形阶段。由于三个监测点的温度分别为 $T_{AR02}<T_{AR03}<T_{AR01}$，根据峰后阶段拟合公式(3.8)，双连拱隧道围岩的应力是$\sigma_{AR02}<\sigma_{AR03}<\sigma_{AR01}$，即中间岩柱顶压力＜右隧道顶压力＜左隧道顶压力。

拓展法分步开挖连拱隧道时序过程和试样表面红外热像变化分别如图 4.29 和图 4.30 所示。

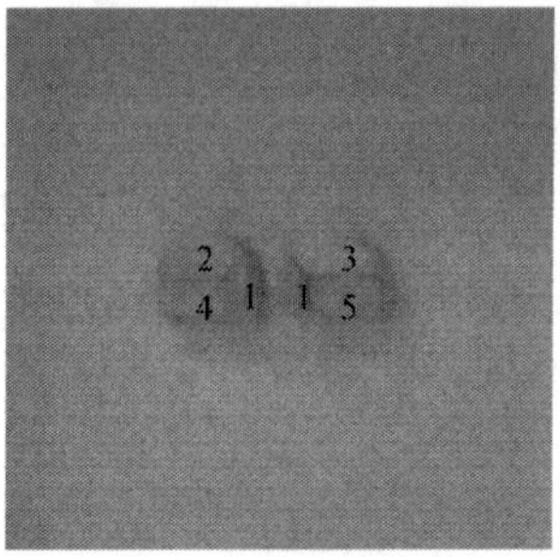

(a) 开挖前(200s)

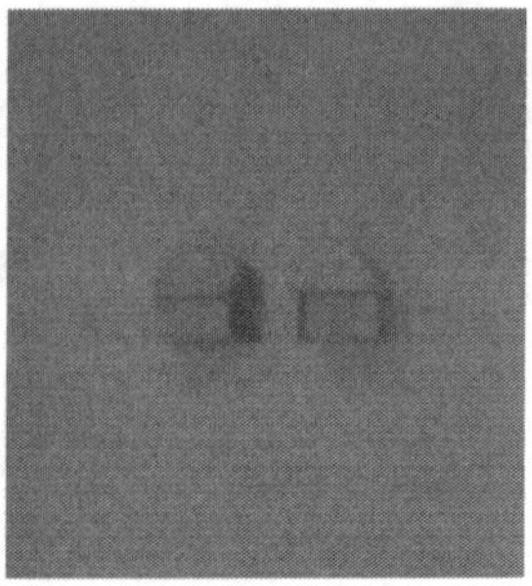

(b) 第一步开挖(480s)

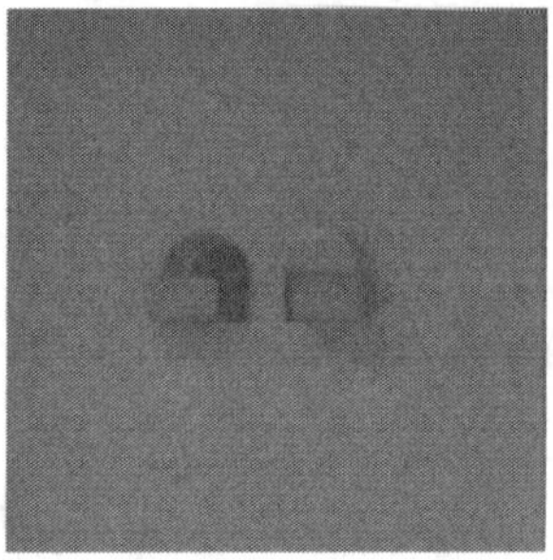

(c) 第二步开挖(545s)

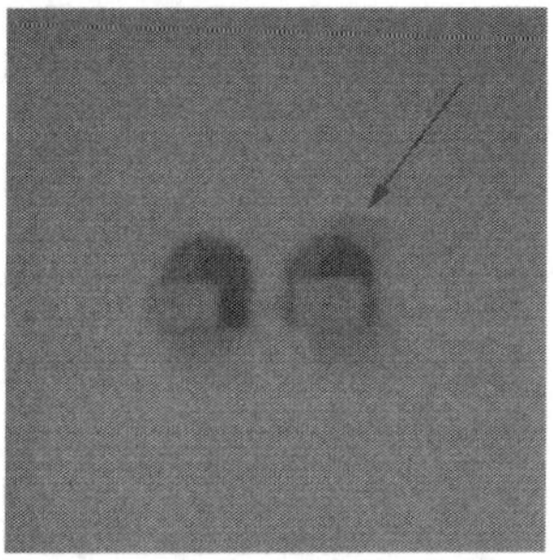

(d) 第三步开挖(620s)

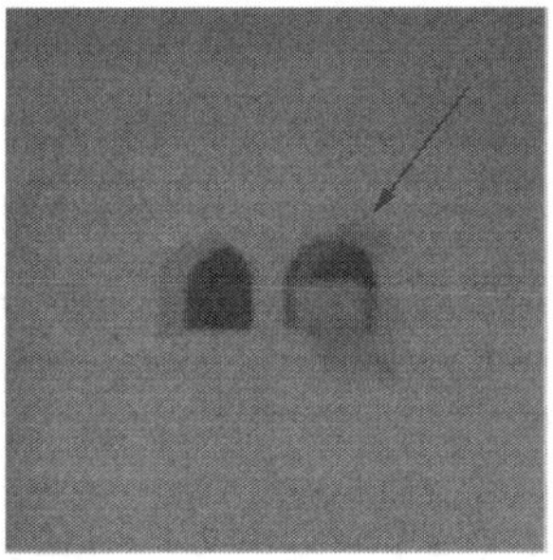

(e) 第四步开挖(710s)

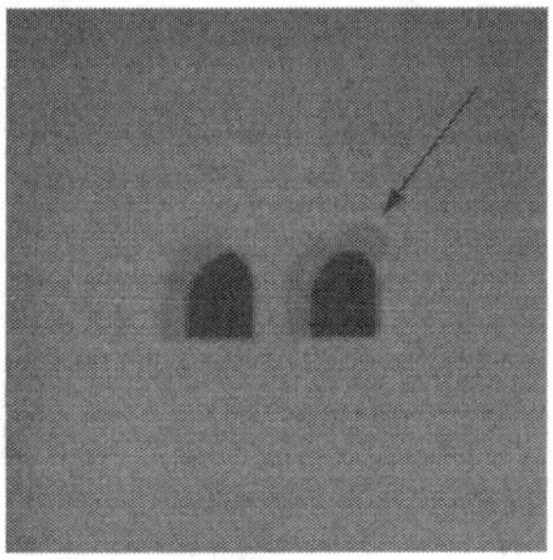

(f) 第五步开挖(820s)

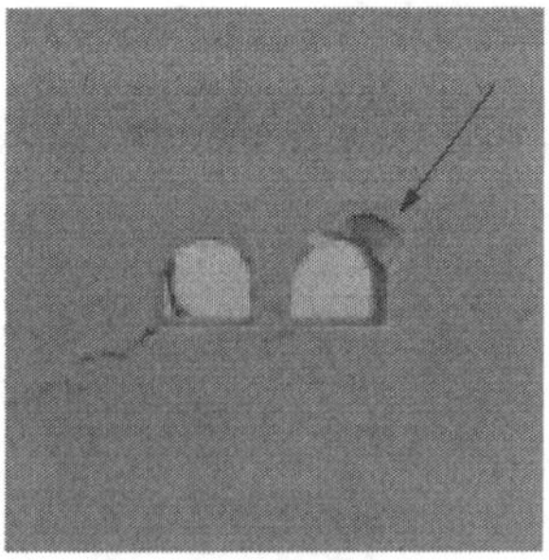

(g) 最终破坏(1110s)

图 4.29　拓展法开挖连拱隧道时序过程图

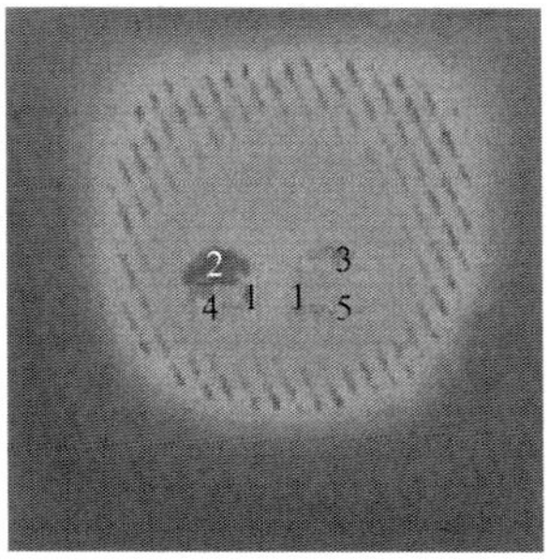

(a) 开挖前(200s)

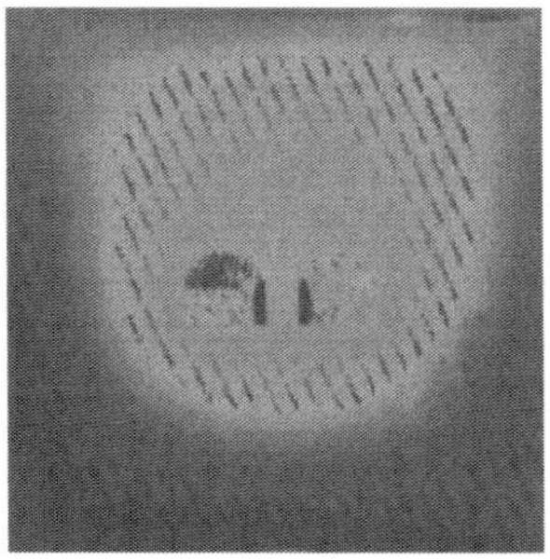

(b) 第一步开挖(480s)

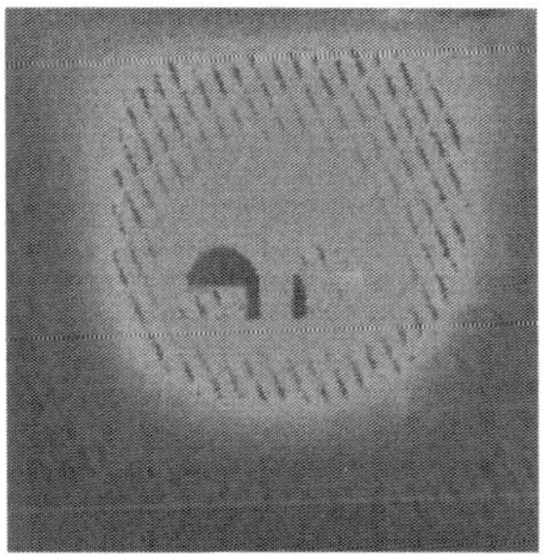

(c) 第二步开挖(545s)

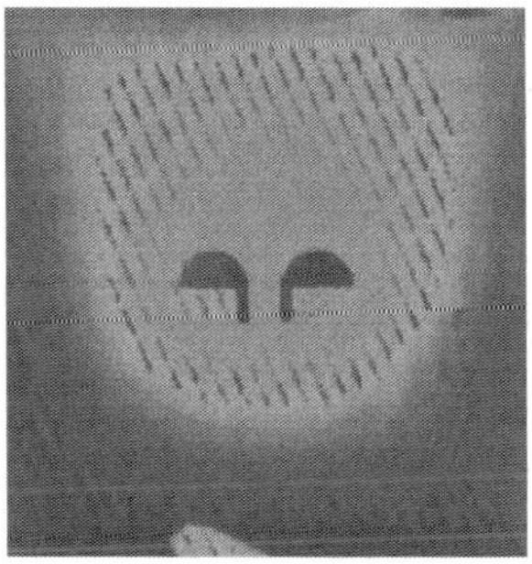

(d) 第三步开挖(620s)

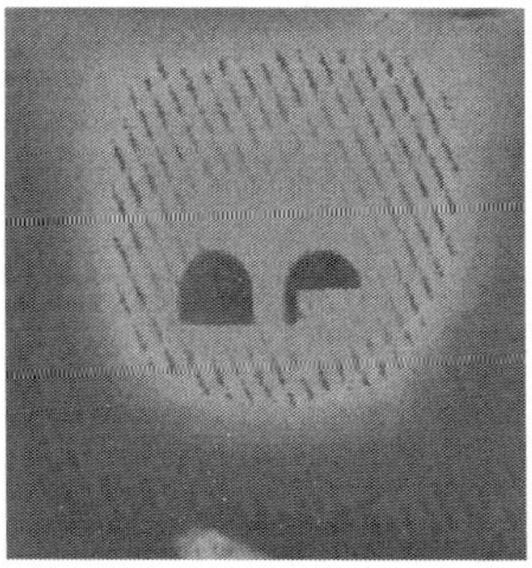

(e) 第四步开挖(710s)

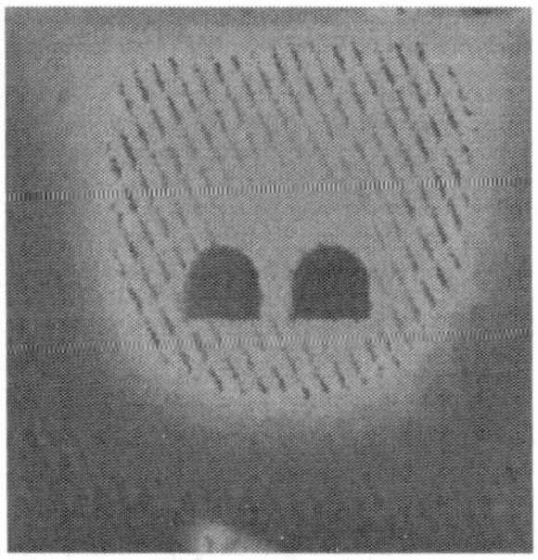

(f) 第五步开挖(820s)

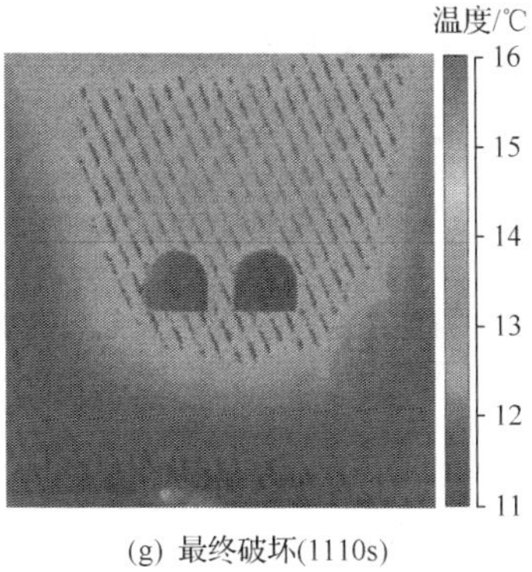

(g) 最终破坏(1110s)

图 4.30　拓展法开挖连拱隧道围岩表面红外热像图

拓展法开挖第三步是关键步骤，第三步开挖结束之前，连拱隧道围岩处于弹性变形阶段，第三步开挖后，在右侧隧道拱顶部位产生卸压变形破坏(图 4.29(d))，表明此时隧道围岩处于应力松弛或塑性变形阶段，连拱隧道围岩压力拱将向围岩深部转移和演化。

由图 4.30 可见，对应于分步开挖时序，连拱隧道试样表面的红外热像颜色经历了由暖色至冷色的变化，这与试样监测点的红外热辐射温度-时间变化曲线一致。

4.4 连拱隧道富水条件下压力拱演化特征

地下工程多处于富水地层中，在地下工程施工过程中，存在地下水的渗流场和地应力场耦合作用问题[73]。隧道开挖引起围岩应力场的改变，产生围岩应变，继而导致孔隙水压力的变化，反过来孔隙压力的变化也会引起围岩有效应力的改变，这种渗流场与应力场的耦合作用会导致围岩变形加剧。因此，有必要在地下岩土体开挖中考虑流-固耦合作用。

4.4.1 计算模型及模拟方案

为研究方便，将连拱隧道开挖流固耦合分析仍按平面应变问题处理。计算模型纵向(*Y* 轴方向)取单位厚度，模型宽度(*X* 轴方向)取连拱隧道总宽度的 5 倍，隧道埋深取为连拱隧道总宽度的 2.5 倍，隧道下方取至连拱隧道高度的 2 倍，则计算模型总宽度为 125.0m，高度 142.0m，厚度为 1.0m，建立的数值计算模型及网格划分如图 4.31(a)所示。

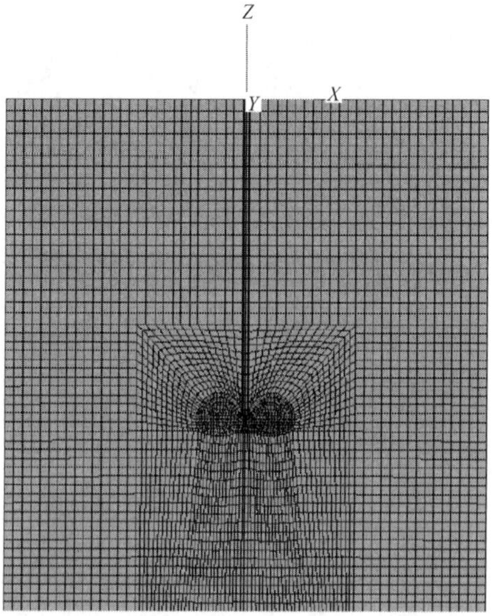

(a) 计算模型及网格划分

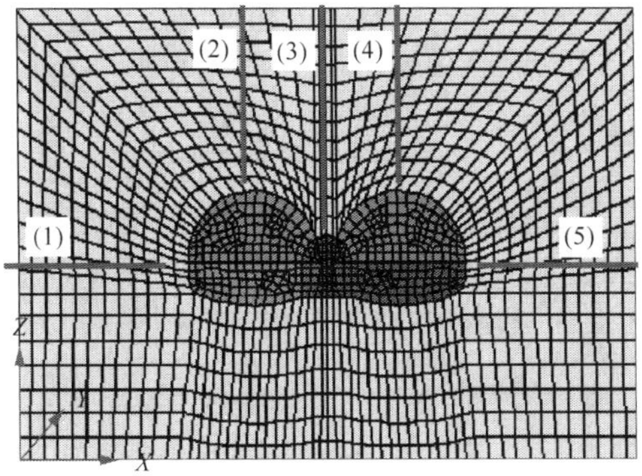

(b) 计算模型局部放大及测线布置

图 4.31　数值计算模型及监测线布置

计算模型底部固定，侧向限制水平位移。模型顶面设置潜水位，模型两侧自上而下按静水压力场线性变化固定水头边界，底部为不透水边界，整个模型始终处于饱水状态。在计算过程中，在图 4.28(b)所示测线位置按一定间距布置应力监测点，用于记录围岩主应力随隧道开挖的变化。此外，按图 4.2 中所示 P_1 和 P_2 位置分别设置位移监测点，用于分析流固耦合作用下连拱隧道开挖偏态效应。

计算模型物理力学参数取值见表 4.1 所列内容。连拱隧道以Ⅲ级围岩为例，假定隧道围岩强度符合莫尔-库仑强度准则，中隔墙(C25 混凝土)假定为不透水的线弹性体，中隔墙重度为 25kN/m^3，弹性模量为 28GPa，泊松比为 0.2。连拱隧道开挖流固耦合数值计算工况如表 4.3 所列内容。

表 4.3　连拱隧道开挖流固耦合数值计算工况表

计算工况	变化因素和不变因素(*D* 为双连拱隧道总宽度 25.5m)
饱水与无水	台阶法开挖，埋深 2.5*D*，围岩渗透系数 3.0×10^{-5}cm/s
不同埋深	台阶法开挖，围岩渗透系数 3.0×10^{-5}cm/s，埋深 2.5*D*、4*D* 和 6*D*
不同开挖顺序	分别采用台阶法和拓展法分步开挖，围岩渗透系数 3.0×10^{-5}cm/s，埋深 2.5*D*
不同渗透系数	台阶法，埋深 2.5*D*，围岩渗透系数 3.0×10^{-6}cm/s、3.0×10^{-5}cm/s 和 3.0×10^{-4}cm/s

4.4.2　饱水与干燥隧道围岩压力拱演化特征

饱水与干燥工况(台阶法开挖，埋深 2.5*D*，围岩渗透系数 3.0×10^{-5}cm/s)。连拱隧道开挖流固耦合效果如图 4.32 所示。

为便于理解富水地层连拱隧道施工流固耦合作用对压力拱成拱及演化特征的影响，引入油气开采储层上覆压力分析中的压力拱比的概念。Soltanzadeh 等[74-76]针对储层中孔隙流体压力变化引起的多孔介质中的应力场变化推导了一系列封闭解和半解析解，提出了单位流体压力变化引起的围岩应力变化，即归一化压力拱比的概念，用于描述压力拱效应。

(a) 初始孔压场

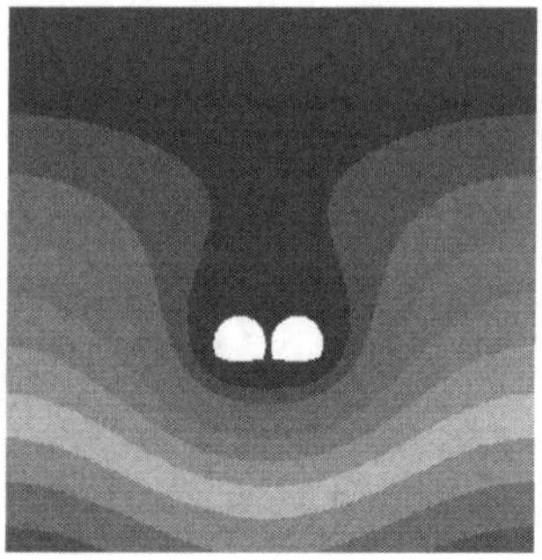

(b) 开挖后孔压场

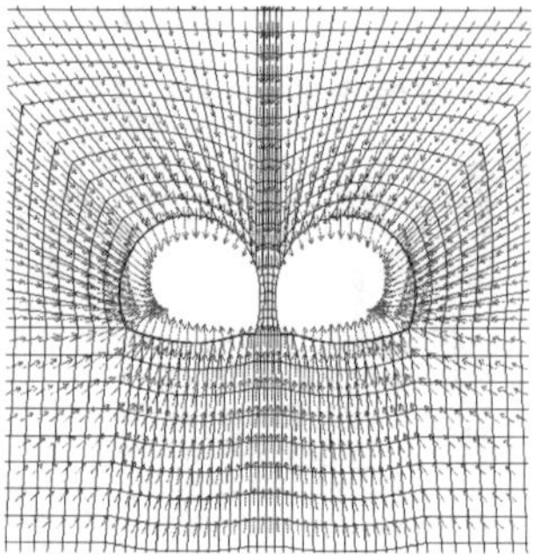

(c) 渗流矢量场

图 4.32 连拱隧道开挖流固耦合效果图

在油气开采过程中，储层中孔隙流体压力会因渗流形成不均匀分布，将导致储层及其上覆岩层应力分布发生变化并产生不均匀变形，继而在上覆岩层中产生压力拱效应。此时，储层上覆压力的变化可表示为

$$\Delta\sigma = \Delta\sigma' + \alpha\Delta p \tag{4.10}$$

式中，$\Delta\sigma$ 为上覆压力的变化量，MPa；$\Delta\sigma'$ 为有效应力的变化量，MPa；α 为 Biot 系数；Δp 为孔隙流体压力变化值，MPa。流体流出为负，流体注入为正。

为反映上覆压力的变化，压力拱比 γ_p 定义为

$$\gamma_p = \frac{\Delta\sigma}{\alpha\Delta p} \tag{4.11}$$

通过压力拱比 γ_p 可以评估压力拱的发育程度，认为 γ_p 越大，压力拱越容易形成，反之压力拱越不易形成。需要注意的是，上述定义中仅考虑了孔隙流体压力变化对围岩压力的影响。在富水地层连拱隧道施工过程中，一方面因排水渗流，导致围岩孔压场发生变化，另一方面还有开挖卸载应力释放对围岩压力的影响，二者耦合发生作用影响压力拱的形成及发展。

假设不考虑隧道开挖效应，只考虑隧道范围内的孔隙水流出引起的围岩应力变化，依据上述压力拱比理论，可知单位孔压变化即将引起围岩应力产生相应变化，即围岩压力拱比 $\gamma_p>0$，可认为若隧道部位(虽然尚未开挖)仅发生渗流就将引起围岩产生一定的压力拱效应。根据压力拱比理论，连拱隧道上覆围岩质量越差，压力拱比越低，越不易成拱，极端情况就是上覆岩体为流体状态，此时完全不能成拱。对于富水地层来说，其介于无水地层和纯流体之间，压力拱比相应介于 0 和 1 之间，最终形成的压力拱高度要比无水条件下的压力拱高度大。

考虑流固耦合作用连拱隧道开挖围岩压力拱演化过程如图 4.33 所示。第一步中导洞开挖后，由于隧道围岩应力的自调节作用，中导洞围岩形成形态对称的压力拱。第二步施工中隔墙后，开挖左侧隧道上部断面 2，左侧隧道围岩压力拱向左上侧发展，中导洞围岩压力拱拱体厚度增大。第三步开挖左侧隧道下部断面 3 后，隧道围岩受扰动范围增大，主要围绕左侧隧道形成主体压力拱，断面相对较小的中导洞围岩压力拱对整体压力拱形态局部产生影响。此时，隧道围岩压力在中导洞顶部产生显著应力集中现象，说明中隔墙受力明显增大。第四步开挖右侧隧道上部断面 4 后，隧道围岩受扰动范围进一步增大，左隧压力拱拱顶继续抬升，

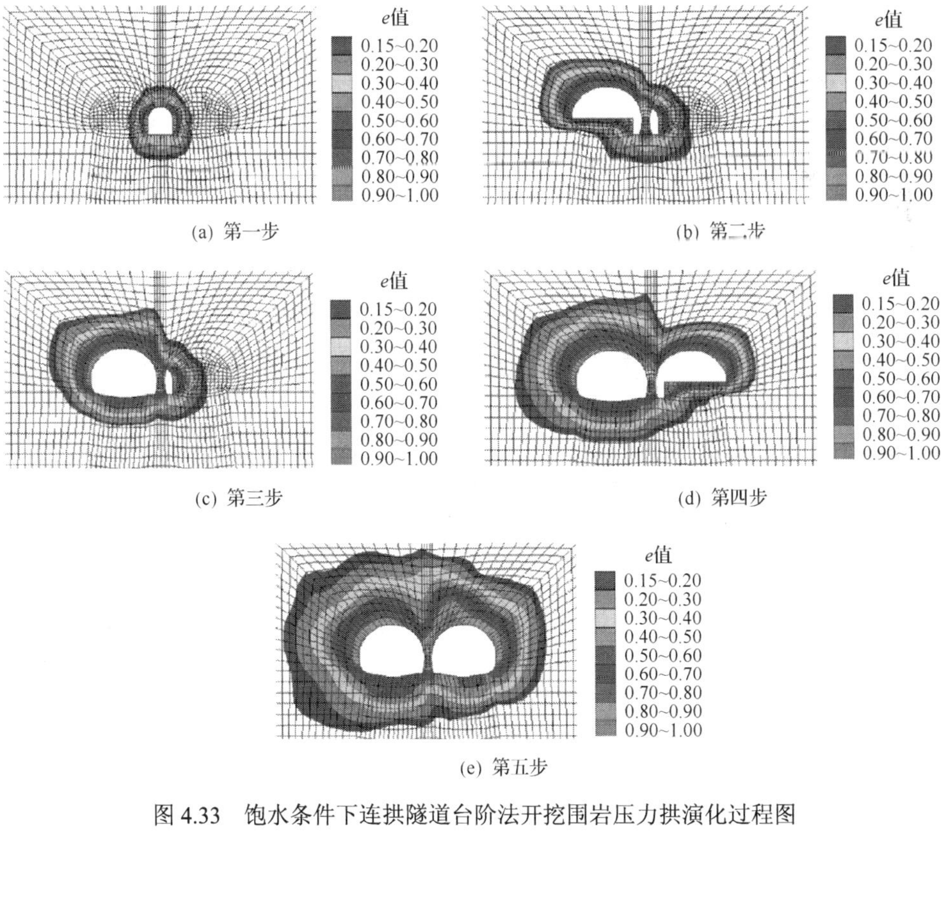

(a) 第一步　(b) 第二步　(c) 第三步　(d) 第四步　(e) 第五步

图 4.33　饱水条件下连拱隧道台阶法开挖围岩压力拱演化过程图

拱体厚度进一步增大。此时，右隧压力拱处于发展初期，与左隧压力拱连成一体，形成偏态的非对称的连拱隧道复合压力拱。第五步开挖右侧隧道下部断面 5 后，右隧压力拱拱体厚度得到显著发展，中隔墙顶部压力拱形态趋于平缓过渡，表明这一阶段右隧围岩应力调整幅度很大。但是，连拱隧道的左隧压力拱拱体厚度仍大于右隧拱体厚度，表明连拱隧道的复合压力拱呈现偏态分布特征。

对比图 4.33 和图 4.34 可以看出，在饱水条件下，双连拱隧道开挖围岩压力拱厚度比无水条件下的压力拱厚度大，尤其拱肩和拱脚部位更向围岩深处延伸，表现出与无水条件下压力拱不同的形态特征。数值计算结果显示，以左侧隧道拱顶拱体厚度为例，饱水条件下拱体厚度约为 14.23m，无水条件下拱体厚度约为 11.34m，地下水的作用使得拱体厚度增加了约 25.5%。

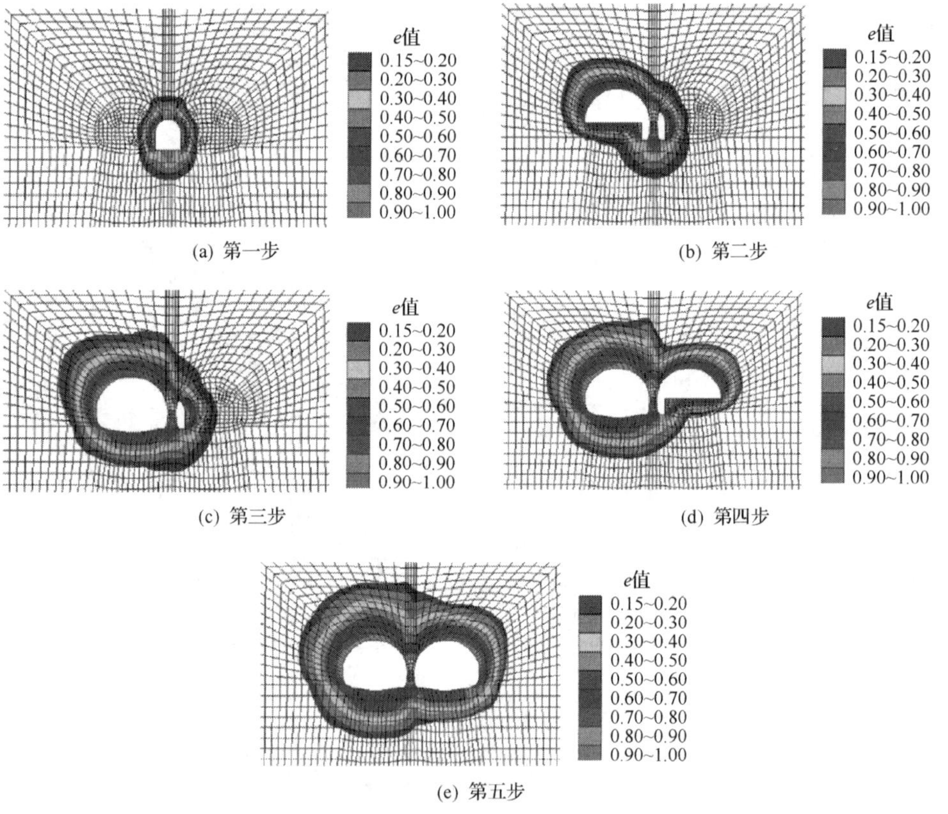

图 4.34　干燥条件下连拱隧道台阶法开挖围岩压力拱演化过程图

图 4.35 是饱水与干燥条件下连拱隧道测线 1、测线 2 和测线 5 处围岩压力拱厚度变化对比曲线。可见相比于无水的情况，饱水条件下的压力拱体厚度整体明显增大，说明流固耦合作用下，围岩自稳能力减弱，需要调动更大范围的围岩参与成拱，形成的整体压力拱厚度更大。

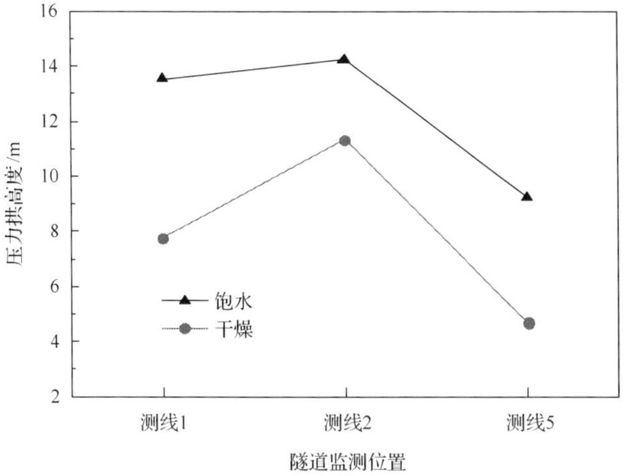

图 4.35　饱水与干燥条件下连拱隧道开挖围岩压力拱高度监测曲线图

4.4.3　不同埋深连拱隧道围岩压力拱演化特征

对于不同埋深工况(台阶法开挖，围岩渗透系数 3.0×10^{-5}cm/s，埋深 2.5*D*、4*D* 和 6*D*)，如图 4.36 所示，随着埋深的增大，连拱隧道围岩初始应力增大。富水条件下分步开挖不同埋深的连拱隧道，形成的围岩压力拱均有偏态特征，围岩压力拱范围有所增大。相对而言，隧道两侧测线 1 和测线 5 处的侧向压力拱范围增长较明显，拱肩和拱顶压力拱范围亦向围岩深处有所增长。

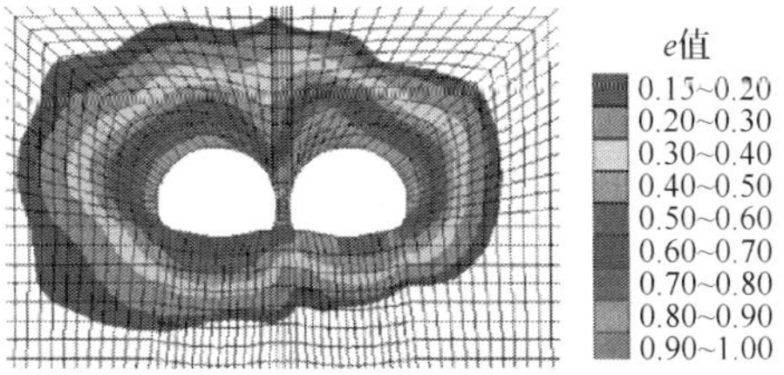

(a) 2.5*D*埋深(66.7m)

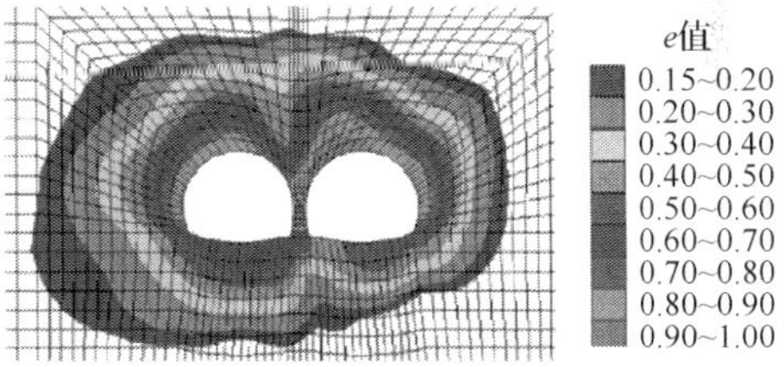

(b) 4*D*埋深(102m)

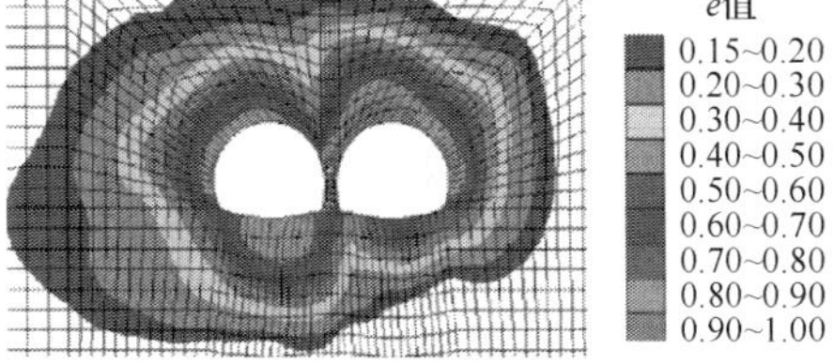

(c) 6*D*埋深(153m)

图 4.36　富水地层连拱隧道开挖围岩压力拱形态随埋深变化图

不同埋深条件下，富水地层连拱隧道左侧线 1、右侧线 5 和拱顶测线 2 处压力拱厚度变化曲线如图 4.37 所示。左侧拱体厚度测线 1 随连拱隧道埋深增大较为显著，6*D* 埋深比 2.5*D* 埋深的左侧拱体厚度增大 60.6%。右侧拱体厚度随连拱隧道埋深的增幅次之，6*D* 埋深比 2.5*D* 埋深的右侧拱体厚度增大 24%。随着埋深从 2.5*D* 增大到 6*D*，左右两侧压力拱拱体厚度之比从 1.46 增大到 1.90。可见，富水地层连拱隧道分步开挖，随着埋深增加围岩压力拱偏态效应更加明显。

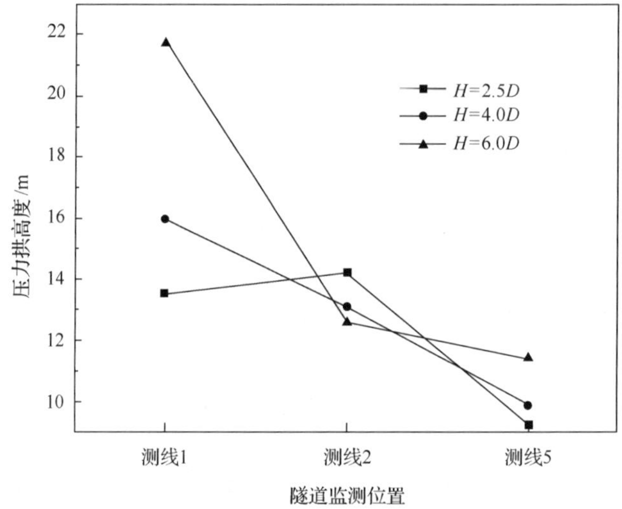

图 4.37　富水地层连拱隧道围岩压力拱高度随埋深变化曲线

4.4.4　不同开挖顺序隧道围岩压力拱演化特征

考虑台阶法和拓展法两种开挖顺序，进行连拱隧道开挖流固耦合作用围岩压力拱演化特征分析。

由于两种开挖顺序中的前两个开挖步相同，故只列出拓展法后三个开挖步的结果(图 4.38)。两种开挖顺序富水地层连拱隧道左侧线 1、右侧线 5 和拱顶测线 2 处压力拱厚度变化如图 4.39 所示。由图 4.39 可以看出，相比于台阶法，拓展法开挖连拱隧道的围岩压力拱拱体厚度更大，因为拓展法较早地开挖右隧道使得围岩临空断面增大，连拱隧道围岩受扰动范围加深，需调动更深范围内的围岩才能形成稳态压力拱，因此，拓展法开挖相对台阶法而言更加不利于围岩自承载能力的发挥。此外，拓展法开挖由于较早开挖右隧，开挖断面对称，连拱隧道开挖过程中压力拱的偏态特征比台阶法稍弱。

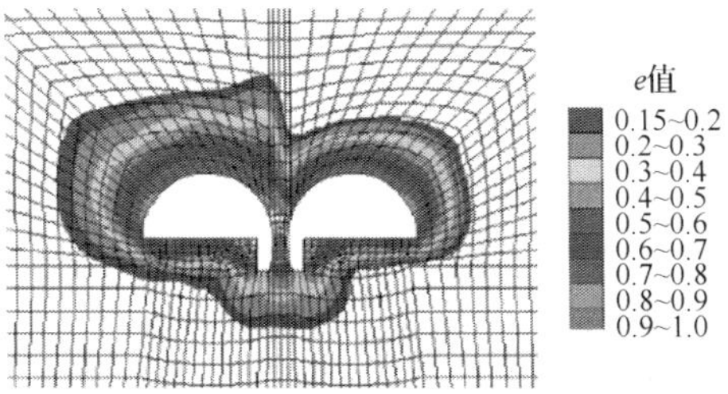

(a) 第三步开挖

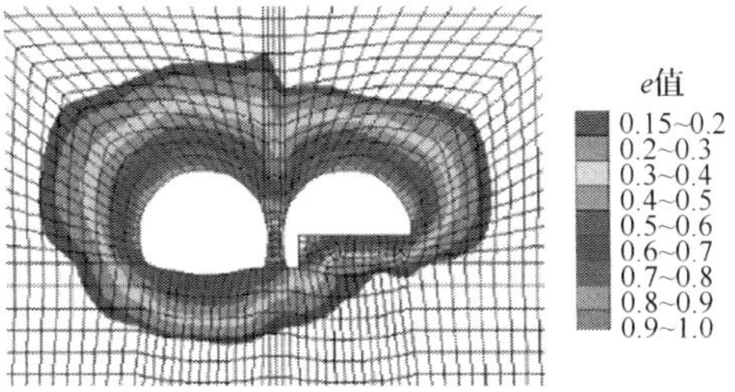

(b) 第四步开挖

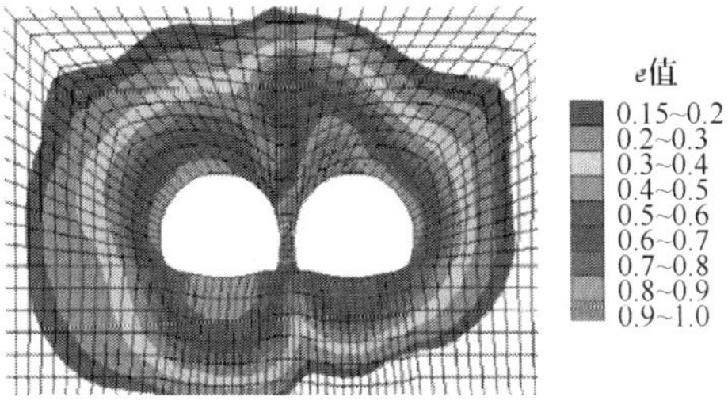

(c) 第五步开挖

图 4.38　饱水地层连拱隧道拓展法开挖围岩压力拱演化特征图

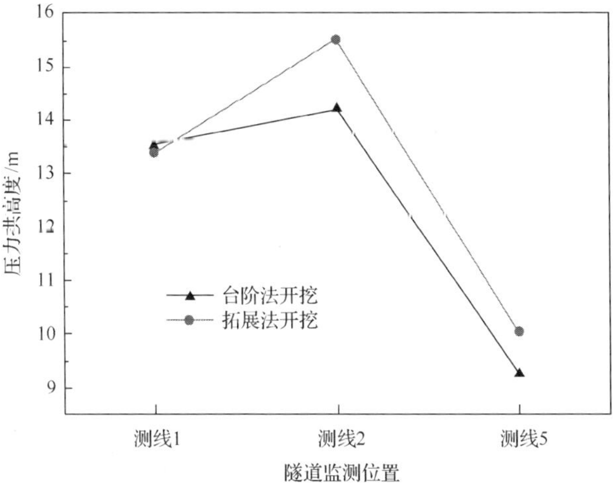

图 4.39　不同开挖顺序连拱隧道围岩压力拱高度变化曲线

4.4.5　不同渗透条件隧道围岩压力拱演化特征

随着连拱隧道围岩渗透系数的增大，隧道周围孔隙流体压力的压降也会增大，压力拱比降低，连拱隧道周边越不易成拱，即潜在成拱范围向外扩展，最终压力拱高度增大。当渗透系数从 3.0×10^{-6}cm/s、3.0×10^{-5}cm/s 增大到 3.0×10^{-4}cm/s 时，连拱隧道开挖围岩压力拱形态如图 4.40 所示。计算结果显示，随着围岩渗透系数增大，渗流力对围岩应力的影响也增大，连拱隧道开挖后形成的稳定压力拱范围也相应增大，表明开挖后更深处围岩受到扰动，连拱隧道围岩稳定条件趋于不利。

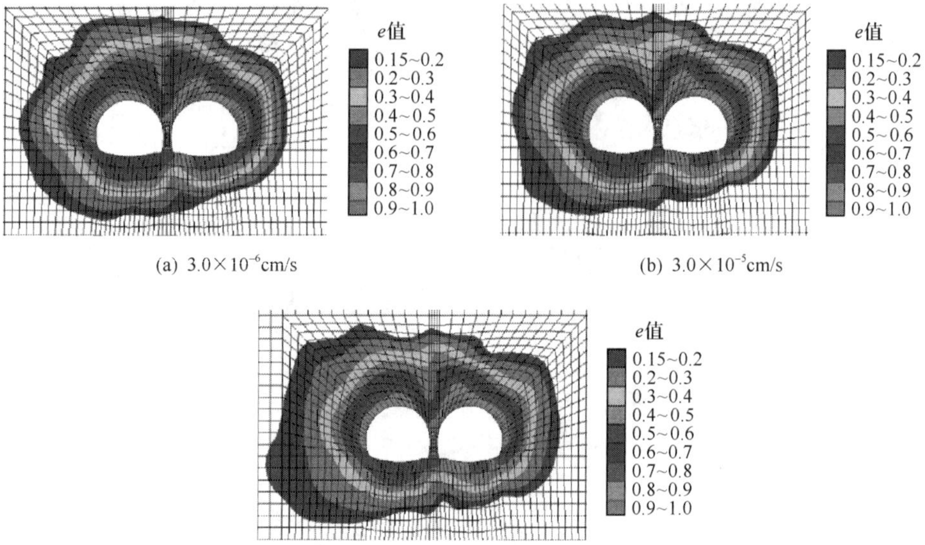

(a) 3.0×10^{-6}cm/s　(b) 3.0×10^{-5}cm/s

(c) 3.0×10^{-4}cm/s

图 4.40　连拱隧道开挖围岩压力拱随渗透系数变化效果图

不同渗透系数连拱隧道开挖左测线 1、右测线 5 和拱顶测线 2 处压力拱高度变化曲线如图 4.41 所示。由图 4.41 可以看出，随着围岩渗透系数增大，连拱隧道开挖后围岩压力拱偏态特征愈加明显。

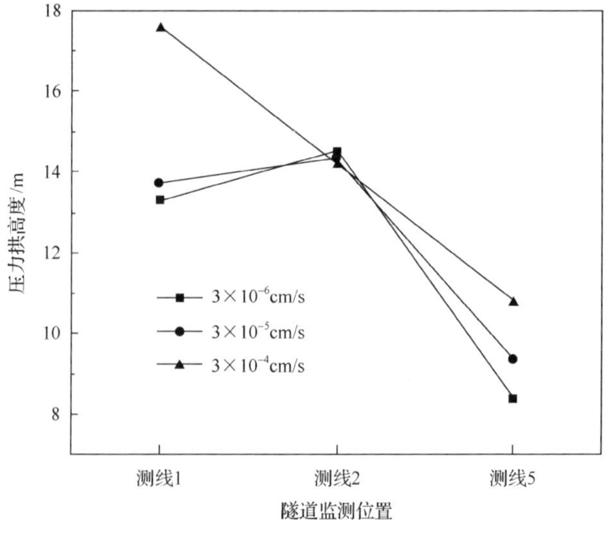

图 4.41　连拱隧道开挖围岩压力拱高度随围岩渗透系数变化曲线

第5章　煤层倾角变化采场压力拱演化特征

5.1　工程背景

本章以开滦集团公司范各庄煤矿工程为背景，对采场围岩压力拱力学演化过程及演化特征进行分析。范各庄煤矿隶属于河北省唐山市，北距古冶火车站10.2km，地理坐标为东经113°28′，北纬39°33′。井口北部及西北部与吕家坨矿业分公司相接，西及西南部与钱家营矿业分公司相邻，东部及南部以14煤层基岩露头为界。矿井南有京唐港，东有秦皇岛港，西有塘沽港，公路、铁路、海运极为便利。

5.1.1　工程地质条件

范各庄井田煤系地层主要由石炭系、二迭系地层组成。其中，石炭统唐山组，上石炭统开平组、赵各庄组，下二迭统大苗庄组、唐家庄组。基底为经过长期剥蚀夷平的中奥陶统，上覆地层为上二迭统古冶组陆相碎屑岩。含煤建造由一套海相、过渡相、陆相地层组成。

范各庄井田位于开平煤田的东南翼。井田的主体构造为井田北翼的塔坨向斜和南翼毕各庄区域的毕各庄向斜，塔坨向斜的向斜轴总体呈东西向，枢纽呈环形向北凸出，受塔坨向斜影响往北伴生发育了北二背斜和井口向斜。毕各庄向斜的向斜轴呈北西向，枢纽呈马鞍状起伏，沿轴线形成两个小型盆地。井田内较大的断裂构造主要分布于毕各庄向斜区域：一组是以F_5大断层为主的断层带，走向呈NNE向，F_5断层为落差200m的正断层；另一组是F_0为主的断裂构造带，第三组为毕36孔、84-7孔揭露的一组较大落差的断层，走向尚未确定。总的看来，塔坨向斜区、毕各庄向斜区构造比较复杂，中部单斜区构造相对比较简单。

范各庄井田范围内共有7个可采煤层，依次为5、7、8、9、11、12、12.5等煤层，煤层平均总厚度13.84m，属近距离煤层群。井田内主要可采煤层顶底板情况如表5.1所示。

表 5.1　井田内主要可采煤层顶底板情况表

煤层	顶底板	岩性	厚度/m	特征及赋存情况
5 煤	伪顶	粉砂岩	0～1.3	岩石破碎，夹多层煤线，南三剖面以南出现煤线。毕各庄向斜区域局部没有伪顶
	直接顶	粉砂岩	3.0	水平层理，层理面附大量植物化石，富含泥质结核，呈细层状或串珠状分布
	老顶	砂岩	4.0	硅质胶结，局部含钙质
	直接底	粉砂岩	0.5～1.0	含大量植物根化石
	老底	细砂岩	2.0～3.0	水平层理，分布稳定
7 煤	伪顶	泥岩	0.5～2.5	一般在 1.0m 以下，岩性破碎，局部增厚可达 2.5m，相变为粉砂岩或细砂岩。中夹一层煤线，顶部一层煤线与直接顶相隔
	直接顶	粉砂岩	2.4～3.5	水平层理，含植物化石。井田中部厚度增大至 6～8m，北翼及深部局部被冲蚀掉
	老顶	中砂岩	0.5～6.0	硅质胶结，坚硬。北翼及深部局部沉积于煤层之上
	直接底	粉砂岩	0.5～2.5	南一石门以北厚度小于 1.0m，松软破碎，含大量植物根化石，同时为 8 煤层顶板，北翼局部缺失，直接为 8 煤层，即 7、8 煤层合群。南二石门以南逐渐增厚
	老底	细砂岩	0～2.5	层状结构，南二石门以南逐渐增厚
8 煤	伪顶	粉砂岩	0.2～0.5	松软破碎，节理发育，顶部发育煤线与直接顶相隔，南一石门以南逐渐出现，北部为 7 煤层底板
	直接顶	粉砂岩	2.0	深灰色，由南一石门往南逐渐发育并增厚。南二道半石门以北分布不稳定
	老顶	砂岩	0～2.5	层状层理，自南二石门以南出现并逐渐增厚
	直接底	粉砂岩	0.2～0.6	含大量根化石，普遍发育
	老底	细砂岩	3.0	硅质胶结，呈块状结构，坚硬，普遍发育
9 煤	伪顶	—	—	无伪顶
	直接顶	粉砂岩	4.0	含炭质成分及菱铁矿结核，小断层、节理十分发育，比较破碎。北三石门以北相变为细砂岩
	老顶	细砂岩	4.5	水平层理，层理面附炭质薄膜，分布稳定
	直接底	粉砂岩	2.0	局部缺失。顶部含大量植物根化石。井田中部较厚
	老底	细砂岩	3.0	硅质胶结，坚硬，局部相变为粉砂岩
11 煤	伪顶	—	—	无伪顶
	直接顶	粉砂岩	4.5	水平层理，含大量泥质结核，顺层分布，岩石致密。南四采区局部相变为腐泥质泥岩
	老顶	细砂岩	—	即 9 煤层老底
	直接底	泥岩	1.1	褐灰色，含杂乱根化石，松软
	老底	细砂岩	7.0	黏土质胶结，较软，遇水风化膨胀，极易底鼓
12 煤	伪顶	—	—	无伪顶
	直接顶	泥岩	1.0～2.5	炭质含量很高，呈腐泥质泥岩，褐色条痕，分布比较稳定，与老顶之间存在明显层见滑动。南四以南炭质成分逐渐减少成致密泥岩
	老顶	粉砂岩	4.0	致密，块状结构。含结核，顺层呈串珠状分布
	直接底	粉砂岩	0.3～6.0	南二石门以北较薄，松软含根化石。南二至南五较厚，岩石完整，为灰色块状结构。下为 12 半煤层。南五石门以南 12 煤与 12 半煤基本合群
	老底	巨厚砂岩	—	以中粒砂岩为主，成分主要以石英、长石为主

范各庄煤矿为水文地质条件极复杂的矿井，历史上多次发生大的突水灾害，特别是 1984 年 6 月 2 日发生突水量达到 2053m^3/min 的岩溶陷落柱突水，淹没整个矿井，给矿井造成极大损失。1984 年以后，煤矿投入大量工程进行矿井水害治理、探查工作，井田内又相继揭露了四个岩溶陷落柱，其中两个为导水型，两个为非导水型。目前矿井主要充水含水层为第四系冲积层含水层、5 煤层顶板砂岩承压含水层、12 煤层底板砂岩承压含水层、奥灰承压含水层。影响安全生产的主要水害威胁来自冲积层突水和断层、陷落柱沟通奥灰强含水层而发生突水。现矿井涌水量为 38～39m^3/min。

范各庄煤矿采用立井多水平集中运输大巷集中上山分区石门开拓方式，划分四个开采水平，现一水平接近收尾，二、三水平为主要生产水平，四水平延深工程正在施工中。井田划分为四个开采水平，各水平标高为：回风水平，–120m；一水平，–310m；二水平，–490m；三水平，–620m；四水平，–800m；煤矿采煤方法为走向长壁采煤法，回采工艺为综放、综采、轻放。2004 年，煤矿机械化水平为 100%，综采机械化程度达到 100%，掘进装载机械化程度为 100%，综掘机械化程度为 100%。

范各庄煤矿经 2004 年度瓦斯等级鉴定，结果为低瓦斯煤矿，其绝对瓦斯涌出量为 1.29m^3/min，相对瓦斯涌出量为 0.143m^3/t。井田范围内无高瓦斯涌出区，无煤与瓦斯突出。煤矿中煤尘爆炸指数为 38.19%～49.37%，煤尘具有爆炸性。煤矿煤层自燃等级Ⅳ级，自然发火期为 11 个月。

5.1.2　主要工程问题

范各庄煤矿生产规模的增大、强度的提高也不免带来更多事故的发生，给设备的正常生产和施工作业人员的生命安全造成严重威胁，急需提高采场安全。因此，深入研究采场压力拱的演化规律、影响因素和失稳机制等问题，必将能进一步解释一系列矿压显现规律，解决大量工程实践问题。

范各庄煤矿地质构造复杂，北部塔坨向斜区煤层倾角最大至 45°，中部单斜区煤层倾角较缓，南部毕各庄向斜煤层倾角也有较大变化。本章以该矿某典型采区采场为工程背景，通过工程力学模型的概化处理，主要进行采场围岩压力拱随煤层倾角变化和采场层状覆岩变化情况的分析。

5.2　不同工况采场压力拱演化特征

5.2.1　采场压力拱边界形态

如图 5.1 所示，煤层回采后，三维采场应力平衡被打破，处于临空面的采场围岩的最小主应力为零，向围岩深部逐渐增大至原岩应力状态，同时，采场围岩的最大主应力经历由小至大的峰值变化后，向围岩深部也逐渐增大至原岩应力状态。三维采场应力的自调节结果，就形成了采场围岩压力拱。

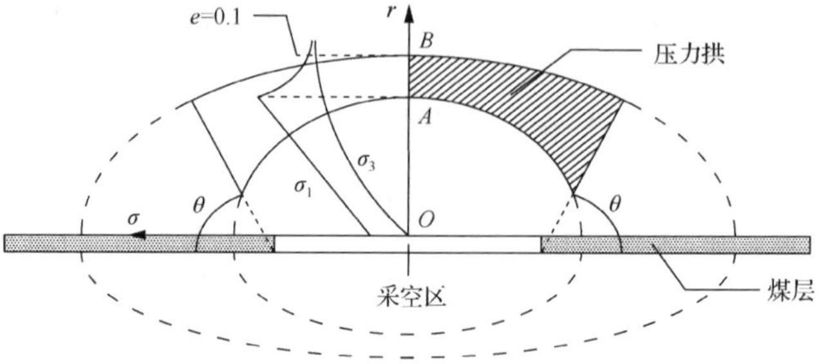

图 5.1　采场围岩压力拱边界示意图

将采场围岩压力拱的内边界确定在最大主应力达到最大值处。图 5.1 中 A 点即为采场围岩压力拱的内边界。为确定采场围岩压力拱的外边界，引入变量 e 为

$$e=\frac{\sigma_1-\sigma_3}{\sigma_1} \tag{5.1}$$

式中，σ_1 为采场围岩的最大主应力；σ_3 为采场围岩的最小主应力。

定义当 e 在 0.1 时，即可确定为采场围岩压力拱的外边界。图 5.1 中 B 点处即为采场围岩压力拱的外边界。

在采场两侧边界的煤层底板，以采场围岩破裂角 θ 分别向上延伸，与采场围岩压力拱内外边界相交线，作为采场围岩压力拱的侧边界。采场围岩破裂角 $\theta=45^\circ+\dfrac{\varphi}{2}$，其中，$\varphi$ 为采场围岩的内摩擦角。采场围岩压力拱不仅存在于采场顶板，也存在于采场两侧和底板。研究对象为位于采场顶部的压力拱，如图 5.1 中实线所围成的区域，即所定义的采场围岩压力拱。

为便于分析，定义采场围岩压力拱的几何参数如图 5.2 所示。将 C_1、C_2 定为拱脚部位，对应的拱厚分别为 h_{f1}、h_{f2}，对应的最大主应力峰值为 P_{f1}、P_{f2}。B_1、B_2 为拱腰部位，对应的拱厚分别为 h_{m1}、h_{m2}，对应的最大主应力峰值为 P_{m1}、P_{m2}。A 为拱顶部位，对应的拱厚为 h_t，对应的最大主应力峰值为 P_t。图中虚线为压力拱中轴线(沿压力拱的法线方向连接压力拱内、外边界点取中值连接成光滑曲线)，将该中轴线定义为压力拱曲线。

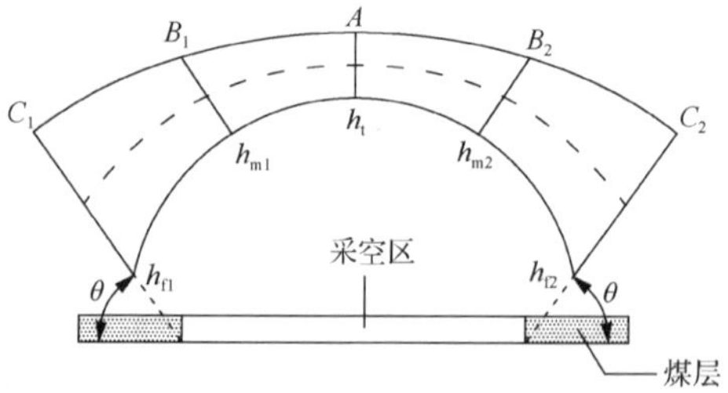

图 5.2　采场围岩压力拱几何参数示意图

5.2.2　采场三维数值计算模型

以范各庄煤矿某综采采场的顶、底板围岩进行岩组概化处理，采用有限差分软件 FLAC^{3D}，建立如图 5.3 和图 5.4 所示的综采采场工程计算模型。该模型计算范围：长×宽×高=240m×240m×200m，综采面的几何尺寸：长×宽×高=100m×100m×3.5m。计算模型共划分单元 9 万多个。

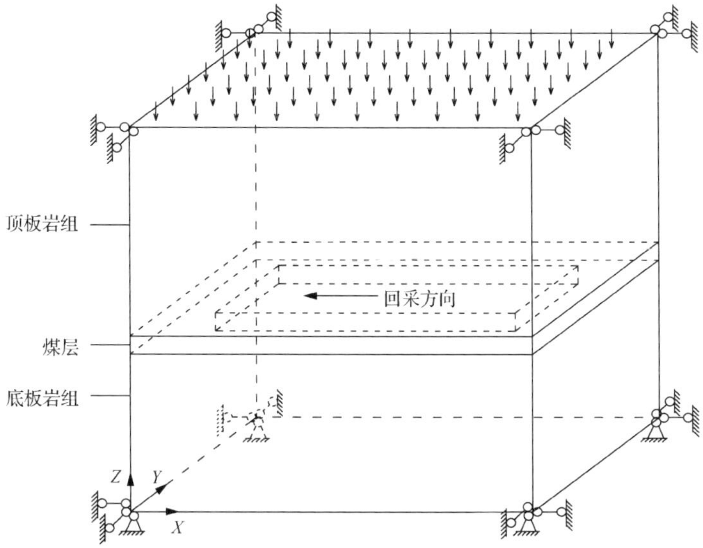

图 5.3　计算模型示意图

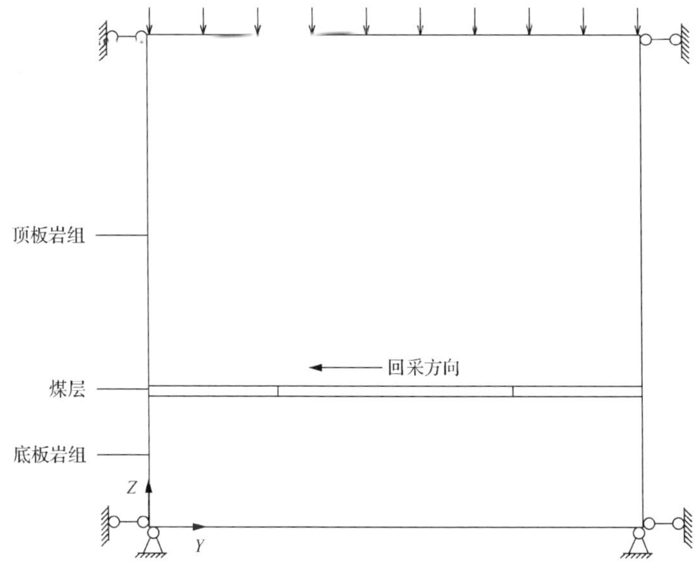

图 5.4　计算模型剖面

该综采工作面位于地下埋深 600m 处，处于静水应力状态。采场上覆岩体的自重荷载为 15MPa。假定采场围岩材料符合莫尔-库仑强度准则。计算模型四周限制水平移动，底部固定，上表面为荷载边界，模拟上覆岩体的自重荷载。为便于研究，选取三组不同围岩的岩性数据进行对比分析，计算模型采场围岩物理力学参数见表 5.2 所列内容。

表 5.2 计算模型采场围岩物理力学参数表

序号	位置	密度 /(kg/m³)	杨氏模量 /GPa	泊松比	抗拉强度 /MPa	黏聚力 /MPa	摩擦角 /(°)
岩组 1	顶板	2200	4.5	0.26	1.20	3.5	40
	煤层	1440	3.0	0.28	1.00	3.0	30
	底板	2300	5.0	0.25	1.50	4.5	42
岩组 2	顶板	2600	20.0	0.25	2.00	8.0	43
	煤层	1440	3.0	0.28	1.00	3.0	30
	底板	2700	15.0	0.24	3.00	10.0	45
岩组 3	顶板	2600	60.0	0.24	10.00	35.0	48
	煤层	1440	3.0	0.28	1.00	3.0	30
	底板	2700	80.0	0.23	12.00	40.0	50

5.2.3 采面不同推进距离采场压力拱演化特征

由图 5.5 可见，对于水平煤层综采采场，随着回采工作面的不断推进，沿煤层倾向，采场围岩压力拱的几何形态由平顶拱状、弧线拱状向圆滑拱状过度，压力拱的拱高不断增大，压力拱拱曲线逐渐远离采场顶板向采场围岩内扩展。沿煤层走向，采场围岩压力拱的形状由尖拱状逐渐过渡到圆拱状，压力拱开口越来越大，压力拱的拱脚随工作面推进而不断向前移动，压力拱的拱高不断增大，压力拱的拱曲线逐渐远离采场顶板，并向采场围岩深部扩散。

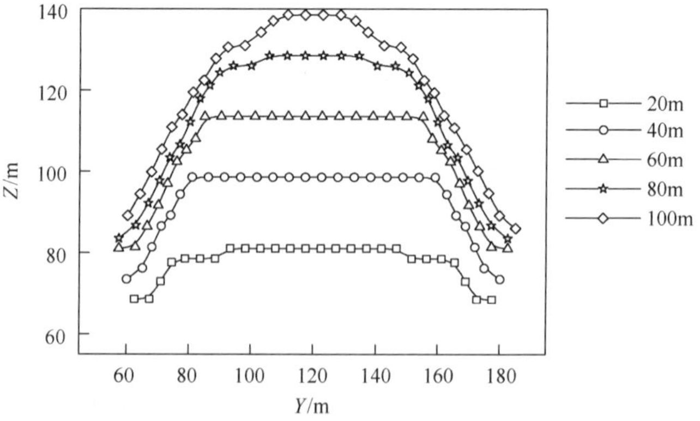

(a) 沿煤层倾向

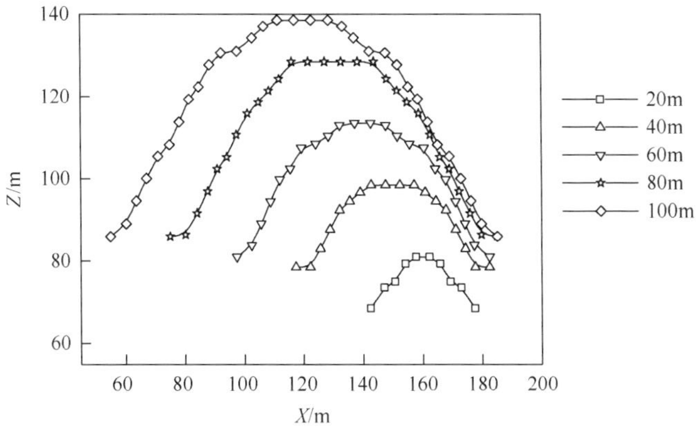

(b) 沿煤层走向

图 5.5　采场围岩压力拱拱曲线变化趋势图

当煤层倾角为 0°时，不论沿煤层倾向还是沿煤层走向，综采采场压力拱的形状对称，即 $h_{f1}=h_{f2}$，$P_{f1}=P_{f2}$，$h_{m1}=h_{m2}$ 和 $P_{m1}=P_{m2}$。所以，取压力拱的一半，进行拱厚以及拱内最大主应力的变化规律研究。由图 5.6 可以看出，随着回采工作面的不断推进，采场围岩压力拱的拱脚、拱腰及拱顶的厚度不断增大，但拱顶发展到一定厚度就不再继续大，总体表现为 $h_{f1}=h_{f2}>h_{m1}=h_{m2}>h_t$。

由图 5.7 可以看出，采场围岩压力拱的最大主应力出现在拱脚处，并且随着回采工作面的不断推进而增大，其他部位的最大主应力不断减小。

可见，随着回采工作面的不断推进，采场围岩荷载有不断向拱脚部位传递压力的趋势，使得压力拱拱脚处的拱厚不断增大。

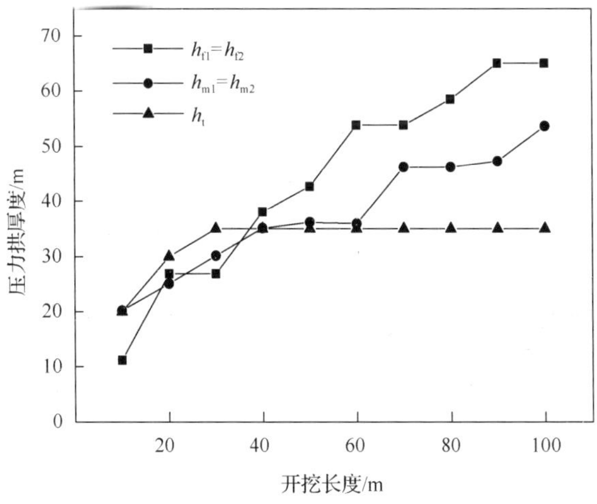

(a) 沿煤层倾向

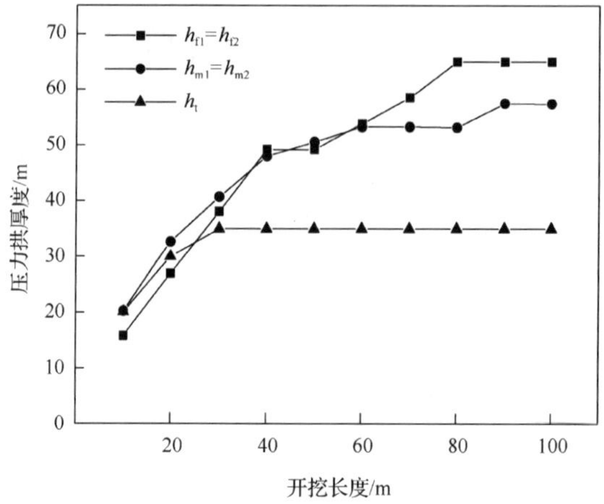

(b) 沿煤层走向

图 5.6　采场围岩压力拱厚度变化趋势图

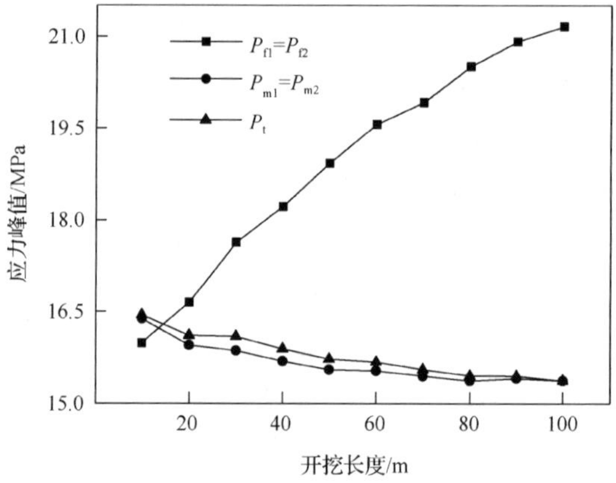

(a) 沿煤层倾向

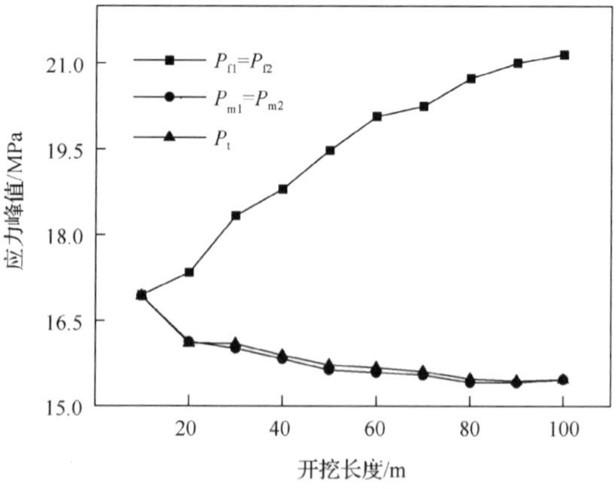

(b) 沿煤层走向

图 5.7　采场围岩压力拱峰值变化趋势图

5.2.4　采动覆岩软硬变化采场压力拱演化特征

由图 5.8 可以看出，随着采场围岩强度由软到硬变化，沿煤层倾向，采场围岩压力拱由平顶状、弧形状向圆滑状发展，压力拱的拱曲线最高点离开采场临空侧距离越来越大，采场围岩压力拱向围岩深部发展。沿煤层走向，采场围岩压力拱由平顶状、弧线状向尖拱状发展。

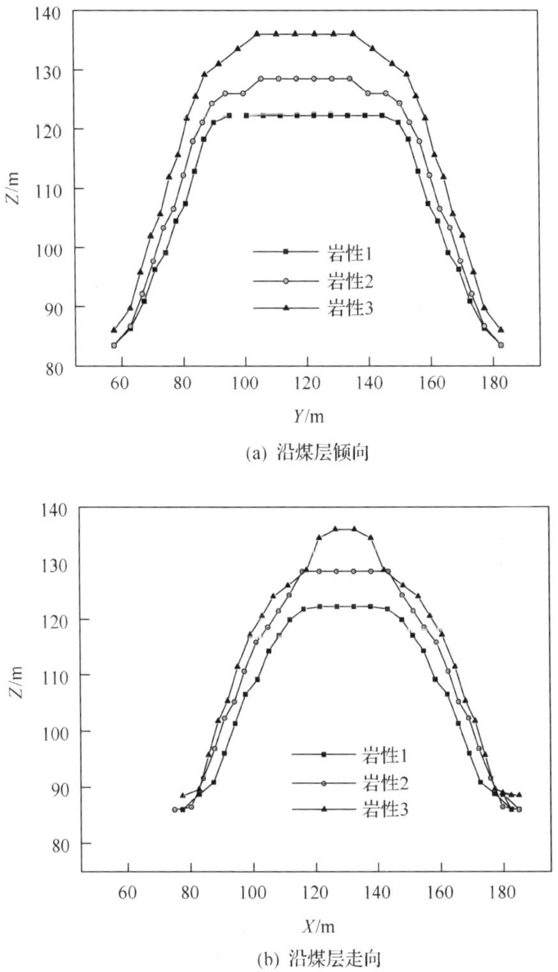

图 5.8　采场围岩压力拱拱曲线变化趋势图

由图 5.9 和图 5.10 可以看出，随着采场围岩强度由软到硬变化，采场围岩压力拱厚度除拱顶有小幅增加外，其他部位呈减小趋势。同时，压力拱拱脚处最大主应力峰值呈显著减小趋势。可见，采场围岩强度越高，越易形成压力拱，拱厚的减小表明需要传递的围岩荷载减少，最大主应力峰值减小展现了压力拱和采场围岩的稳定性。

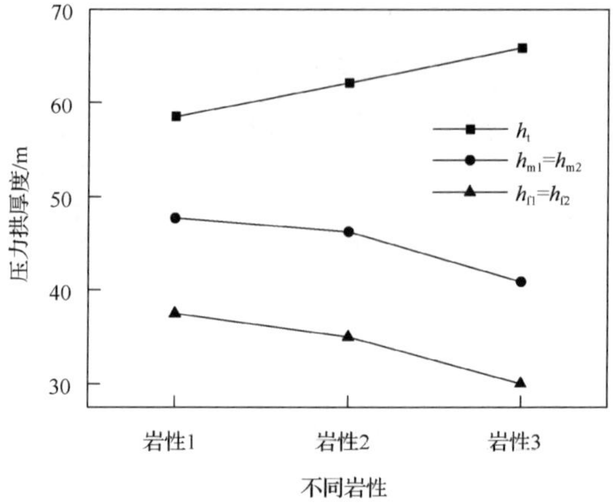

(a) 沿煤层倾向

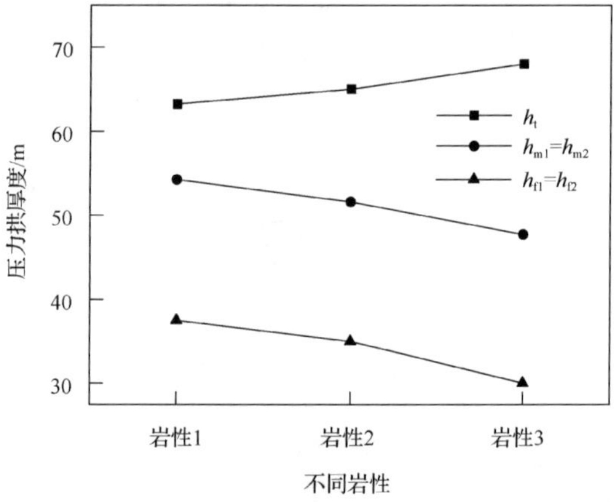

(b) 沿煤层走向

图 5.9 采场围岩压力拱厚度变化趋势图

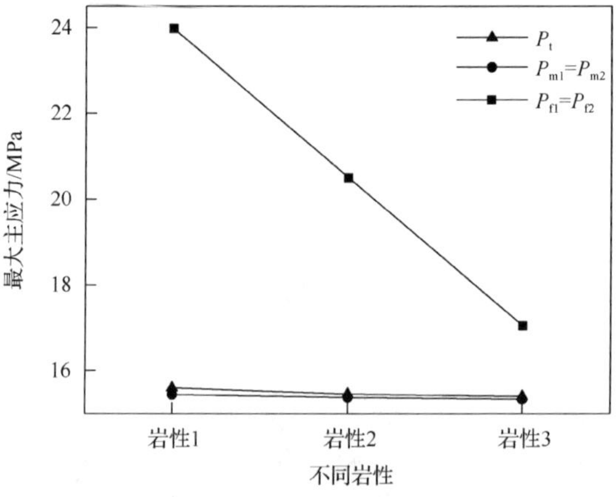

(a) 沿煤层倾向

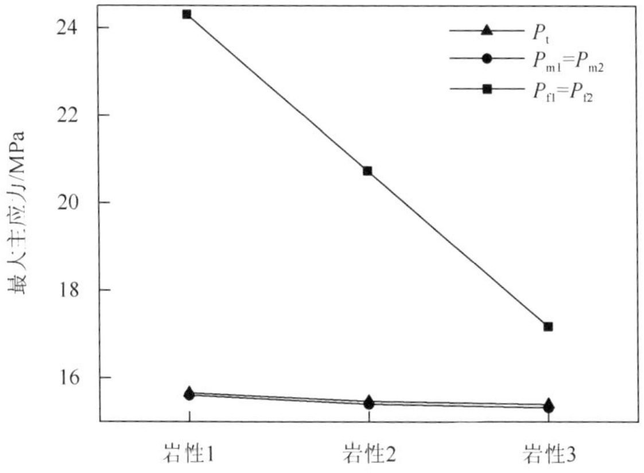

(b) 沿煤层走向

图 5.10　采场围岩压力拱峰值应力变化趋势图

5.2.5　不同回采速度变化采场压力拱演化特征

回采速度可以从不同截深情况来描述，模拟计算方案如表 5.3 所列内容。不同截深回采速度变化的回采工作面前方围岩峰值应力计算结果如图 5.11 所示。

表 5.3　不同截深开采方案

开采长度/m	开挖次数	截深/m	一次计算步数	计算总步数
100	5	20	80	400
100	10	10	80	800
100	20	5	80	1600

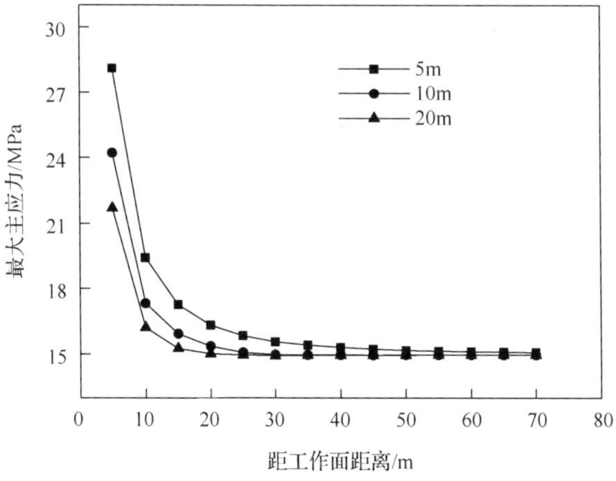

图 5.11　回采工作面前方围岩峰值应力变化趋势

由图 5.11 可以看出，回采速度越慢，采场围岩应力集中现象越明显，所以，提高回采速度，可以显著降低工作面前方采场围岩内的应力集中峰值，有利于压力拱和采场围岩的稳定。

5.2.6　煤层倾角变化采场围岩压力拱演化特征

图 5.12 为煤层倾角不为 0°时，沿回采工作面倾向采场压力拱示意图。图中，α_c 为煤层倾角，C_1、C_2 定为拱脚部位，对应的拱厚分别为 h_{f1}、h_{f2}，对应的最大主应力峰值为 P_{f1}、P_{f2}。B_1、B_2 为拱腰部位，对应的拱厚分别为 h_{m1}、h_{m2}，对应的最大主应力峰值为 P_{m1}、P_{m2}。A 为拱顶部位，对应的拱厚为 h_t，对应的最大主应力峰值为 P_t。

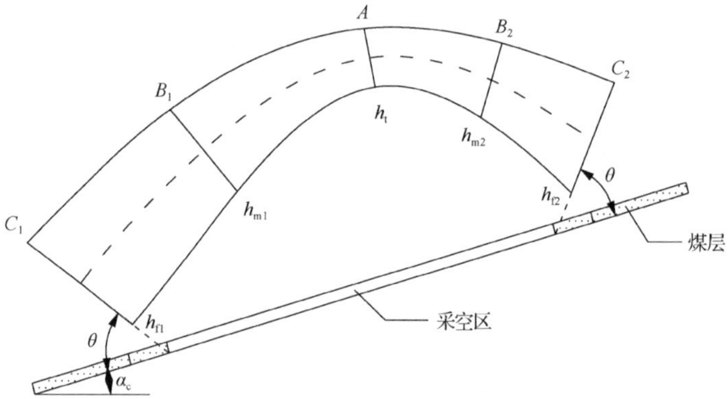

图 5.12　沿煤层倾向采场围岩压力拱形态示意图

图 5.12 中虚线为压力拱中轴线(沿压力拱的法线方向连接压力拱内、外边界点取中值连接成光滑曲线)，将这个中轴线定义为压力拱拱曲线。

如图 5.13～图 5.15 所示，随煤层倾角由 0º、10º、20º和 30º变化，尽管沿回采工作面走向的围岩压力拱对称，但沿回采工作面倾向的压力拱呈现偏态非对称形态。

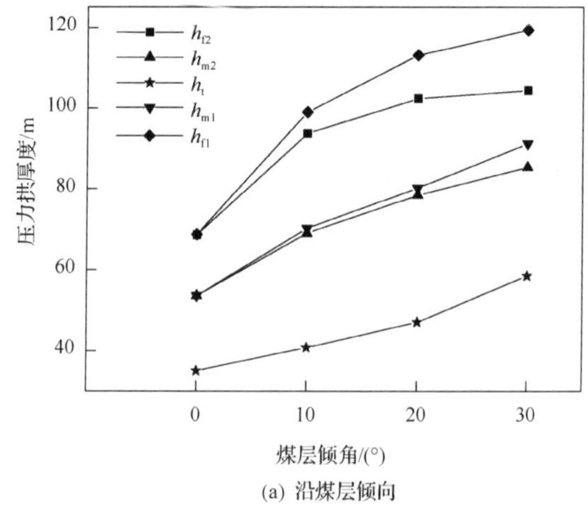

(a) 沿煤层倾向

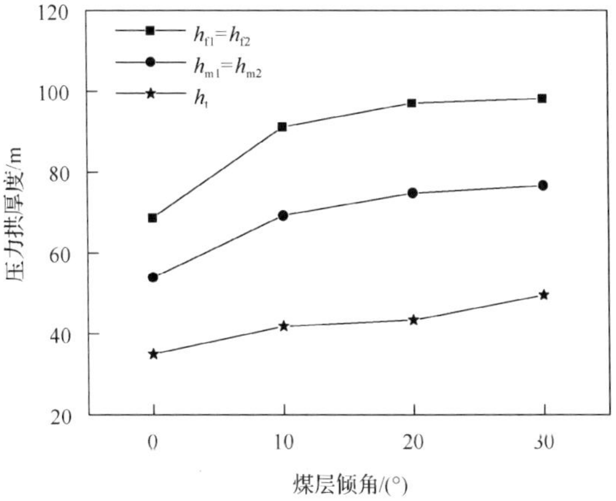

(b) 沿煤层走向

图 5.13 采场围岩压力拱厚度变化趋势图

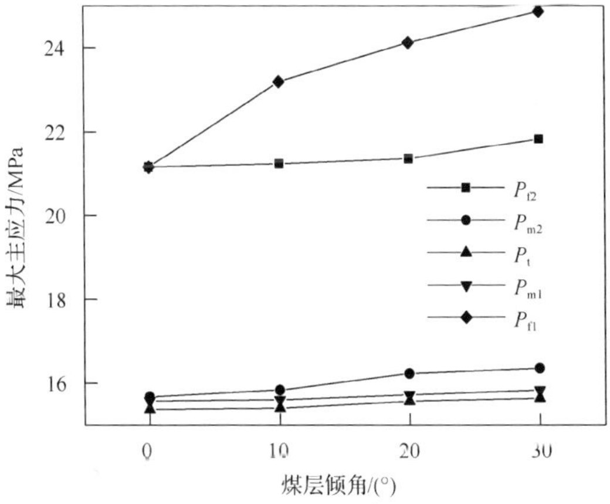

(a) 沿煤层倾向

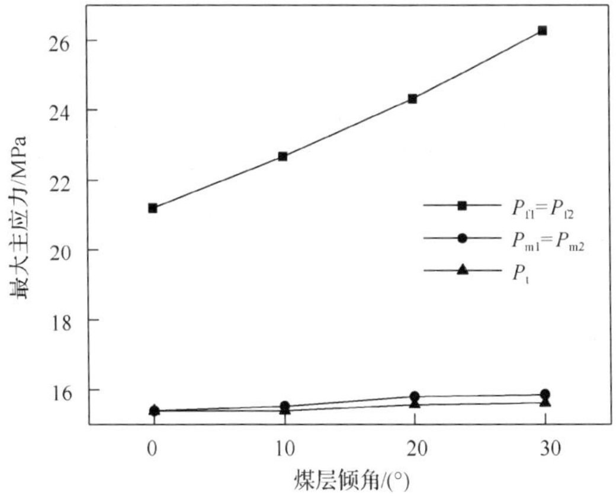

(b) 沿煤层走向

图 5.14 采场围岩压力拱峰值应力变化趋势图

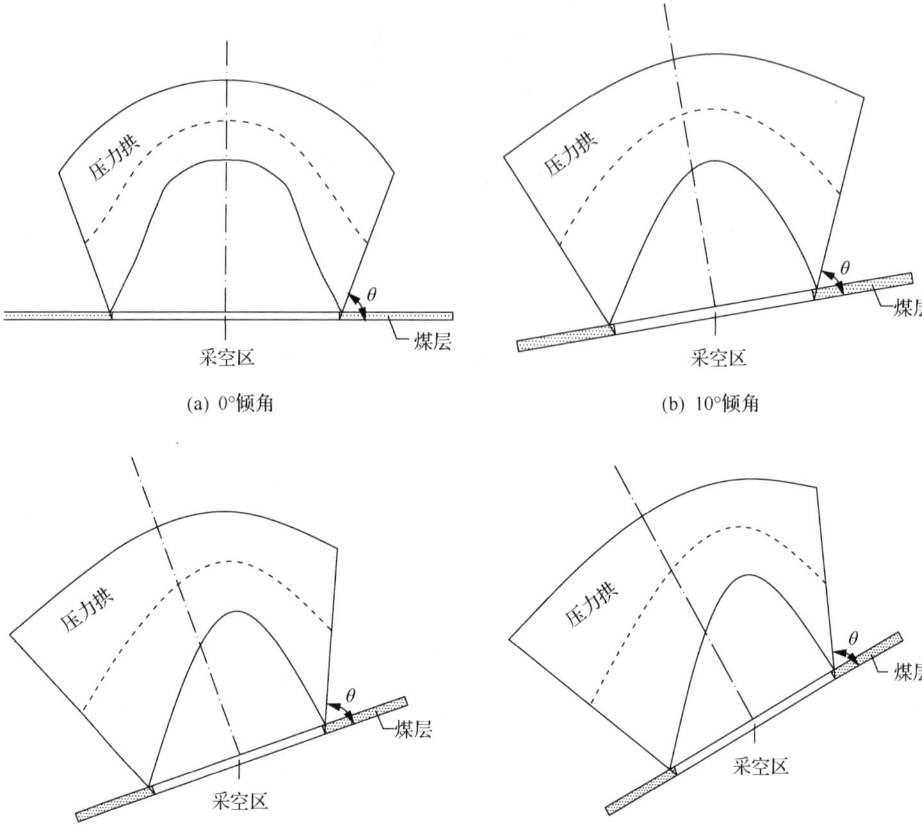

(a) 0°倾角　(b) 10°倾角　(c) 20°倾角　(d) 30°倾角

图 5.15　随煤层倾角变化压力拱形态示意图

随着煤层倾角的不断增大，压力拱偏移的程度也不断增加，拱顶距离煤层法向对称轴的距离明显不同。压力拱厚度和峰值应力也不相等，即 $h_{f1}\neq h_{f2}$，$P_{f1}\neq P_{f2}$，$h_{m1}\neq h_{m2}$，$P_{m1}\neq P_{m2}$。

总体而言，煤层倾角越大，采场围岩压力拱的厚度也越大，并呈 $h_{f1}>h_{f2}>h_{m1}>h_{m2}>h_t$ 的变化趋势。与此同时，压力拱内最大主应力峰值也随之增大，尤其是左侧偏低位置的压力拱拱脚，将承受更大的围岩传递荷载，应力集中程度趋于进一步加剧。

5.3　层状结构顶板采场压力拱分布特征

5.3.1　层状结构采场力学模型

随着煤层的开采，采场上覆围岩逐渐形成三个明显的区域：卸压区、压力拱区和原岩应力区。采空区上覆含软弱面的层状结构岩层可简化为如图 5.16 所示的层状结构力学模型。

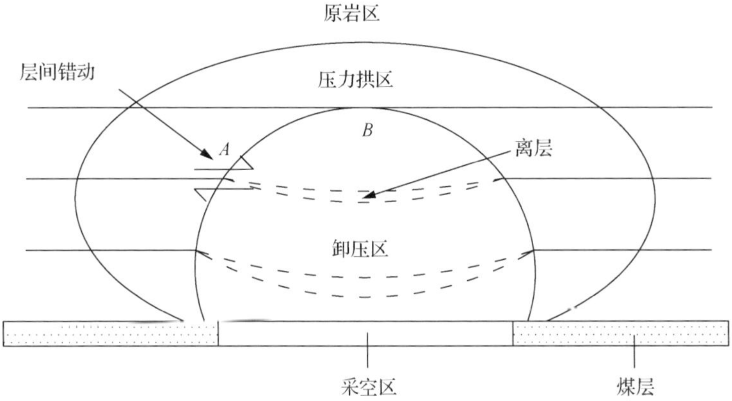

图 5.16　层状围岩变形示意图

在该层状结构力学模型中，相邻岩层在 A 点产生相对位错的力学条件：

$$\tau > c + \sigma \tan\varphi \tag{5.2}$$

式中，τ 为相邻岩层在层面 A 点处的剪应力；σ 为相邻岩层在层面 A 点处的法向应力；c 为相邻岩层层面 A 点处的黏聚力；φ 为相邻岩层层面 A 点处的内摩擦角。

相邻岩层在 B 点出现离层现象的条件：

(1) 岩性条件为上硬下软

$$f_{\text{up}} > f_{\text{down}} \tag{5.3}$$

式中，f_{up} 为 B 点上岩层的普氏硬度系数；f_{down} 为 B 点下岩层的普氏硬度系数。

(2) 力学条件为 B 点上、下岩层间的剪应力超过其抗剪强度，或满足

$$\sigma > \sigma_t \tag{5.4}$$

式中，σ 为相邻岩层在层面 B 点处的法向应力；σ_t 为层面 B 点处的抗拉强度。

(3) 变形条件为满足：

$$W_{\text{up}} > W_{\text{down}} \tag{5.5}$$

式中，W_{up} 为 B 点上岩层的垂直挠度；W_{down} 为 B 点下岩层的垂直挠度。

采场上覆围岩由于缺少支撑而垮落变形破坏，层与层之间产生离层和相对滑动，顶板垮落变形导致围岩一定区域内的能量以变形能的形式释放，形成卸压区。由低应力区向围岩深部，变形逐渐减少，应力增大并达到峰值，采动能量以压应力集中的形式形成压力拱区。压力拱区向围岩深部扩展，应力逐渐恢复到原岩状

态，过渡到原岩应力区。

5.3.2　数值计算模型及模拟方案

1. 数值计算模型与参数选取

如图 5.17 和图 5.18 所示，采用有限差分软件 FLAC^{3D} 建立三维采场数值计

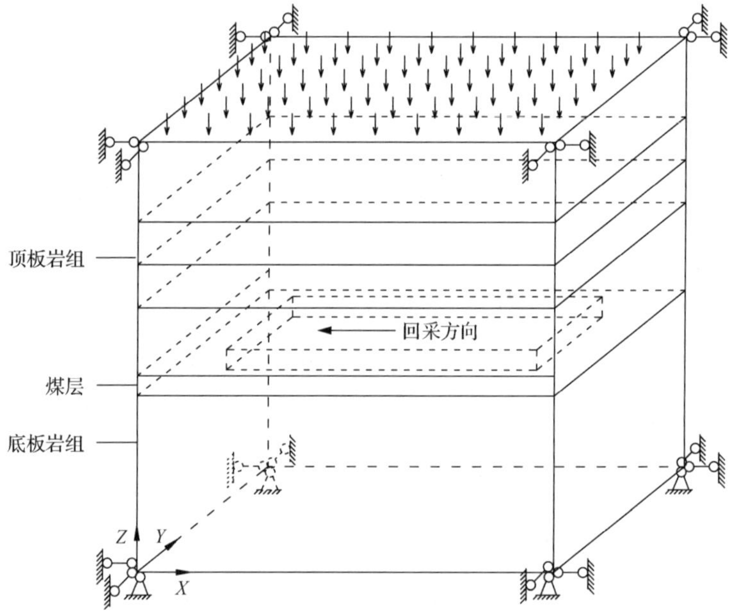

图 5.17　计算模型示意图

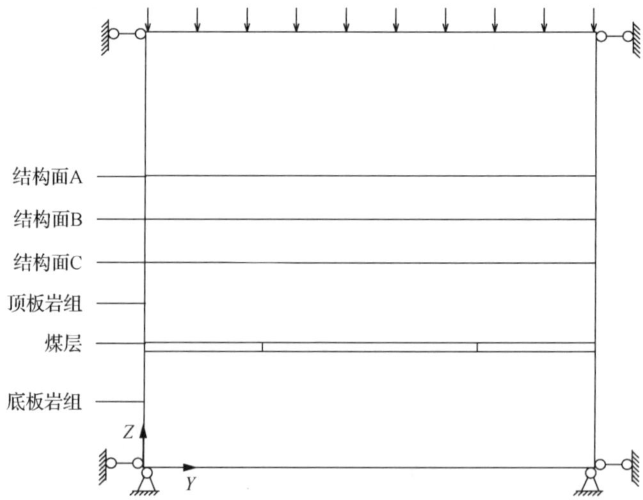

图 5.18　计算模型剖面示意图

算模型。模型计算范围为：长×宽×高=240m×240m×200m。设综采面的几何尺寸：长×宽×高=100m×100m×3.5m。计算模型划分单元 9 万多个。计算模型四周限制水平移动，底部固定，上表面为荷载边界，模拟上覆岩体的自重荷载。该综采工作面位于地下埋深 600m 处，采场上覆岩体的自重荷载为 15MPa。假定采场岩体符合莫尔-库仑强度准则。采场围岩物理力学参数见表 5.4 所列内容。

表 5.4　采场围岩物理力学参数表

位置		密度 /(kg/m^3)	杨氏模量 /GPa	泊松比	抗拉强度 /MPa	黏聚力 /MPa	摩擦角 /(°)
顶板	层 1	2600	8.0	0.36	1.2	4.0	36
	层 2	2600	11.0	0.33	1.5	4.5	38
	层 3	2600	14.0	0.30	1.7	5.0	40
	层 4	2600	17.0	0.28	2.0	8.0	43
煤层		1440	3.0	0.38	1.0	3.0	30
底板		2700	25.0	0.23	3.0	10.0	45
层理		—	—	—	0.1	0.3	24
弱夹层		2550	2.0	0.40	0.1	0.3	24

2. *确定采场压力拱边界*

基于前人研究成果，将采场围岩压力拱的内边界确定为最大主应力达到最大值处[11]，外边界确定为最大主应力与最小主应力之差与最大主应力之比等于 10%处。

由图 5.19 可以看出，沿 Z 轴正方向，上覆岩层距煤层的垂直距离越大，竖向位移越少，应力逐渐增加，并且在结构面处产生离层，最大主应力降低。当上覆岩层距煤层的垂直距离达到 55m 时切向应力达到峰值，结构面不产生离层，由此可以确定压力拱内边界。上覆岩层距煤层的垂直距离达到 100m 时最大主应力与最小主应力之差与最大主应力之比等于 10%，围岩应力由这里开始恢复到原岩应力状态，由此可以确定压力拱外边界。

由图 5.20 可以看出，沿 Y 轴正方向，结构面 B 两侧 Y 方向位移不同，即产生了相对错动。在 72.5m 和 167.5m 处错动达到最大，切向应力的变化趋势与位移相同，切应力的最大值处就是压力拱的内边界，在 42.5m 和 197.5m 处相对错动消失，向外逐渐恢复到原岩应力，可以确定为压力拱的外边界。

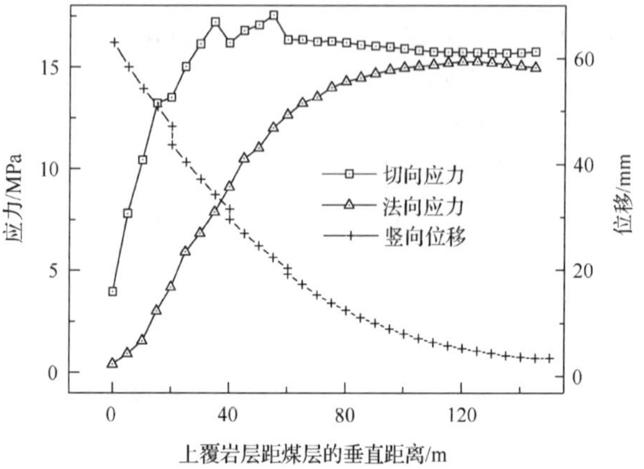

图 5.19　沿 Z 轴正方向围岩应力及竖向位移图

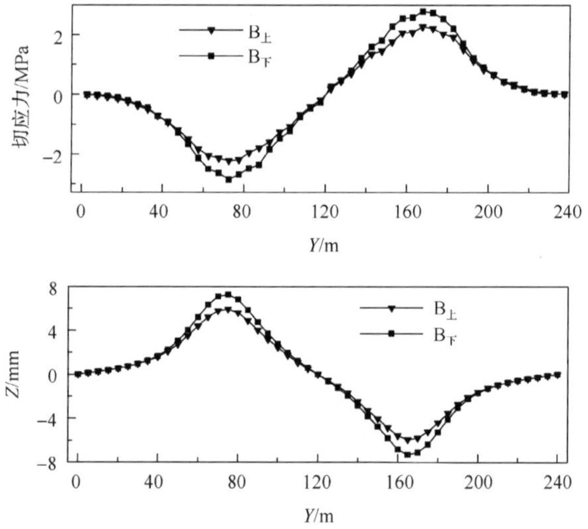

图 5.20　结构面 B 两侧切应力及 Y 方向位移图

3. 数值模拟分析方案

为反映不同条件下层状围岩采场压力拱形状及分布特征，制定计算方案对比分析表，如表 5.5 所示。

表 5.5　模拟计算方案对比分析表

方案	方案因素	因素取值
1	围岩是否分层	0 层，2 层，4 层
2	弱夹层距采面距离	30m，80m，120m
3	弱夹层厚度	0.01m，0.5m，1m
4	侧压力系数 λ	＞1，=1，＜1
5	层理面间距	10m，20m，30m

5.3.3　顶板发育夹层采场压力拱变化特征

1. 顶板夹层数量影响采场压力拱演化特征

由图 5.21 可以看出，围岩无分层时，采场上覆围岩形成对称分布的压力拱，边界呈光滑弧线。当围岩分为两层，且两层中有弱夹层时，以弱夹层为分界面，上部围岩形成的压力拱与下部围岩形成的压力拱组合为新的压力拱，拱的厚度增加且向围岩深处扩散，压力拱顶部变平，外边界在弱夹层处内移，导致压力拱在弱夹层处产生“凹痕”。当围岩分为四层，且层与层之间有层理，层理间距 20m 时，压力拱的变化更为明显，由各层围岩形成的压力拱组合而成的新压力拱顶部变陡，在结构面处有明显的错动，内外边界在层理处内移，错动的程度随层的高度增加，且左右不对称，压力拱顶部内边界被限制在了第二个和第三个结构面之间。

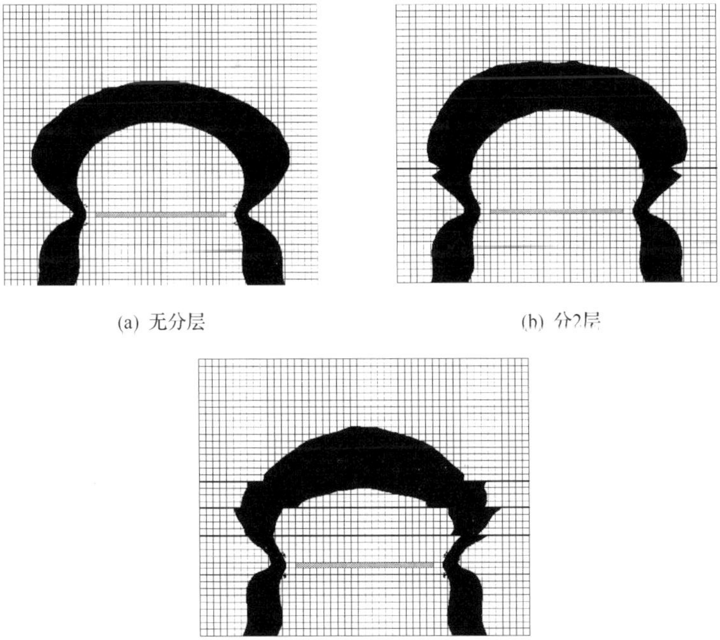

(a) 无分层　(b) 分2层

(c) 分4层

图 5.21　方案 1 压力拱形态图

由图 5.22 可以看出，压力拱拱顶厚度随弱夹层数量的增加而增加。可以看出层状围岩中的结构面，改变了压力拱的形态，限制压力拱的形成，容易在结构面处产生剪切破坏。由图 5.23 可以看出，当围岩中有一个弱夹层时，卸压区和压力拱区的面积都大于无弱夹层和有三个弱夹层的情况，且压力拱区的面积大于卸压区的面积。

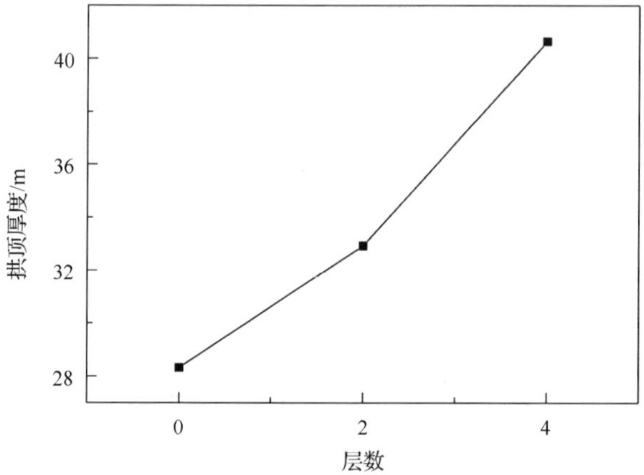

图 5.22 压力拱拱顶厚度变化图

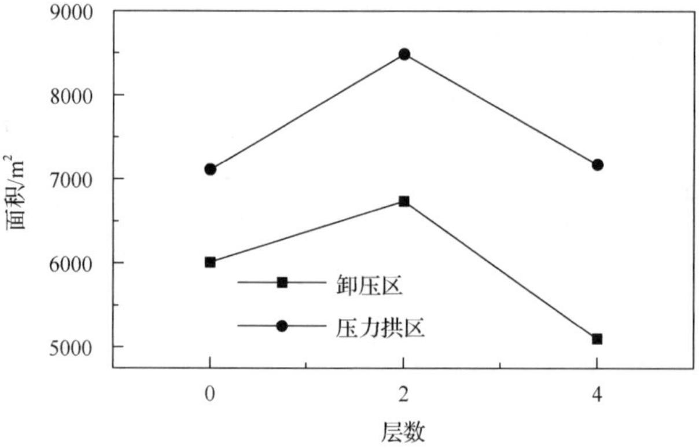

图 5.23 卸压区与压力拱区面积对比图

2. 顶板夹层位置影响采场压力拱演化特征

弱夹层处于不同位置，对压力拱影响也不同。当弱夹层处于开采面上方 30m 处，即处于原压力拱内边界与开采面中间时，如图 5.24(a)所示，夹层上方压力拱厚度变大，外边界向外扩散。当弱夹层处于开采面上方 80m 处，即处于原压力拱内边界与外边界中间时，如图 5.24(b)所示，对内边界无影响，外边界变形。当弱夹层处于开采面上方 120m 处，即处于原压力拱外边界上部时，如图 5.24(c)所示，对压力拱无影响。

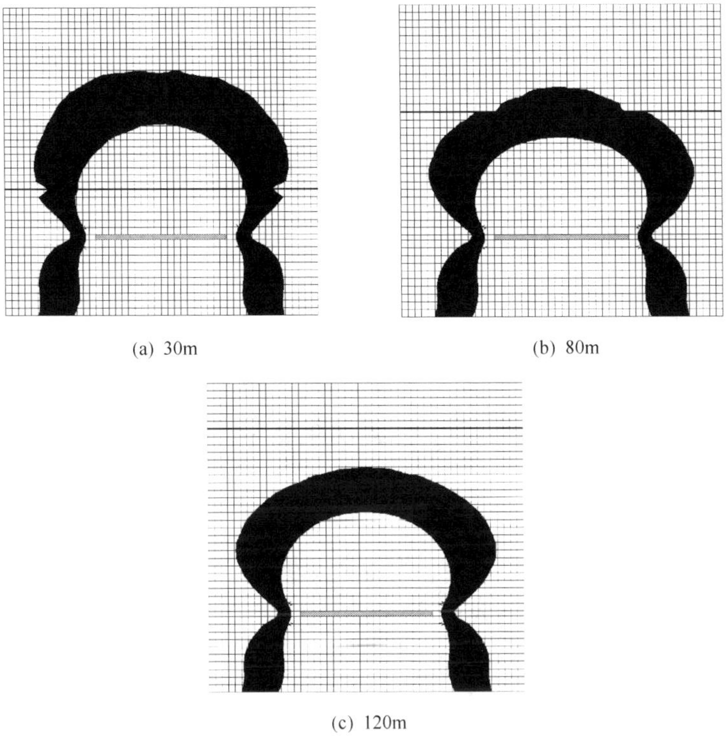

图 5.24　方案 2 压力拱形态图

由图 5.25 和图 5.26 可以看出，压力拱拱顶厚度随着弱夹层距开采面距离的增大而减小，且压力拱区的面积和卸压区的面积也随着弱夹层距开采面距离的增大而减小，弱夹层会对其上方围岩压力拱产生影响，对其下方围岩压力拱不产生影响。

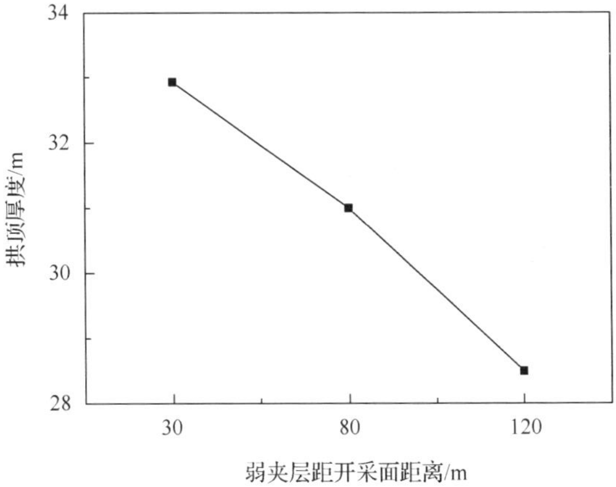

图 5.25　压力拱拱顶厚度变化图

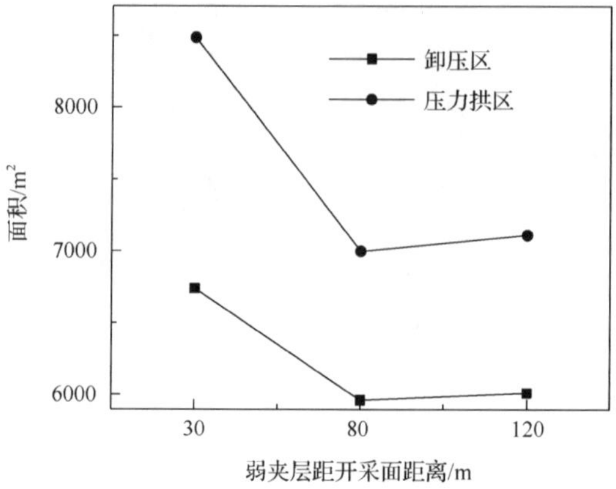

图 5.26　卸压区与压力拱区面积对比图

3. 顶板夹层厚度影响采场压力拱演化特征

由图 5.27 和图 5.28 可以看出，随着弱夹层厚度的增大，弱夹层上部的压力拱厚度变薄，压力拱顶部距煤层的距离减小。由图 5.29 可以看出，压力拱区和卸压区的面积都随着弱夹层厚度的增加而减小。这说明较薄的弱夹层不利于围岩压力拱的承载，需要更多的围岩来参与荷载的传递。但弱夹层下部围岩中形成的压力拱的厚度随弱夹层厚度增大而增大，使得压力拱“凹痕”变大。

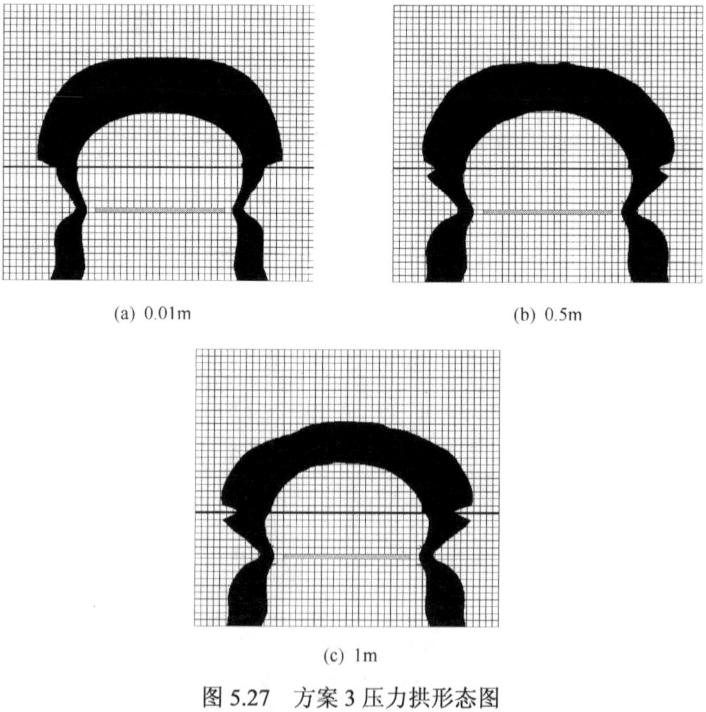
(a) 0.01m　(b) 0.5m　(c) 1m

图 5.27　方案 3 压力拱形态图

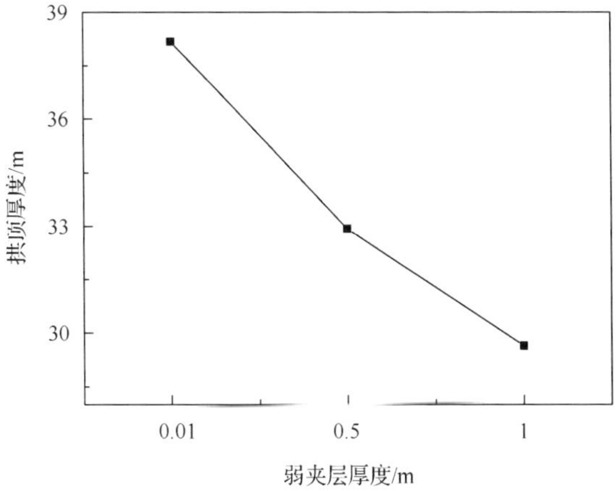

图 5.28　压力拱拱顶厚度变化图

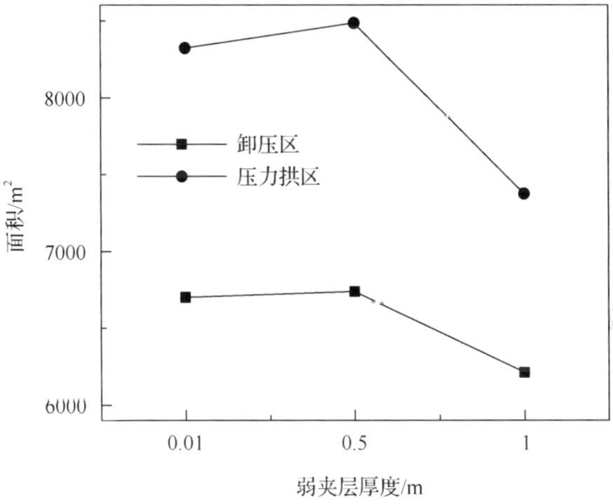

图 5.29　卸压区与压力拱区面积对比图

5.3.4　受应力状态影响采场压力拱演化特征

由图 5.30 和图 5.31 可以看出，随着侧压力系数的增大，压力拱顶部距煤层的距离有显著增加，且厚度越来越厚，压力拱脚部厚度变薄，形状由 $\lambda<1$ 时的扁拱变为 $\lambda>1$ 时的尖拱。

由图 5.32 可以看出，侧压力系数由 $\lambda<1$ 变为 $\lambda=1$ 时，压力拱区和卸压区的面积都有显著增加，但是，侧压力系数由 $\lambda=1$ 变为 $\lambda>1$ 时，卸压区面积减小，比压力拱区面积小。

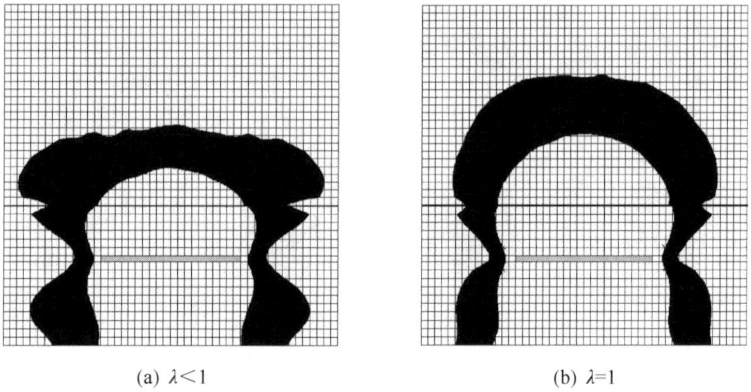

图 5.30　方案 4 压力拱形态图

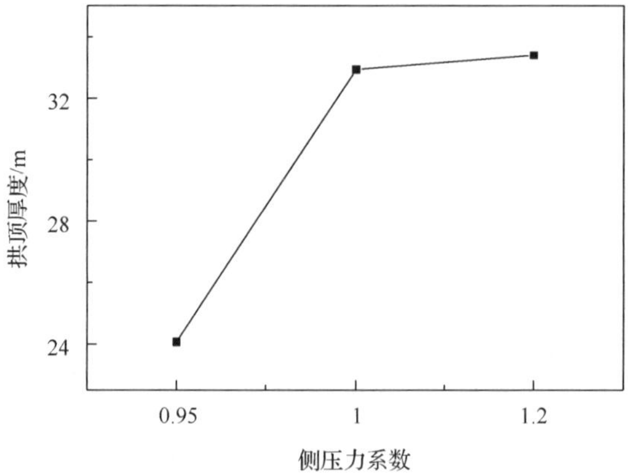

图 5.31　压力拱拱顶厚度变化图

综上可以看出，侧压力系数太小，采场顶部不能成拱，侧压力系数太大，采场两侧不能成拱，适当的侧压力系数才能形成稳定的压力拱。

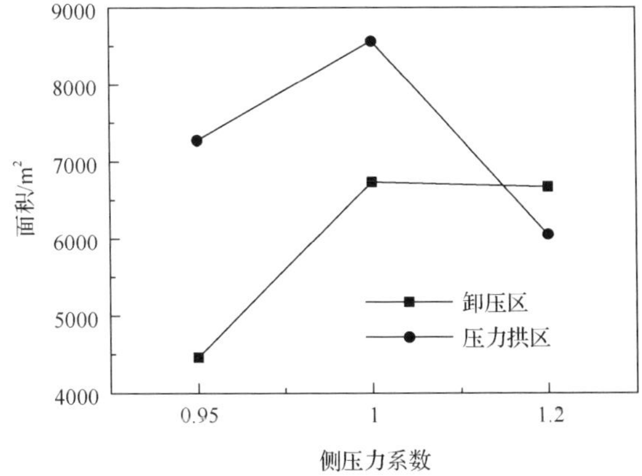

图 5.32　卸压区与压力拱区面积对比图

由图 5.33 可以看出，间距为 10m 与间距为 20m 和 30m 作比较，当时间距为 10m 时，各层形成的压力拱在较小的范围内产生多处错动。随着间距的增加，错动效果减弱，压力拱回缩变薄变扁。如图 5.34 所示，压力拱拱顶随着层理间距的增加而减少。这说明密集的结构面会降低围岩承载能力，需要更多围岩来形成压力拱。

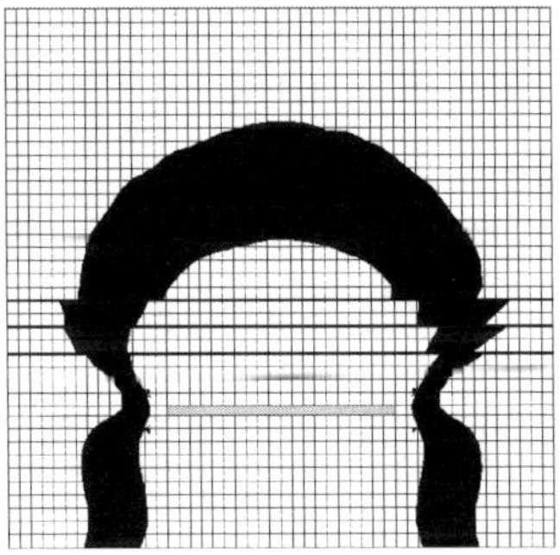

(a) 10m

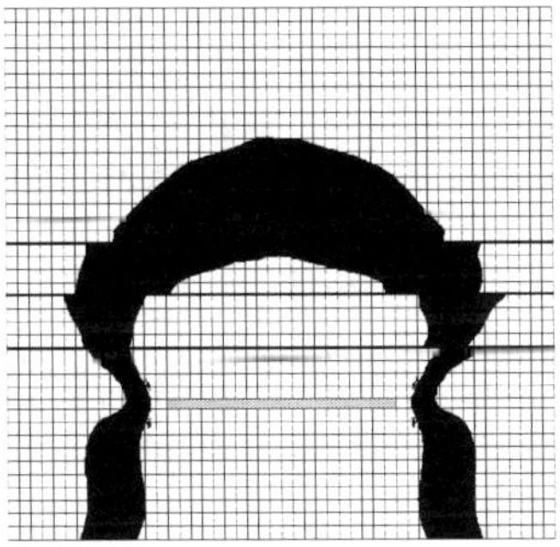

(b) 20m

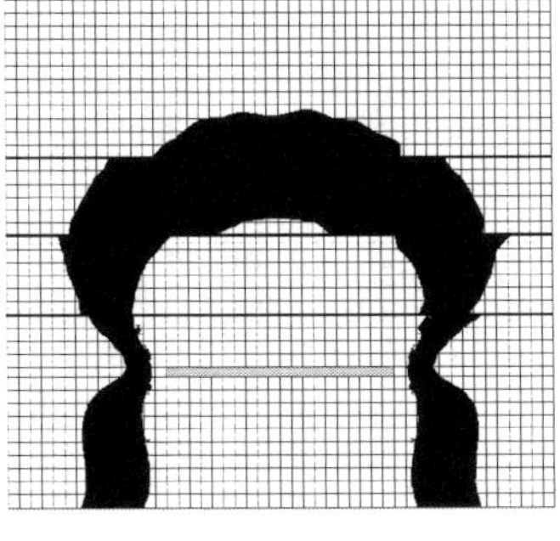

(c) 30m

图 5.33　方案 5 压力拱形态图

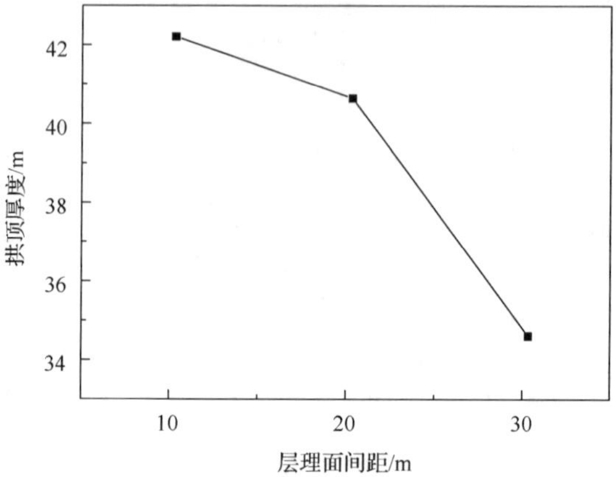

图 5.34　压力拱拱顶厚度变化图

如图 5.35 所示，当层理面间距 20m 时，卸压区面积明显小于间距为 10m 与间距为 30m 的情况。

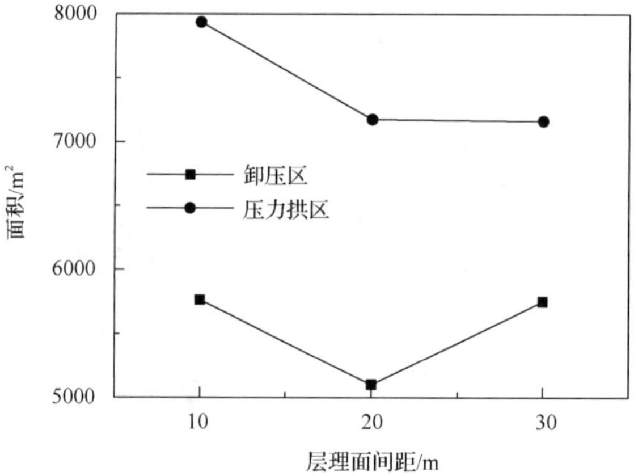

图 5.35　卸压区与压力拱区面积对比图

5.4　采场压力拱力学模型及失稳机制

随着工作面的回采，顶板的裂缝扩大连通，直接顶冒落，基本顶断裂，采场围岩因自组织作用使得压力拱内应力峰值区向前移动，压力拱拱顶高应力区向上转移，且趋于稳定，压力拱向回采方向推进演化，呈走向对称倾向偏态非对称形态。应力拱的演化问题是一个非线性问题，其稳定性问题也是一个非线性问题。

就压力拱失稳问题，国内许多学者有不少研究成果[36,77-79]，本章应用结构力学模型对采场压力拱失稳机理进行分析。

5.4.1　采场压力拱力学模型

由于地下岩土工程的复杂性，压力拱内外边界在多层围岩中不是光滑曲线，甚至有错动、凹痕等突变型非线性边界。当采场有倾角时，沿回采工作面倾向的压力拱呈现偏态非对称形态。采场压力拱工程模型如图 5.36 所示，沿图 5.36 中虚线作剖面得到倾向非对称形态压力拱如图 5.37 所示。图 5.37 中 β 为采场围岩破裂角，$\beta = 45° + \dfrac{\varphi}{2}$，其中，$\varphi$ 为采场围岩的内摩擦角。

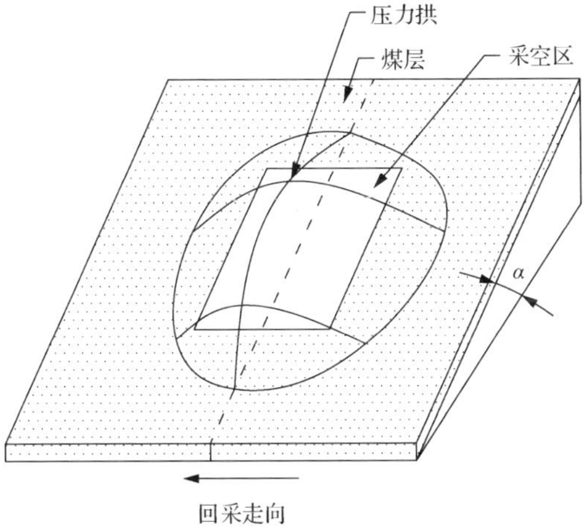

图 5.36　采场压力拱工程模型

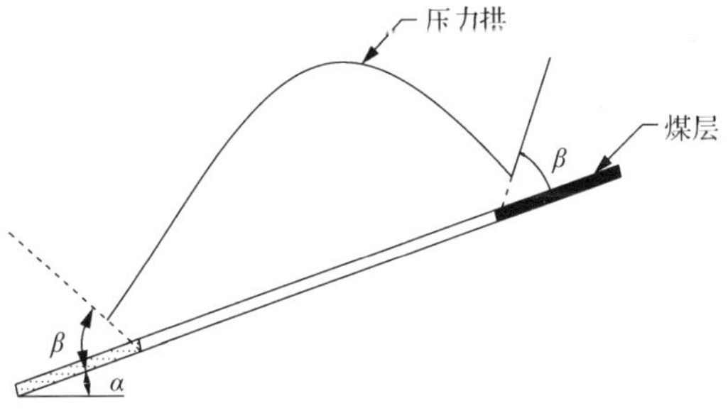

图 5.37　采场倾向剖面非对称形态压力拱工程模型

采场压力拱只能承受很少的弯矩，结合结构力学模型，采场压力拱的拱脚处可以看作铰支，且拱顶处可能存在某一处强度不足的地方，可以看作一个铰。因此，为了研究采场压力拱失稳机理，可以将压力拱轴线假定为拱轴线是光滑抛物线的三铰拱。

5.4.2　采场压力拱力学分析

如图 5.38 所示，假定拱轴线方程为

$$Y = aX^2 + bX + c \tag{5.6}$$

其中，拱脚 A 铰坐标为 $(0, 0)$，拱脚 B 铰坐标为 (L, h)，拱顶 C 铰坐标为 (l_c, y_c)，AB 与 x 轴夹角为 α，拱跨为 l，拱高为 f，则有 $L = l\cos\alpha$，$h = l\sin\alpha$，$l_c = \dfrac{l\cos\alpha}{2}$，$y_c = f + \dfrac{l\sin\alpha}{2}$。

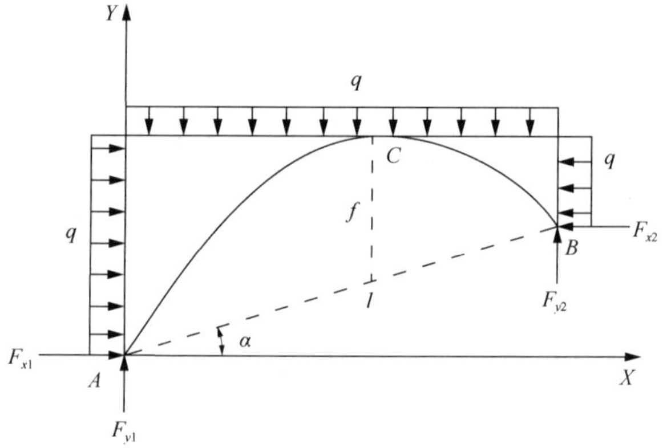

图 5.38　采场压力拱力学模型

将坐标 $(0, 0)$，(L, h)，(l_c, y_c) 代入式 (5.6) 中，可得

$$\begin{cases} c = 0 \\ aL^2 + bL = h \\ al_c^2 + bl_c = y_c \end{cases} \tag{5.7}$$

求解方程组得任意拱轴线方程：

$$\begin{aligned} Y = &-\frac{4\left[\left(f + \dfrac{l\sin\alpha}{2}\right)l\cos\alpha - l\sin\alpha\dfrac{l\cos\alpha}{2}\right]}{l^3\cos^3\alpha}X^2 \\ &+\frac{4\left[\left(f + \dfrac{l\sin\alpha}{2}\right)l^2\cos^2\alpha - l\sin\alpha\dfrac{l^2\cos^2\alpha}{4}\right]}{l^3\cos^3\alpha}X \end{aligned} \tag{5.8}$$

拱受水平和垂直均布荷载 q 作用。支撑端受支撑反力 F_{x1}、F_{y1}、F_{x2}、F_{y2} 作用。

易求得

$$F_{x1}=\frac{ql^2}{8f}-\frac{q\left(f+l\sin\alpha\right)}{2} \tag{5.9}$$

$$F_{x2}=\frac{ql^2}{8f}-\frac{q\left(f-l\sin\alpha\right)}{2} \tag{5.10}$$

$$F_{y1}=\left(\frac{ql^2}{8f}-\frac{qf}{2}\right)\tan\alpha+\frac{ql\cos\alpha}{2} \tag{5.11}$$

$$F_{y2}=-\left(\frac{ql^2}{8f}-\frac{qf}{2}\right)\tan\alpha+\frac{ql\cos\alpha}{2} \tag{5.12}$$

则得任意截面 k 处的弯矩、剪力、轴力为

$$\begin{aligned}M_k=&\left[\left(\frac{ql^2}{8f}-\frac{qf}{2}\right)\tan\alpha+\frac{ql\cos\alpha}{2}\right]x\\&-\left[\frac{ql^2}{8f}-\frac{q\left(f+l\sin\alpha\right)}{2}\right]y-\frac{q}{2}x^2-\frac{q}{2}y^2\end{aligned} \tag{5.13}$$

$$\begin{aligned}Q_k=&\left[\left(\frac{ql^2}{8f}-\frac{qf}{2}\right)\tan\alpha+\frac{ql\cos\alpha}{2}-qx\right]\cos\delta\\&-\left[\frac{ql^2}{8f}-\frac{q\left(f+l\sin\alpha\right)}{2}+qy\right]\sin\delta\end{aligned} \tag{5.14}$$

$$\begin{aligned}F_{\mathrm{N}k}=&-\left[\left(\frac{ql^2}{8f}-\frac{qf}{2}\right)\tan\alpha+\frac{ql\cos\alpha}{2}-qx\right]\sin\delta\\&-\left[\frac{ql^2}{8f}-\frac{q\left(f+l\sin\alpha\right)}{2}+qy\right]\cos\delta\end{aligned} \tag{5.15}$$

式中，δ 为任意截面 k 处的切线与 X 轴的夹角。

5.4.3　采场压力拱破坏模式

根据采场围岩压力拱形成机制、演化特征及三铰拱稳定性判断准则，压力拱的失稳过程如图 5.39 所示。

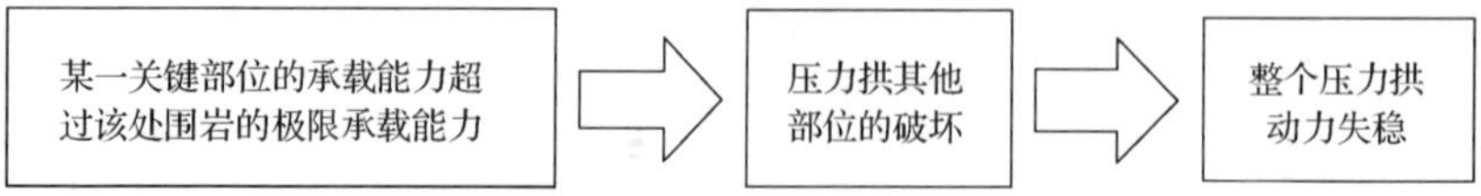

图 5.39　采场压力拱失稳过程

由压力拱的演化特征和其力学结构特征可以看出，拱顶、拱腰和拱脚是压力拱的关键部位。压力拱破坏模式有三种，即拉伸破坏、压缩破坏和剪切破坏。

(1) 发生拉伸破坏的力学条件为

$$\frac{F_{\mathrm{N}k}}{A_k}+\frac{M_k}{W_k}>\sigma_{\mathrm{t}} \tag{5.16}$$

式中，$F_{\mathrm{N}k}$ 为任意截面 k 处的轴力，N；A_k 为任意截面 k 处的截面面积，m^2；M_k 为任意截面 k 处的弯矩，N·m；W_k 为任意截面 k 处的抗弯截面系数，m^3；σ_{t} 为围岩抗拉强度，Pa。

(2) 发生压缩破坏的力学条件为

$$\frac{F_{\mathrm{N}k}}{A_k}-\frac{M_k}{W_k}>\sigma_{\mathrm{c}} \tag{5.17}$$

式中，$F_{\mathrm{N}k}$ 为任意截面 k 处的轴力，N；A_k 为任意截面 k 处的截面面积，m^2；M_k 为任意截面 k 处的弯矩，N·m；W_k 为任意截面 k 处的抗弯截面系数，m^3；σ_{c} 为围岩抗压强度，Pa。

(3) 发生剪切破坏的力学条件为

$$\frac{Q_k}{A_k}>\tau \tag{5.18}$$

式中，Q_k 为任意截面 k 处的剪力，N；A_k 为任意截面 k 处的截面面积，m^2；τ 为围岩剪切强度，Pa。

5.4.4　采场压力拱失稳特征

应用单位荷载下不同的采场倾角进行计算，将式(5.13)、式(5.14)和式(5.15)进行可视化计算，并将其数据导入绘图软件，以此来分析随倾角变化采场压力拱失稳机理。

如图 5.40 所示，采场倾角为 0°时，采场压力拱沿 X=50m 呈对称形态。采场倾角不为 0°时，采场压力拱呈偏向一侧不对称扁拱形态变化，且随着煤层倾角的不断增大，压力拱偏移的程度也不断增加。

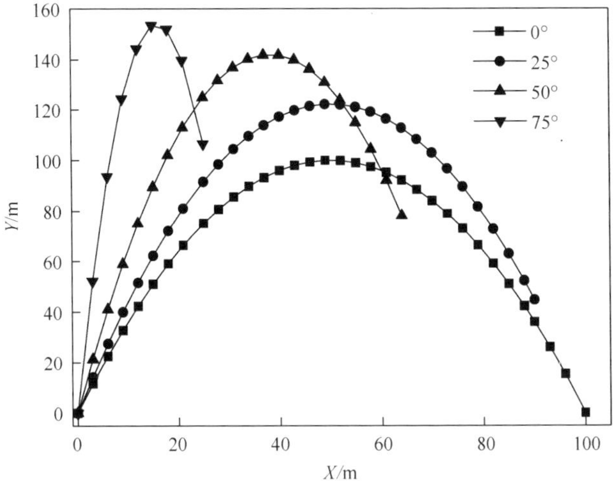

图5.40　不同倾角采场压力拱拱轴线

如图5.41所示，采场倾角为0°时，采场压力拱弯矩呈对称分布，拱腰处弯矩大于拱顶与拱脚处弯矩，易于在拱腰处发生压缩破坏；采场倾角不为0°时，采场压力拱弯矩呈不对称分布，并且随着采场倾角的增大，拱内弯矩增大。

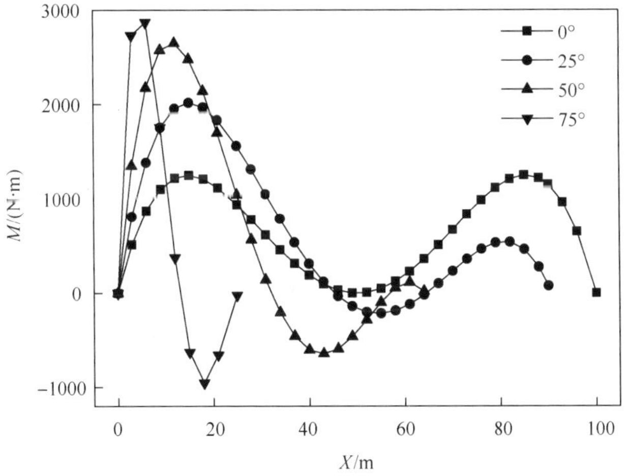

图5.41　不同倾角采场压力拱弯矩曲线

如图5.42所示，采场倾角为0°时，采场压力拱剪力呈中心对称分布，拱脚处剪力大于拱顶与拱腰，易在拱脚处发生剪切破坏；采场倾角不为0°时，采场压力拱剪力呈不对称分布，随着采场倾角的增大，拱内剪力增大，且剪力峰值由前拱脚处逐渐向拱顶处转移，易于在拱顶处发生剪切破坏。

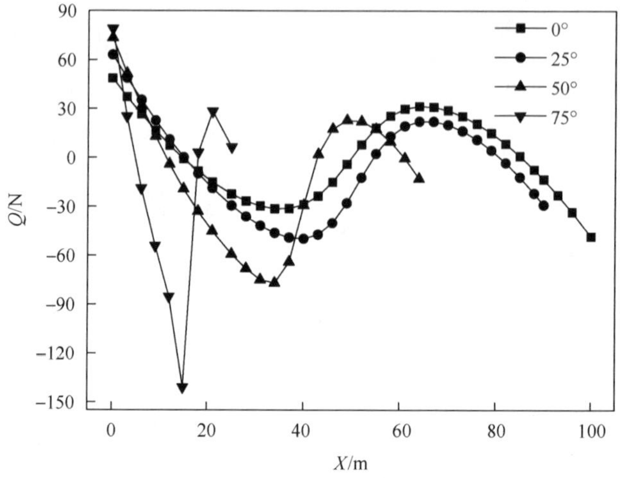

图 5.42　不同倾角采场压力拱剪力曲线

如图 5.43 所示，采场倾角为 0°时，采场压力拱轴力为压力且呈对称分布，拱顶处轴力大于拱腰与拱脚；采场倾角不为 0°时，采场压力拱轴力呈不对称分布，随着采场倾角的增大，前拱脚出现拉力，且随采场倾角增大而增大，可以看出前拱脚处易发生拉伸破坏。

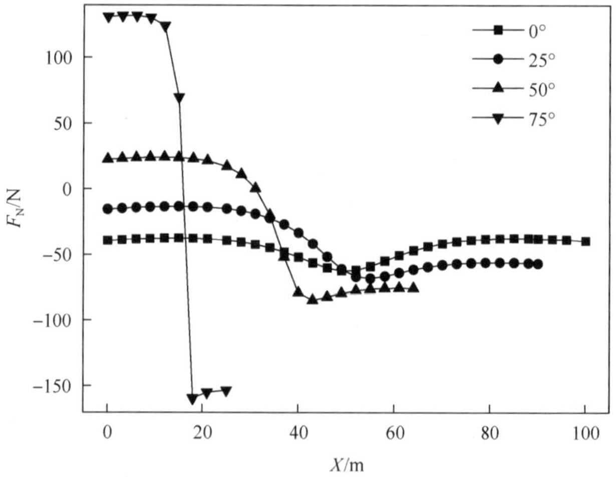

图 5.43　不同倾角采场压力拱轴力曲线

第6章 基岩厚度变化采场压力拱演化特征

6.1 工 程 背 景

本章以神府东胜矿区的大柳塔煤矿和上湾煤矿为工程背景[80,81]研究基岩厚度变化采场压力拱演化特征。大柳塔煤矿位于陕西省神木县北端，南距神木县城56.9km，北临包头市180km，西至红碱淖湖30km。上湾煤矿位于内蒙古自治区鄂尔多斯市伊金霍洛旗境内，地处鄂尔多斯高原东南部、毛乌素沙地东北边缘，东与准格尔旗相邻，南临乌审旗。

6.1.1 工程地质条件

神东矿区煤系地层主要形成于白垩纪、侏罗纪时期和第四纪，其中第四纪为沙土层，该区岩层中岩性共有11种，以砂岩为主，特别是白垩系地层全部为砂岩[82]。神东矿区地层中主要存在两种类型结构面，其中Ⅰ类结构面可以分为植物的叶炭化形成的结构面、植物树干炭化形成的结构面、以小颗粒状煤形成的结构面三个亚类，Ⅱ类结构面是以白云母为主形成的结构面[83]。根据以往地应力测量数据，在浅部煤矿井下地应力场中，大部分情况下最大水平主应力为最大主应力，垂直应力为最小主应力[84]。根据神东矿区浅埋煤层上覆基岩层和松散层特征，可分为薄基岩厚松散层煤层和厚基岩薄松散层煤层两种类型[85]。

1) 大柳塔煤矿薄基岩厚松散层工作面

对于薄基岩厚松散层煤层开采，以神东矿区大柳塔煤矿2^{-2}煤层22614工作面为工程背景，分析工作面来压规律。大柳塔煤矿2^{-2}煤层22614工作面煤层平均厚度为5.5m，倾角为0°～3°，煤层埋深为108～132m，平均埋深为125.1m。基岩厚度为13.7～50.1m，平均为28.3m，直接顶多为砂质泥岩或泥岩，厚度为1.7～9.6m，基本顶以粉砂岩为主，厚度为13.1～40.4m，抗压强度为23.13～48.38MPa，平均为38.2MPa。地表风积沙和黄土松散层厚度为83～104.5m，平均为96.7m。大柳塔煤矿2^{-2}煤层综合柱状图如图6.1所示。

工作面采用倾斜长壁后退式综合机械化采煤法，一次采全高割煤工艺，垮落法管理顶板。工作面长度为201.7m，推进长度为2436.5m。配备北煤液压支架，支架额定工作阻力为8557.98kN，最大控顶距为5.424m，中心距为1.750m。

地层代号	层序	柱状图 1∶200	层厚/m 一般	层厚/m 最大与最小	岩石名称及岩性描述
Q	1		33	6.0~87.11	风积沙，主要由粉沙、细沙组成
Q	2		65	6.31~99.64	黄土，黏土部分区域中部或底部分布有细沙
Q	3		1.0	0~4.56	砂砾石层分选不好，圆度中等
J	4		9.0	0~19.55	粉砂岩为主，部分区域为砂质泥岩、中砂岩、粗砂岩。部分区域近上部风化
J	5		3.5	1.75~9.61	砂质泥岩、泥岩为主，部分区域为粉砂岩，水平层理发育
J	6		0.20	0~0.52	泥岩：深灰色，水平层理
J	7		5.5	4.8~5.9	2^{-2}煤，以半暗煤为主
J	8		6.40	2.55~14.93	以粉砂岩为主，部分地段为泥岩或细砂岩

图 6.1　大柳塔煤矿 2^{-2} 煤层综合柱状图

2) 上湾煤矿厚基岩薄松散层工作面

以神东矿区上湾煤矿 1^{-2} 煤层西翼盘区内 51104 工作面为工程背景，煤层平均埋深为 115.4m，倾角为 0°～3°，煤层厚度为 5.0～7.9m，平均厚度为 6.7m。基岩厚度为 73.0～148.3m，平均厚度为 102.1m。直接顶多为砂质泥岩或粉砂岩，厚度为 0.5～7.1m，平均为 3m，基本顶多为砂岩，厚度为 6～15.1m，平均为 9m，抗压强度为 16.6～33.8MPa，平均为 25MPa。基岩层以上风积沙和黄土松散层厚度为 0.8～23.85m，平均厚度为 13.37m。上湾煤矿 1^{-2} 煤层综合柱状图如图 6.2 所示。

上湾煤矿 51104 工作面走向长度为 3654m，工作面倾向长度为 301m，沿工作面走向推进长度为 3360m。51104 工作面均采用倾斜长壁后退式综合机械化采煤法，大采高一次采全厚，全部垮落法处理顶板，配套 Eickhoff SL-500 采煤机和 DBT 电液控制双柱掩护式支架，支架初撑力为 6900kN，额定工作阻力为 8638kN，最大控顶距为 4.075m，中心距为 1.750m。

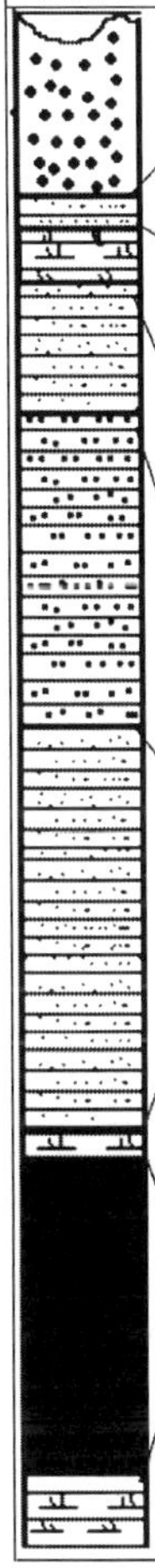

柱状图	层厚/m	深度/m	采取率	岩性及描述
	8.98	124.56	95	粗砂岩，灰白色，石英含量占80%以上，次之长石及暗色矿物，分选良好，磨圆周度差，夹黏土团块
	0.65	125.21	92	细砂岩，浅灰色，粒度不均，发育缓波状层理
	1.12	126.33	98	砂质黏土岩，灰色，平坦断口，含植物化石碎屑，水平层理发育，局部余存完整的植物叶片化石
	3.30	129.63	97	粉砂岩，浅灰，粒度不均，缓波状层理较发育，偶夹煤带，层理面富集植物化石碎屑
	9.46	139.09	82	粗砂岩，浅灰，石英含量占99%，次之长石，有少量暗色矿物和黏土矿物，分选良好，磨圆周度中等，上部夹煤线，有许多炭屑，局部显示出水平层理，孔隙式泥岩质
	13.62	152.71	98	粉砂岩，浅灰色，主要由粉砂质构成，中部细粉砂质增多，缓波状层理较发育，局部发育水平和透镜状层理，含植物化石，并保存有完整的植物化石——华丽拟刺葵
	0.66	153.37	100	砂质黏土岩，深灰色，致密，断口不平整，矿质向下渐少，含植物化石——侧生贼及锥叶蕨
	8.55	161.92	95	2^{-2}煤层(1^{-2}煤)，半暗型，黑色
	1.36	163.28	89	砂质黏土岩，深灰色，致密，含植物化石，中部夹粉岩薄层，下部含砂较少，夹煤线及其条带

图 6.2 上湾煤矿 1^{-2} 煤层综合柱状图

6.1.2 矿压显现特征

根据大柳塔煤矿 22614 工作面和上湾煤矿 51104 工作面支架阻力监测数据，对浅埋薄基岩厚松散层煤层和浅埋厚基岩薄松散层煤层两种典型开采工况条件下工作面矿压显现规律进行分析。

如图 6.3 所示，现场观测期间大柳塔煤矿 22614 工作面经历初次来压及 26 次来压，初次来压步距为 9.9m，周期来压步距为 6.1～23.4m，平均为 11.9m。初次来压时支架阻力为 8370.81kN，周期来压时支架阻力为 7290～9526kN，平均为 8152kN，额定工作阻力为 8557.98kN。来压步距越大，矿压显现越强，该规律符合正常来压特征，但薄基岩厚松散层工作面矿压显现具有来压步距短、来压强烈的特征，第 21～23 次来压超过支架额定工作阻力。工作面强弱矿压显现具有间隔周期性，同时几次长步距周期来压后出现一短周期来压，其中第 7、21 次周期来压为典型的短来压步距、强矿压显现。

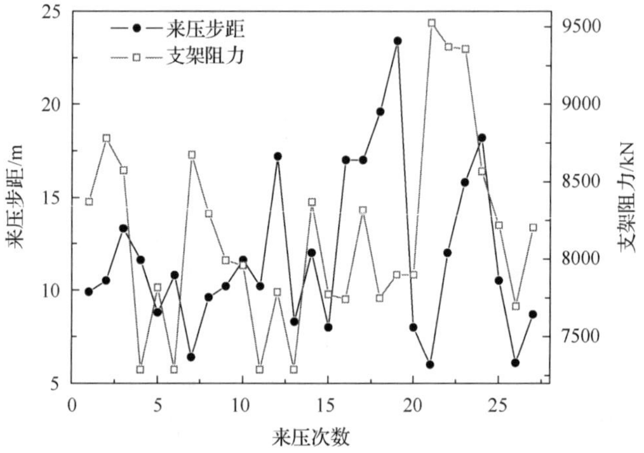

图 6.3　大柳塔煤矿 22614 工作面矿压显现规律图

如图 6.4 所示，现场观测期间上湾煤矿 51104 工作面经历初次来压及 19 次周期来压，工作面初次来压步距为 27.2m，周期来压步距为 9.4～32.3m。初次来压时支架阻力为 5921.33kN，周期来压时支架阻力为 5571.69～8974.55kN，平均为 7107kN，额定工作阻力为 8638kN。

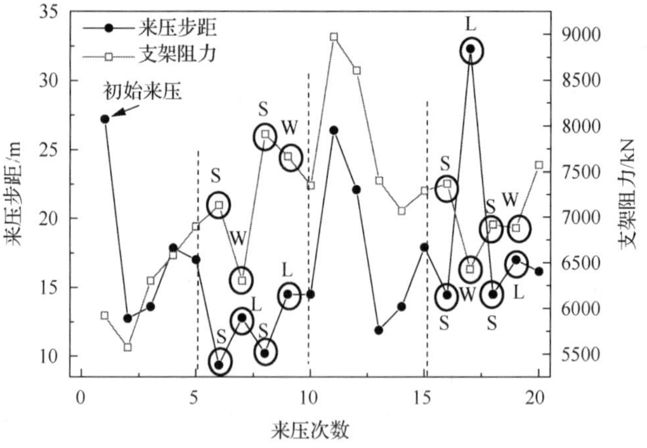

图 6.4　上湾煤矿 51104 工作面矿压显现规律图

初次来压后工作面继续推进 61.2m，期间经历 4 次周期来压，该阶段矿压显现规律基本一致，来压步距越长，矿压显现越强，为正常矿压显现规律。此后，工作面周期来压步距和强度出现长短、强弱周期性，长来压步距对应弱矿压强度(L/W)，而短来压步距对应强矿压显现(S/S)，第 6 次和第 8 次为 SS 型，第 7 次和第 9 次来压为 L/W 型。第 10～15 次来压恢复正常矿压显现，其中第 11 次来压超过支架额定阻力，随工作面推进，第 16～20 次来压再次呈现长短、强弱周期性。浅埋厚基岩煤层工作面正常来压与长短、强弱周期矿压显现具有间隔性。

6.2　采场覆岩破断压力拱演化特征

6.2.1　回采过程关键块体压力拱结构

1. 初次断裂岩层关键块对称压力拱结构

煤层回采工作面从开切眼向前不断推进，基本顶达到极限跨距时将在两端煤壁和跨中处产生裂缝，破断形成中部梯形和两侧弧形板块，即工作面顶板常见的竖“O-X”破断[86]。如图 6.5 所示，煤层采动影响下悬露基本顶产生周期性断裂，并在工作面中部形成多个悬露主动板块，弧形板块运动受控于主动板块影响。

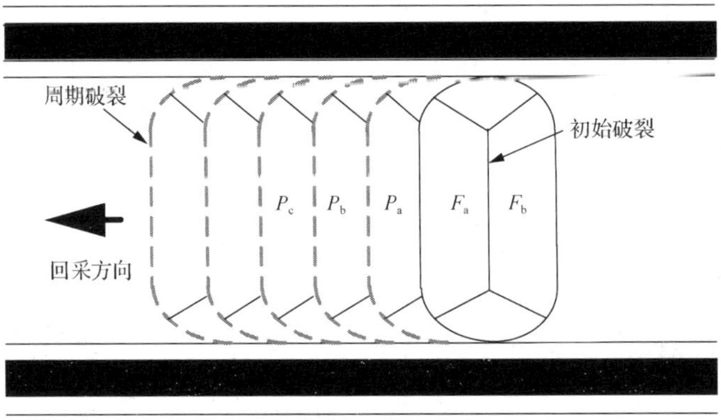

图 6.5　煤层顶板断裂板块结构图

工作面推进过程中，顶板岩层初次断裂形成 F_a、F_b 及周期断裂所成 P_a、P_b 等板块不断运动下沉继而触矸，触矸断块与悬露断块相互挤压而形成顶板断裂结构，未触矸的悬露板块即为结构中的关键块，顶板整体结构稳定性取决于关键块的运动，关键块缓慢下沉，则工作面来压相对较小，工作面支架上方主关键块滑落失稳是浅埋采场顶板切落和强烈矿压显现的直接诱因。

神东矿区浅埋煤层多为厚煤层，一次采全高割煤后，直接顶垮落带无法充满采空区，大采高开采工艺增大了顶板断块及上覆悬露岩层的可动空间。以浅埋煤层薄基岩单一关键层工况为例，基岩层上部为松散砂土层，离层后的悬露断块台阶结构特征十分明显，松散层载荷作用下断块失稳运动造成的来压强度远大于普通采场。采场来压时顶板控制的关键区域在工作面中部，利用平面模型分析关键块的运动规律是可行的，将基岩层上部松散层可简化为作用载荷，建立不同采动阶段近场断裂覆岩关键块力学结构模型。

薄基岩基本顶初次破断离层后断块在自重作用下回转运动，断块间相互挤压咬合，岩块端角处于面接触状态，接触面间的摩擦力和水平推力直接影响着断块失稳形式，断块内部主应力和边界水平应力分布特征对顶板结构稳定性定量分析至关重要。如图 6.6 所示，建立关键块对称压力拱结构力学模型，块体接触面水平应力 σ_x 分布符合如下公式[40]：

$$f(x)=\sigma_{\mathrm{m}}(-h)^{-b}(x-h)^{b} \tag{6.1}$$

式中，h 为端部水平应力区域分布高度，m；$f(x)$ 为水平应力边界分布函数，MPa；$0\leqslant b\leqslant 2$；x 为位置坐标，m；σ_{m} 为坐标 x=0 处的水平应力。

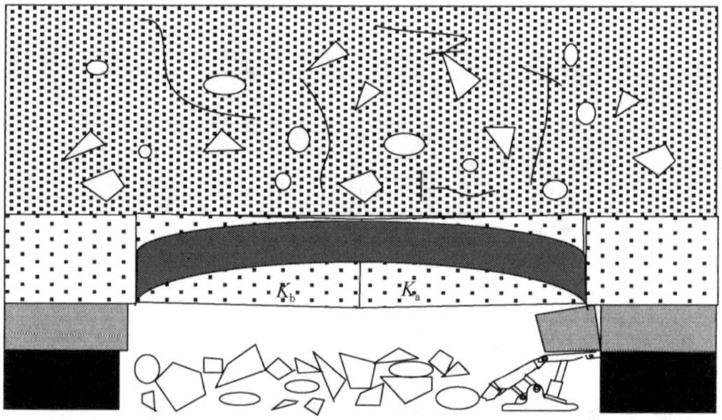

(a) 关键块结构示意图

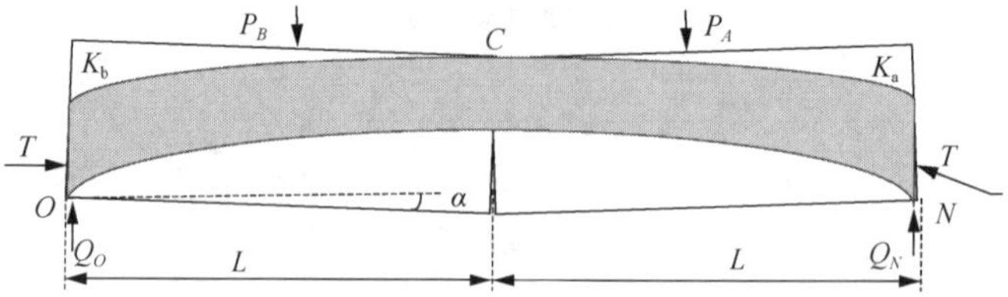

(b) 力学模型

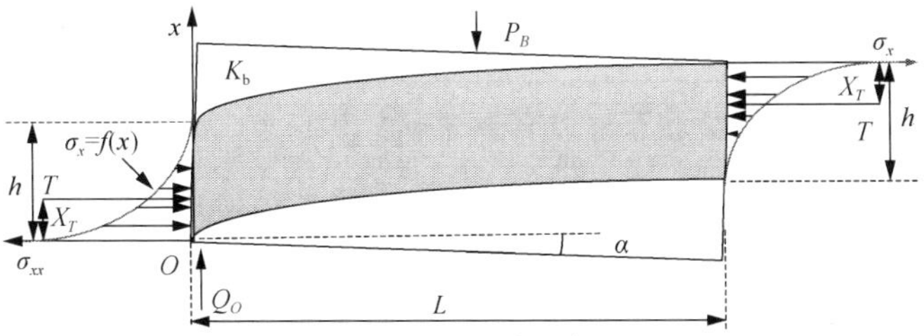

(c) 边界水平应力分布

图 6.6　初次断裂顶板对称压力拱结构

根据式(6.1)可知，边界水平压应力分布符合如下规律：b=0，应力均匀；b=1 应力呈线性递增分布；b=2，应力呈非线性递增分布。坐标原点 O 处(x=0)的水平压应力最大，根据函数 $f(x)$ 表示的水平应力分布规律，可得到接触面水平推力 T 和作用位置 X_T 分别为

$$T=\int_0^h \sigma_{\mathrm{m}}(-h)^{-b}(x-h)^b\,\mathrm{d}x=\frac{\sigma_{\mathrm{m}}h}{b+1} \tag{6.2}$$

$$X_T=\frac{1}{T}\int_0^h f(x)x\mathrm{d}x=\frac{h}{b+2} \tag{6.3}$$

考虑结构对称性，可认为两断块所受覆岩载荷和支撑力相等，即 $P_A=P_B=P$，假设块体接触面边界应力分布规律相同，水平推力均为 T，若关键块压力拱结构为平衡状态，对坐标原点 O 取力矩平衡 $\sum M_O=0$ 及竖向合力平衡 $\sum F_Y=0$，则有

$$Q_N(2L\cos\alpha+2H_{\mathrm{b}}\sin\alpha)-P(0.5L\cos\alpha+H_{\mathrm{b}}\sin\alpha)-P(1.5L\cos\alpha+H_{\mathrm{b}}\sin\alpha)=0 \tag{6.4}$$

$$Q_O+Q_N=2P \tag{6.5}$$

式中，Q_O 和 Q_N 为剪切力，N；L 为基本顶断块长度，m；H_{b} 为断块高度，m；α 为回转角，°；P 为断块承受载荷，MPa；γ 为岩石重度，kN/m^3；H_1 为上部载荷层厚度，m。

整理式(6.4)和式(6.5)，可得

$$Q_O=Q_N=\gamma L(H_{\mathrm{b}}+H_1) \tag{6.6}$$

断块 K_{a} 为工作面一侧主关键块，断块接触面间摩擦力 $T\tan\varphi$ 必须大于剪切力 Q_O，才能避免断块沿接触面产生滑落失稳，保证稳定对称压力拱结构形成，即 $\tan\varphi>Q_O$，将式(6.2)和式(6.6)代入不等式可得

$$\sigma_{\mathrm{m}}>\frac{\gamma L(b+1)(H_{\mathrm{b}}+H_1)}{h\tan\varphi} \tag{6.7}$$

式(6.7)可作为关键块对称压力拱结构稳定性判据。

2. 周期断裂岩层关键块台阶压力拱结构

随着工作面不断推进，基本顶产生周期性断裂，现场矿压观测及模拟试验表明，对工作面稳定性产生重要影响的运动板块是有限的[87]，只需对支护空间附近未触矸的关键块运移规律进行分析。图 6.7 为典型周期断裂顶板关键块台阶压力拱结构，工作面上方主关键块 K_a 的回转角 α_1 大于后方块体回转角 α_2，块体 K_a 上端部与邻近块体铰接咬合，在主关键块内形成压力半拱。后方块体 K_b 回转角较小，由于受水平推力和接触面剪切力共同作用，块体间相互挤压且不断滑动下沉而形成台阶结构。

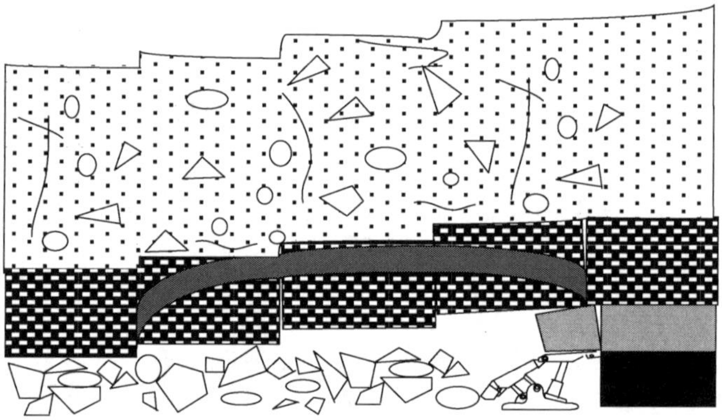

(a) 关键块结构示意图

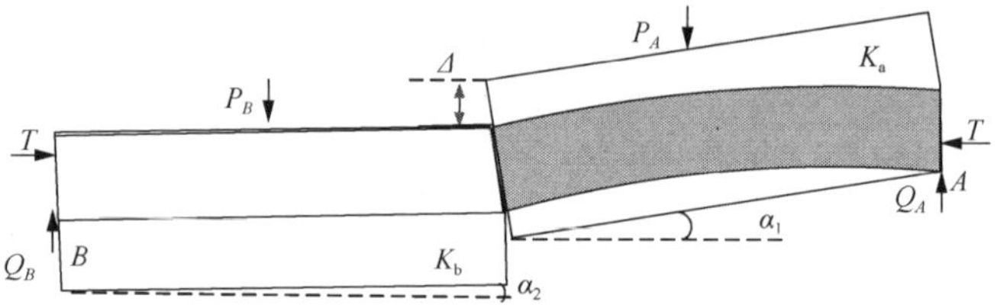

(b) 力学模型

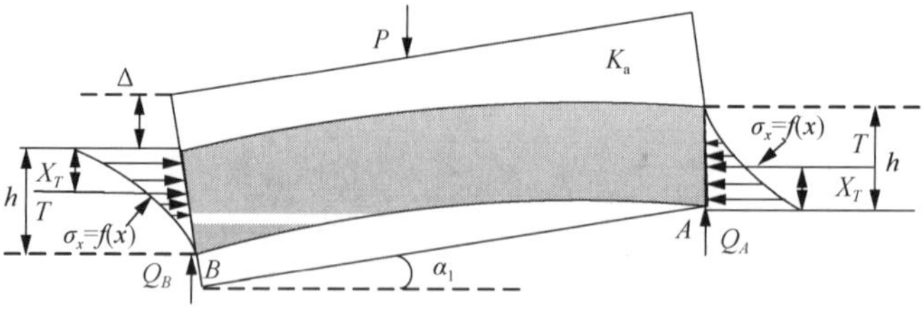

(c) 边界水平应力分布

图 6.7　典型周期断裂顶板关键块台阶压力拱结构图

对关键块 K_a 和 K_b 组合进行受力分析，对右铰点 A 取矩 $\sum M_A = 0$，且竖向合力 $\sum F_Y = 0$，令 $\sin\alpha_1 + \sin\alpha_2 = A_1$，$\cos\alpha_1 + \cos\alpha_2 = A_2$，整理方程可得

$$T(H_b - LA_1 - 2X_T - \varDelta) - P(1.5L\cos\alpha_1 + 0.5L\cos\alpha_2 + 2H_b\sin\alpha_1) + Q_B(LA_2 + H_b\sin\alpha_1) = 0 \tag{6.8}$$

$$Q_A + Q_B = 2P \tag{6.9}$$

由式(6.8)和式(6.9)可得

$$Q_B = \frac{P[0.5L(2\cos\alpha_1 + A_2) + 2H_b\sin\alpha_1] - T(H_b - LA_1 - 2X_T - \varDelta)}{LA_2 + H_b\sin\alpha_1} \tag{6.10}$$

$$Q_A = \frac{0.5PL(A_2 + 2\cos\alpha_2) + T(H_b - LA_1 - 2X_T - \varDelta)}{LA_2 + H_b\sin\alpha_1} \tag{6.11}$$

对于主关键块 K_a，若 $T\tan\varphi > Q_A$，$\tan\varphi$ 为接触面间摩擦系数，断块间摩擦力足以抵抗剪切力作用，保证压力拱结构形成，根据式(6.2)、式(6.3)及式(6.11)，整理可得

$$\sigma_m > \frac{0.5\gamma L^2(b+1)(\cos\alpha_1 + 3\cos\alpha_2)(H_b + H_1)}{h\left[L\tan\varphi(\cos\alpha_1 + \cos\alpha_2) + H_b(\sin\alpha_1\tan\varphi - 1) + L(\sin\alpha_1 + \sin\alpha_2) + \dfrac{2h}{b+2} + \varDelta\right]} \tag{6.12}$$

式(6.12)可作为关键块台阶压力拱结构稳定性判据。

3. *周期断裂岩层关键块回转压力拱结构*

图 6.8(a)为周期断裂顶板关键块回转压力拱结构示意图。该结构中各块体回转角近似相等，块体间水平推力足够大，以至于接触面间摩擦力可以抵抗剪切力作用，断块逐渐回转下沉运动而不产生滑落，回转压力拱结构具有承载能力并回采空间形成保护作用。

块体受力如图 6.8(b)所示，对左铰点 A 取矩 $\sum M_A = 0$，且竖向合力 $\sum F_Y = 0$，可得

$$T(H_b - 2L\sin\alpha - 2X_T) + Q_B(2L\cos\alpha + H_b\sin\alpha) - 2P(L\cos\alpha + H_b\sin\alpha) = 0 \tag{6.13}$$

$$Q_A + Q_B = 2P$$

由式(6.9)和式(6.13)可得

$$Q_B = \frac{P(2L\cos\alpha + 2H_b\sin\alpha) - T(H_b - 2L\sin\alpha - 2X_T)}{2L\cos\alpha + H_b\sin\alpha} \tag{6.14}$$

$$Q_A = \frac{2PL\cos\alpha + T(H_{\mathrm{b}} - 2L\sin\alpha - 2X_T)}{2L\cos\alpha + H_{\mathrm{b}}\sin\alpha} \tag{6.15}$$

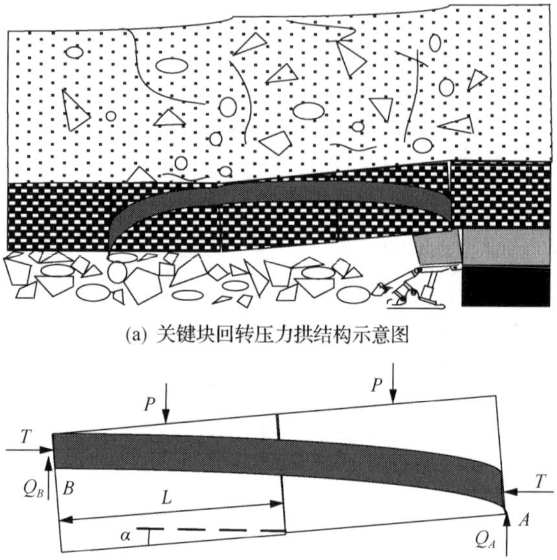

(a) 关键块回转压力拱结构示意图

(b) 力学模型

图 6.8　周期断裂顶板关键块回转压力拱图

该结构形成必须保证断块不产生滑落运动，即$T\tan\varphi > Q_A$，将式(6.2)、式(6.3)及式(6.15)代入不等式，整理可得

$$\sigma_{\mathrm{m}} > \frac{2\cos\alpha\gamma L^2(b+1)(H_{\mathrm{b}}+H_1)}{h\left[2L(\tan\varphi\cos\alpha+\sin\alpha)+H_{\mathrm{b}}(\tan\varphi\sin\alpha-1)+\dfrac{2h}{b+2}\right]} \tag{6.16}$$

式(6.16)可作为关键块回转压力拱结构稳定性判据。

6.2.2　关键块压力拱结构稳定性分析

1. 关键块对称压力拱结构稳定性

断块下沉运动过程中边界最大水平压应力需满足临界条件，压力拱结构才能避免滑落失稳，利用所得力学判据可以对近场覆岩关键块三种典型压力拱结构进行稳定性分析，讨论不同压力拱厚度条件下断裂结构保持稳定时边界水平应力所需达到的临界值。

利用式(6.7)力学判据对顶板初次断裂关键块对称压力拱结构进行稳定性分析，根据大柳塔 26114 工作面煤层平均埋深，H_{b}+H_1 取为 125m，基本顶岩层厚度

H 取为 15m，根据工作面初次来压步距，断块长度 L 取为 15m，回转角 α 取为 20°，摩擦系数 $\tan\varphi$ 取 0.5，覆岩重度为 25kN/m^3，抗压强度 σ_c 为 38.2MPa。

如图 6.9 所示，根据式(6.7)计算得到关键块对称压力拱稳定性判别曲线，横坐标 h_a/H_b 为压力拱厚度与断块高度之比，断块边界最大水平应力 σ_m 需达到纵坐标曲线值才能保证断块不产生滑落失稳，曲线以下为滑落失稳区域。

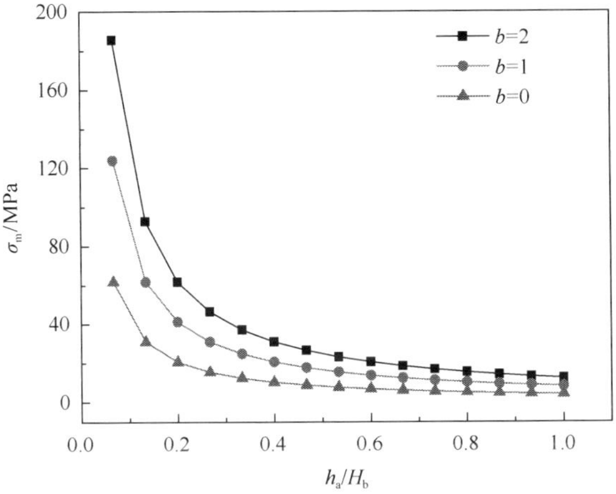

图 6.9　关键块对称压力拱结构稳定性曲线图

通过改变水平应力分布函数指数 b 取值，考虑断块边界水平应力均匀分布(b=0)、线性分布(b=1)和二次函数非线性分布(b=2)三种分布规律，分析可得出以下结论：

(1)断块边界最大水平应力 σ_m 达到曲线值且不超过岩石抗压强度时，关键块对称压力拱结构可以保持稳定；当边界水平应力非线性分布，压力拱厚度在 $0.1H_b$～$0.3H_b$ 范围内时，最大水平应力 σ_m 需达到 38.2MPa 才能保证结构不产生滑落失稳，此时 σ_m 已超过抗压强度 σ_c，断块端部将产生塑性破坏，促使断块回转下沉运动。

(2)断块边界水平应力非线性分布时，关键块对称压力拱结构不产生滑落失稳需要达到的水平应力最大，水平应力线性分布时次之；应力沿接触面均匀分布时，结构保持稳定所需达到的临界应力最小，则相同初始地应力条件下，边界水平应力非线性分布的对称压力拱断块更容易产生滑落失稳。

(3)曲线上的临界水平应力随压力拱厚度 h 增大而逐渐减小，当压力拱厚度在 $0.1H_b$～$0.3H_b$ 范围内时，临界水平应力下降趋势最明显，这表明当压力拱达到一定厚度时，断块避免滑落失稳不再需要极高的水平应力；同时，水平压应力的减小也降低了断块端部塑性破坏的程度，避免了断块产生回转变形失稳。

2. 关键块台阶压力拱结构稳定性

利用式(6.12)力学判据对顶板周期断裂关键块台阶压力拱结构进行稳定性分析，根据大柳塔 26114 工作面平均周期来压步距，断块长度 L 为 11m，台阶压力拱结构中工作面侧主关键块的回转角 α_1 为 20°，后方台阶断块回转角 α_2 为 3°，其他参数与关键块对称压力拱结构稳定性分析中相同。

如图 6.10 所示，计算得到关键块台阶压力拱结构稳定性判别曲线，断块边界最大水平应力 σ_m 需达到纵坐标曲线值才能保证断块不产生滑落失稳，曲线以下为滑落失稳区域。

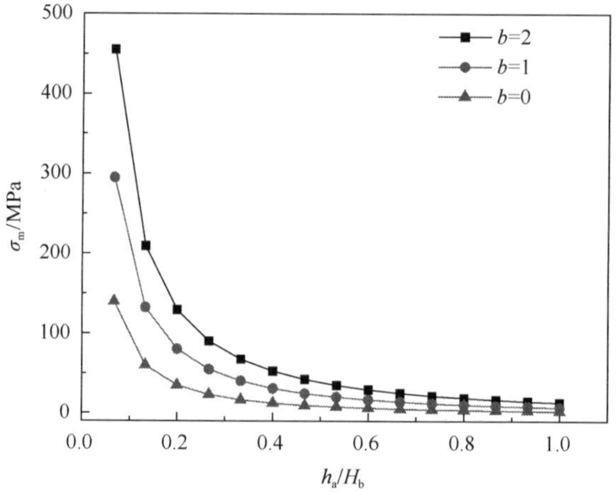

图 6.10　关键块台阶压力拱结构稳定性曲线图

考虑断块边界水平应力三种典型分布规律，分析可得出以下结论：

(1) 关键块台阶压力拱结构避免滑落失稳所需水平应力高于对称压力拱结构，断块边界水平应力非线性分布时，关键块台阶压力拱避免滑落失稳需要达到的临界水平应力最大，水平应力线性分布时次之；水平应力均匀分布时，临界水平应力最小，相同初始地应力条件下，边界水平应力非线性分布的台阶压力拱断块更易产生滑落失稳。

(2) 随着压力拱厚度减小，关键块台阶压力拱结构避免滑落失稳所需水平应力增大，曲线上的临界应力 σ_m 超过抗压强度 σ_c 时，块体端部会产生塑性破坏并造成断块回转变形失稳，形成小厚度压力拱的关键块结构不产生滑落失稳时，断块端部破坏程度更大。

(3) 压力拱厚度和边界水平应力满足判别曲线且临界应力 σ_m 不超过抗压强度 σ_c 时，关键块台阶压力拱结构可保持稳定；断块边界水平应力非线性分布条件下，压力拱厚度大于 $0.6H_b$ 时为稳定结构；水平应力线性分布条件下，压力拱厚度大于 0.4H_b 时为稳定结构；水平应力均匀分布条件下，压力拱厚度 h 大于 0.2H 时为稳定结构。

3. 关键块回转压力拱结构稳定性

利用式(6.16)力学判据对顶板周期断裂关键块回转压力拱结构进行稳定性分析，考虑回转压力拱结构关键块回转程度近似，回转角均取为 20°，其他计算参数与关键块台阶压力拱结构稳定性分析中相同。

如图 6.11 所示，计算得到关键块回转压力拱结构稳定性判别曲线，断块边界最大水平应力 σ_m 需达到纵坐标曲线值才能保证断块不产生滑落失稳，曲线以下为滑落失稳区域。

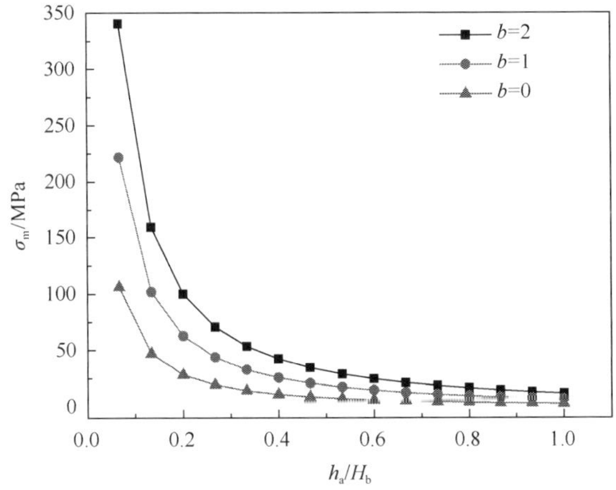

图 6.11　回转压力拱结构稳定性曲线图

考虑断块边界水平应力三种典型分布规律，分析可得出以下结论：

(1) 由于断块协同回转挤压作用，周期断裂关键块回转压力拱结构避免滑落失稳所需水平应力低于台阶压力拱结构，相同初始地应力和开采工况参数条件下，关键块回转压力拱结构滑落失稳可能性低于台阶压力拱结构。

(2) 断块边界水平应力分布特征对关键块回转压力拱结构稳定性具有影响，边界水平应力非线性分布条件下，结构避免滑落失稳所需达到临界水平应力更高；当临界应力 σ_m 超过抗压强度 σ_c 时，边界水平应力非线性分布的断块回转变形失稳的可能性更大。

(3) 随着压力拱厚度 h_a 减小，关键块回转压力拱结构避免滑落失稳所需水平应力增大，若临界应力 σ_m 不超过抗压强度 σ_c，则压力拱可以达到稳定厚度，关键块不产生滑落或回转变形失稳；断块边界水平应力非线性分布条件下，回转压力拱厚度大于 0.45H_b 时为稳定结构；水平应力线性分布条件下，回转压力拱厚度大于 0.35H_b 时为稳定结构；水平应力均匀分布条件下，回转压力拱厚度大于 0.15H_b 时为稳定结构。

6.2.3 回采过程压力拱结构模拟分析

1. 数值计算模型

以神东矿区上湾煤矿一盘区煤岩层赋存地质条件为依据，采用离散元 UDEC 软件对浅埋大采高采场顶板关键块压力拱结构失稳特征进行模拟分析。煤层厚度为 7m，大采高一次采全厚，直接顶厚度为 3m，基本顶厚度为 9m，重点分析近采场顶板岩层运移规律，基本顶以上覆岩厚度取 30m。

如图 6.12 所示，计算模型尺寸：长×高=450m×54m，上部边界载荷按埋深 70m 计算，模型底部边界垂直方向固定，左右边界限制水平方向。开切眼距模型左边界 50m，走向推进长度 350m。假定煤岩体材料符合莫尔-库仑强度准则，计算模型煤岩体物理力学参数，见表 6.1 所列内容。

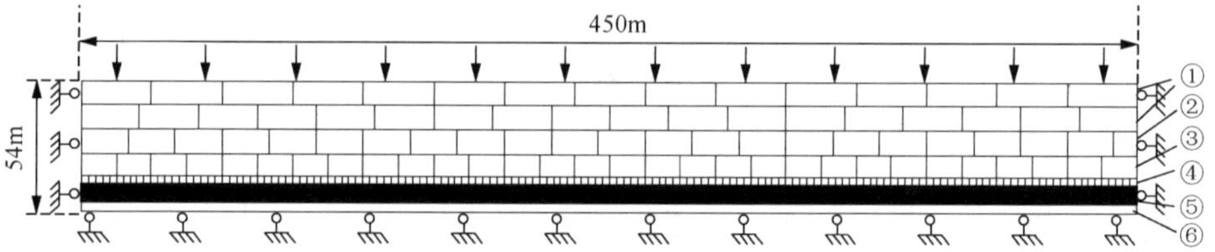

图 6.12　数值计算模型

①砂岩，②粗砂岩，③砂岩，④泥岩，⑤煤，⑥泥岩

表 6.1　煤岩体物理力学参数表

名称	重度 /(kN/m³)	弹性模量 /GPa	泊松比	黏聚力 /MPa	抗拉强度 /MPa	内摩擦角 /(°)
粗砂岩	24.3	35	0.23	5.5	4	33
砂岩	25.0	32	0.24	7.3	4.9	35
泥岩	22.4	23	0.15	2.5	1.7	30
煤	13.1	15	0.29	0.79	0.57	27
泥岩	24.6	26	0.22	3.9	2.5	38

2. 关键块对称压力拱结构

根据 51101 工作面回采进尺，模拟进程每次推进 10m，如图 6.13(a)所示，压应力为正，拉应力为负，煤层回采初始阶段，基岩层主应力具有明显的成拱效应。工作推进 30m 时，直接顶初次垮落，基本顶为对称应力拱结构，上覆多层基岩为宏观压力拱整体结构，顶板保持稳定。监测数据表明对称应力拱中部厚度小于两端部厚度，两端部边界最大水平应力 σ_m 分别为 1.72MPa 和 1.81MPa。

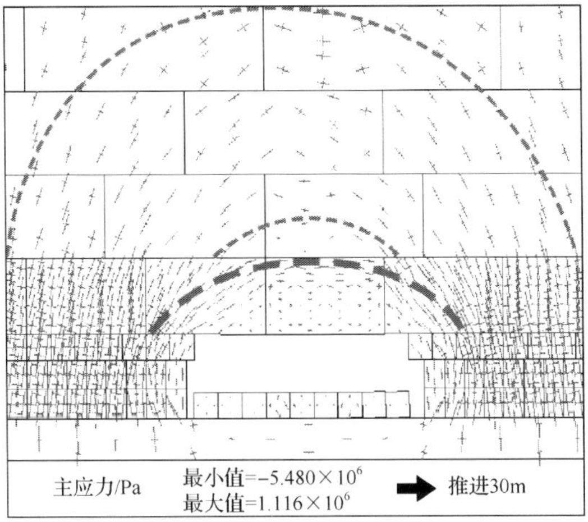

(a) 推进30m直接顶初次垮落

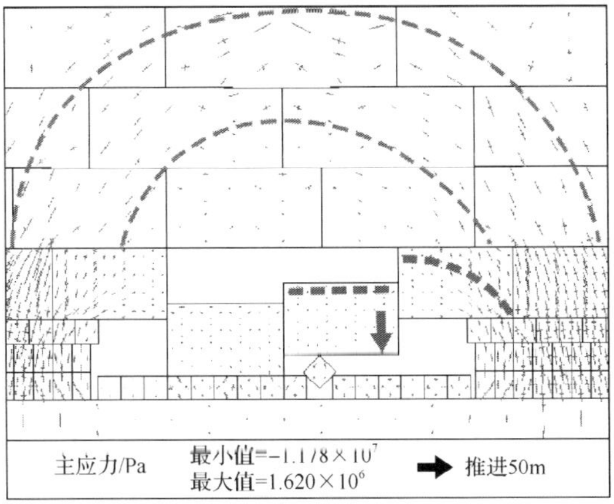

(b) 推进50m基本顶初次垮落

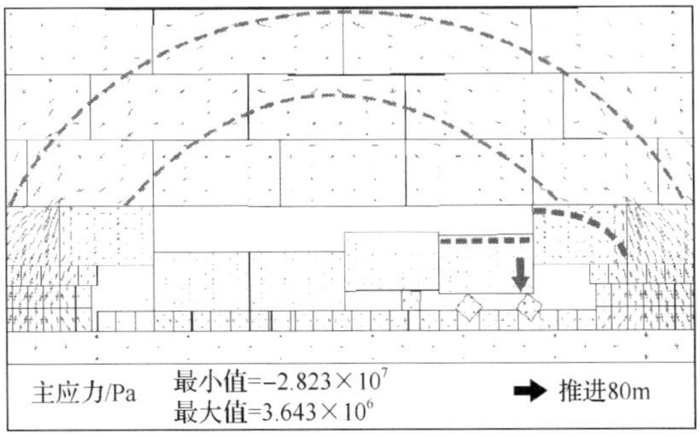

(c) 推进80m基本顶周期垮落

图 6.13　顶板关键块对称压力拱结构演化过程

工作面推进 50m 时，基本顶初次垮落，触矸断块与顶板主关键块形成半拱台阶结构，半拱右拱脚处水平应力为 2.41MPa，而触矸断块接触面水平应力最大值

σ_m仅为 0.41MPa。工作面推进 80m 时，基本顶产生周期性垮落，上覆基岩层主应力成拱效应明显减弱，两拱脚后移。

3. 关键块挤压拱结构

如图 6.14(a)所示，工作面推进 100m 时，上覆基岩层断裂失稳，多层覆岩构成的压力拱整体结构转化多个分层铰接拱结构，造成了工作面大周期来压，基本顶主关键块回转下沉程度较前两次小周期来压明显增大。工作面推进 110m 时，断裂基本顶形成多关键块挤压拱结构，右拱脚处最大水平应力 σ_m 为 26.9MPa，明显大于对称压力拱和台阶半拱结构中拱脚处的最大水平应力。工作面继续向前推进 10m 后，基本顶关键块结构产生失稳，主关键块沿煤壁滑落下沉 2.59m，工作面产生周期来压，此时主关键块接触面上 σ_m 为 7.56MPa。上覆基岩层逐渐形成挤压拱结构，覆岩处于稳定状态。

如图 6.15(a)所示，随着工作面继续推进，基本顶主关键块重新形成半拱结构，右拱脚处最大水平应力为 12.86MPa，推进 140m，后方断块滑落下沉并形成多断块台阶，推进 150m 时，关键块半拱台阶结构产生失稳，主关键块滑落下沉 2.87m，来压强度大于挤压拱结构失稳来压。

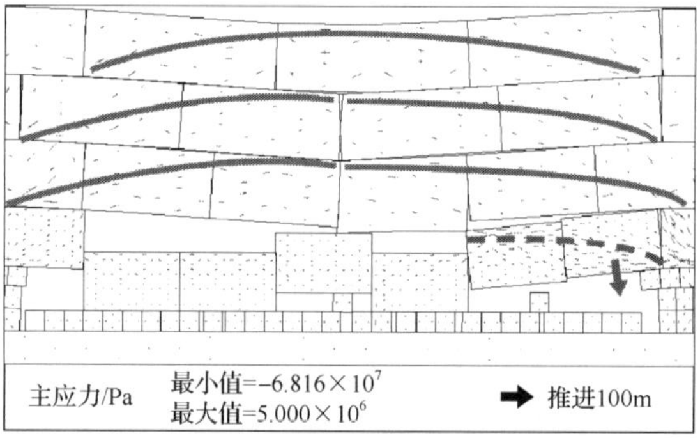

(a) 推进100m大周期来压

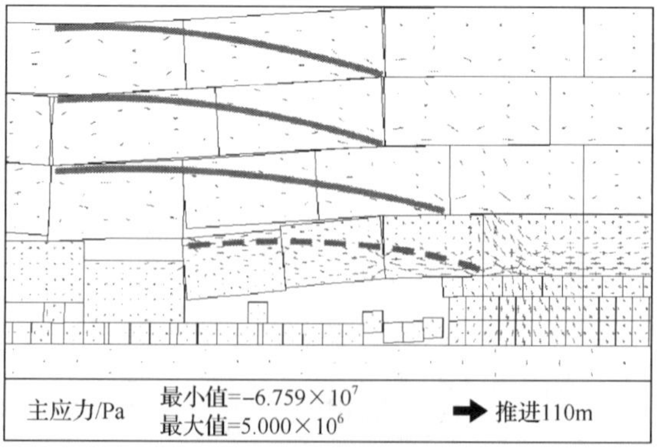

(b) 推进110m挤压拱结构

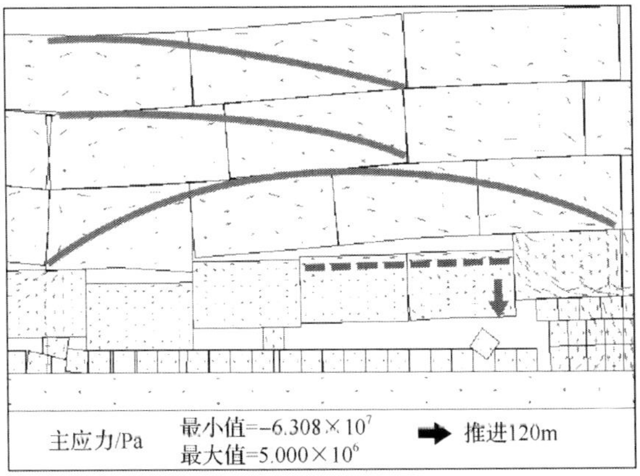

(c) 推进120m主关键块失稳

图 6.14　顶板多关键块挤压拱结构演化过程

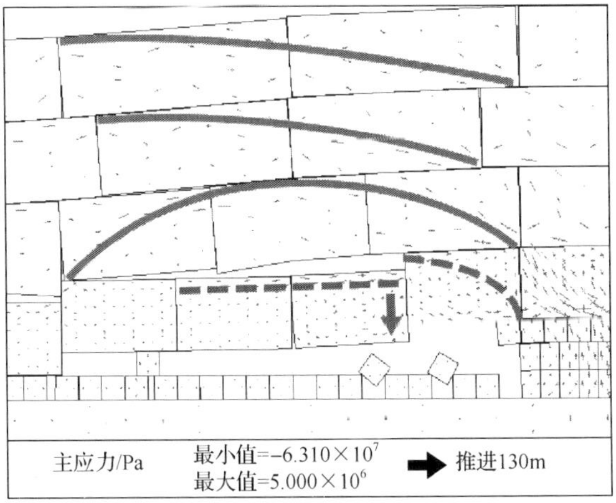

(a) 推进130m半拱结构形成

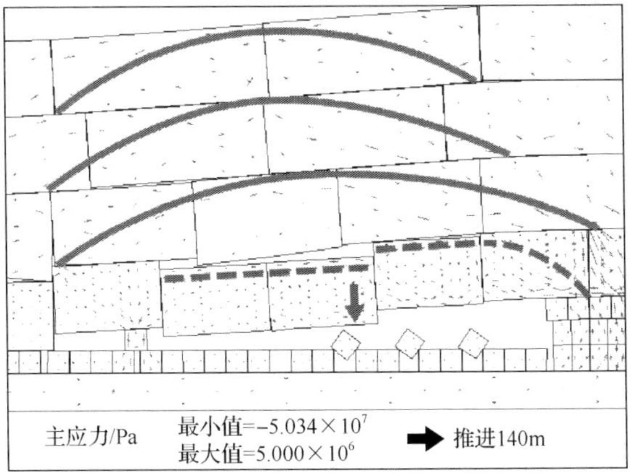

(b) 推进140m台阶半拱结构

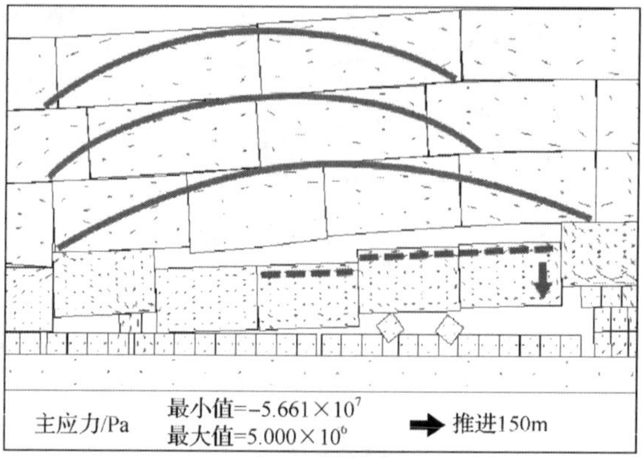

(c) 推进150m主关键块失稳

图 6.15　顶板多关键块半拱台阶结构演化过程

6.3　采场覆岩复合压力拱演化特征

6.3.1　构建数值计算模型

为分析不同采动阶段覆岩复合压力拱演化特征及基岩厚度和岩层层位影响效应，根据神东矿区大柳塔煤矿 2^{-2} 和上湾煤矿 1^{-2} 煤层上覆岩层及松散层赋存条件，采用离散元 UDEC 软件建立数值计算模型，构建基载比为 1.1 的多层位薄基岩厚松散层和基载比为 0.1 的多层位厚基岩薄松散层两种工况数值计算模型，分别如图 6.16 和图 6.17 所示。

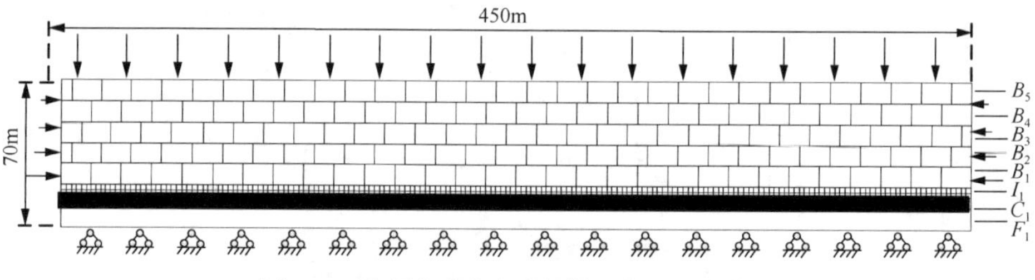

图 6.16　多层位薄基岩厚松散层数值计算模型

(B_1, B_2, B_4-砂岩；I_1-泥岩；C_1-煤；B_3, B_5, F_1-粉砂岩)

大柳塔煤矿 2^{-2} 煤层基岩层厚度为 13.1～50.4m，基岩以上黄土及风积沙松散层厚度为 80～105m。如图 6.16 所示，数值计算模型尺寸为长×高=450m×70m。煤层(C_1)厚度为 5m，每次模拟开采煤层全部厚度，煤层底板(F_1)岩层厚度 10m，底板岩层无虚拟节理，直接顶(I_1)岩层厚度为 5m，直接顶岩层中部沿水平方向设置一条虚拟节理、垂直方向虚拟节理间距为 2.5m，虚拟块体高长比为 1.0，直接顶以上为 5 层相同厚度岩层(B_1～B_5)，单层覆岩厚度为 10m，岩层竖向虚拟节理间距为 15m，虚拟块体高长比为 0.67。基岩层以上 60m 松散层以施加于模型顶部的 0.9MPa 载荷代替。

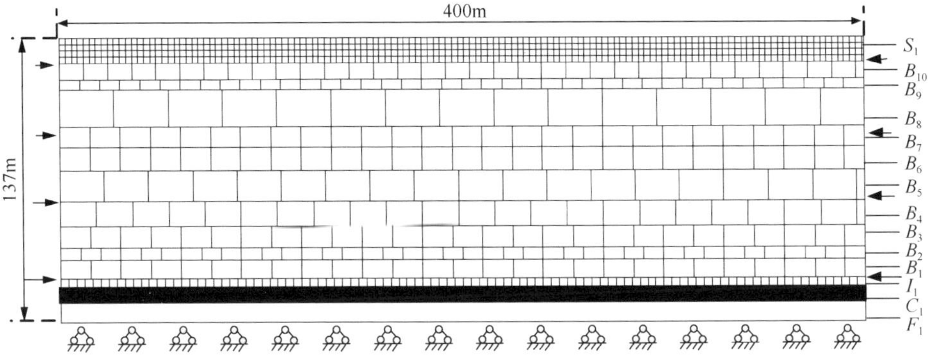

图 6.17　多层位厚基岩薄松散层数值计算模型

S_1-砂土松散层；B_2，B_4，B_5，B_7，B_9-砂质泥岩；B_3, B_6-粗砂岩；B_1, B_8-砂岩；I_1-Mudstone；C_1-煤；B_9, F_1-粉砂岩

模拟开采工作面开切眼距离左边界 50m，每次推进 10m。模型底部边界垂直方向固定，左右边界施加渐变水平应力以匹配初始水平应力，模型底部为固定边界，在直接顶以上每层岩层(B_1～B_5)布置 4 条等间距水平监测线，各监测线间距 2.5m，监测岩层应力场及位移场变化规律。假定煤岩体材料强度符合莫尔-库仑强度准则。计算模型煤岩层材料物理力学参数见表 6.2。

表 6.2　采场煤岩层物理力学参数表

岩性	重度 /(kN/m^3)	弹性模量 /GPa	泊松比	黏聚力 /MPa	抗拉强度 /MPa	内摩擦角 /(°)
砂岩	25.00	32	0.24	7.30	4.90	35
泥岩	22.40	23	0.15	2.50	1.70	30
煤	13.10	15	0.29	0.79	0.57	27
粉砂岩	24.60	26	0.22	3.90	2.50	38

上湾煤矿一盘区 1^{-2} 煤层基岩厚度为 73.0～148.3m，平均厚度为 102.1m。基岩层以上风积沙和黄土松散层厚度为 0.8～23.85m，平均厚度为 13.37m。以基岩厚度 108m、松散层厚度 12m 为例，如图 6.17 所示，计算模型尺寸长×高为 400m×137m，对浅埋煤层采动厚基岩近场及远场复合压力拱演化特征进行模拟分析。模型上部为自由边界，左右边界施加渐变水平应力以匹配初始水平应力，模型底部为固定边界，考虑工作面沿最小水平主应力方向推进情况，初始侧压系数为 0.5。开切眼距模型左边界 50m，模拟走向推进长度 300m。在每层基岩(B_1～

B_{10}）内布置三条等间距水平监测线，以获得覆岩中应力场与位移场变化规律。

如图 6.17 所示，煤层（C_1）厚度为 7m，每次模拟开采煤层全部厚度，煤层底板（F_1）岩层厚度为 10m，底板岩层无虚拟节理；直接顶（I_1）厚度为 4m，直接顶内水平方向无虚拟节理，垂直方向虚拟节理间距为 4m，虚拟块体高长比为 1.0；基本顶（B_1）厚度为 9m，基本顶内水平方向无虚拟节理，垂直方向虚拟节理间距为 15m，虚拟块体高长比为 0.6。基本顶以上基岩层（B_2～B_{10}）厚度为 95m，各岩层垂直方向虚拟节理为 12～27m，虚拟块体高长比为 0.5～0.67；地表砂土松散层（S_1）厚度为 12m，砂土松散层水平方向水平方向和垂直方向虚拟节理间距均为 3m，虚拟块体高长比为 1.0。假定煤岩体材料强度符合莫尔-库仑强度准则。煤岩体物理力学参数见表 6.3。

表 6.3 厚覆岩计算模型材料力学参数表

岩性	重度 /(kN/m^3)	弹性模量 /GPa	泊松比	黏聚力 /MPa	抗拉强度 /MPa	内摩擦角 /(°)
砂土层	15.0	0.08	0.32	0.1	0.04	26
砂质泥岩	24.0	29	0.23	3.7	2.1	32
粗砂岩	24.3	35	0.21	5.5	4.0	33
砂岩	25.0	32	0.24	7.3	4.9	35
泥岩	22.4	23	0.15	2.5	1.7	30
煤	13.1	15	0.29	0.79	0.57	27
粉砂岩	24.6	26	0.22	3.9	2.5	38

6.3.2 薄基岩复合压力拱演化特征

根据多层位薄基岩数值模型计算结果中的最大主应力云图，分析不同采动阶段近场及远场复合压力拱演化特征。如图 6.18(a)所示，工作面推进 80m 时，煤层开采处于非充分采动阶段，与单一关键层工况条件相比，当煤层上覆基岩厚度增大且层位增多时，近场及远场覆岩形成复合压力拱，采空区下位近场悬露覆岩主应力增大区形成对称压力拱，最大主应力峰值保持在 10MPa 左右，悬露岩层所承担载荷通过压力拱作用由跨中传递至采空区两侧远场覆岩，采空区上位远场悬露覆岩与采空区两侧未采动覆岩形成远场压力拱。

如图 6.18(b)所示，工作面推进 150m 时，煤层开采进入充分采动阶段，采空区范围内覆岩跨中区域全部触矸压实，最大主应力峰值增大至 40MPa 以上，下位近场覆岩基本顶滑落触矸后形成台阶压力拱结构，工作面侧顶板断块内形成压力拱前拱脚，后拱脚位于触矸压实区。基本顶以上各层位覆岩形成独立对称压力拱，悬露岩层载荷通过近场压力拱结构拱脚向空区两侧远场覆岩围岩传递，远场覆岩压力拱内形成主应力连续集中带。

如图 6.18(c)所示，工作面推进 190m 时，工作面侧多层位覆岩主应力重新分布并形成回转压力拱结构，采空区悬露覆岩内形成压力拱前半拱，前拱脚位于煤壁侧岩层内，采空区后方压力拱压实区岩层形成回转压力拱后半拱，多层位回转压力拱结构具有自承载能力，对基本顶台阶压力拱形成保护，同时远场覆岩压力拱后拱脚转移至冒落压实区岩层内。

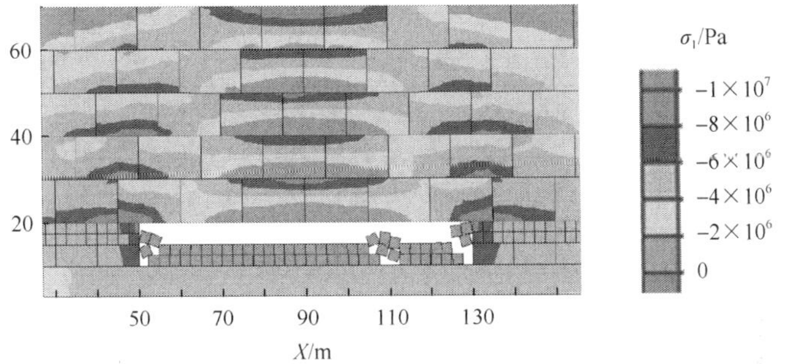

(a) 非充分采动阶段(推进80m)

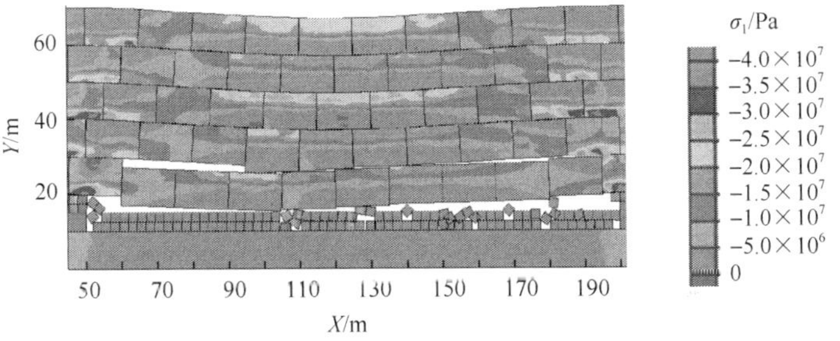

(b) 充分采动阶段(推进150m)

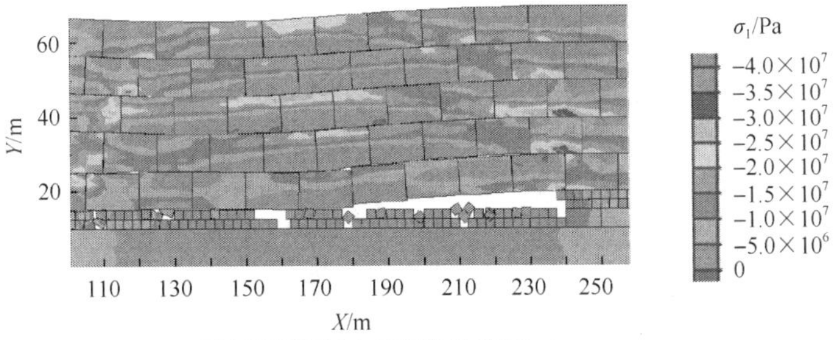

(c) 工作面侧远场压力拱转移(推进190m)

图 6.18　薄基岩复合压力拱演化过程图

6.3.3　厚基岩复合压力拱演化特征

根据多层位厚基岩数值模型计算结果中的最大主应力云图，分析不同采动阶段近场及远场复合压力拱演化特征。如图 6.19(a)所示，工作面推进 90m 时，煤层开采处于非充分采动阶段，下位近场覆岩基本顶为台阶压力拱结构，基本顶以上各悬露岩层形成对称压力拱，悬露覆岩载荷通过近场覆岩压力拱向远场未采动覆岩传递，采空区两侧围岩形成远场压力拱，主应力峰值位于压力拱两拱脚内。

随着煤层采动持续进行，采空区跨中区域悬露岩层下沉并触矸压实，以跨中压实区岩层为界限将采空区覆岩分为工作面侧和切眼层两部分，如图 6.19(b)所示，工作面推进 240m 时，工作面侧近场覆岩下位基本顶岩层断块为台阶压力拱结构，采空区中位近场覆岩形成回转压力拱，上位远场覆岩为对称压力拱结构，上位缓沉带覆岩承担了地表松散层载荷并向远场覆岩传递，同时近场断裂带覆岩载荷通过压力拱作用传递至近场压力拱拱脚并在远场覆岩内形成整体压力拱。

如图 6.19(c)所示，近场上位对称压力拱岩层下沉压实后，采动覆岩复合压力拱分布特征再次产生改变，工作面推进 300m 时，上位对称压力拱岩层全部压实，工作面侧近场采动覆岩形成多层位回转挤压拱结构，对称压力拱跨中压实岩层转变为新形成的回转压力拱后拱脚。该阶段回转压力拱为近场覆岩主要承载结构，悬露岩层载荷由回转压力拱结构传递至采空区两侧稳定岩层，远场压力拱后拱脚由切眼侧未采动覆岩转移至冒落带压实区，前拱脚仍位于工作面侧未采动远场覆岩内。

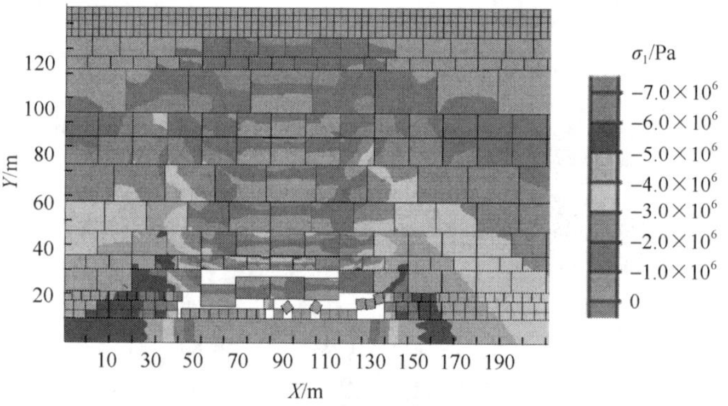

(a) 非充分采动阶段(推进90m)

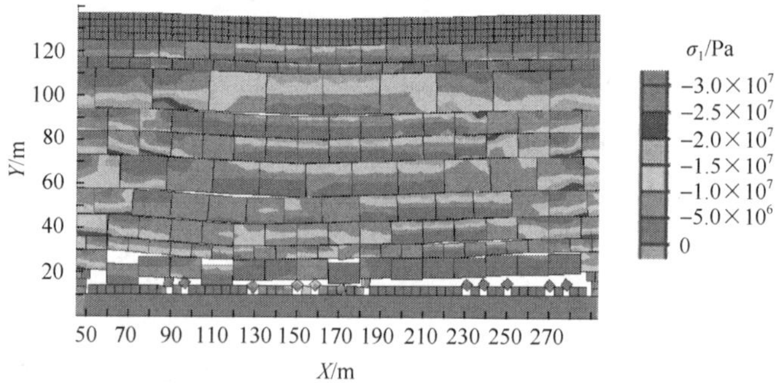

(b) 充分采动阶段(推进240m)

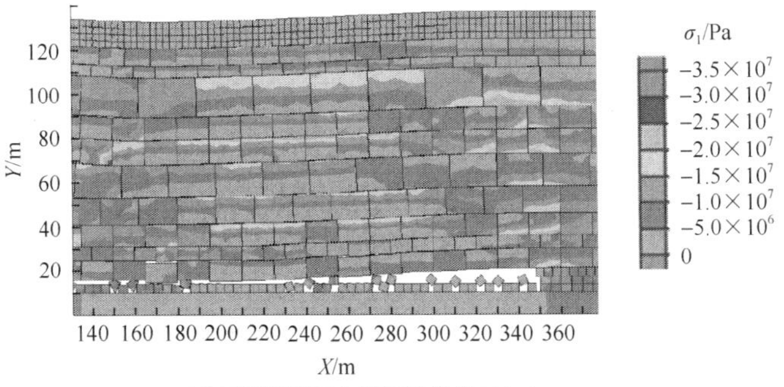

(c) 工作面侧远场压力拱转移(推进300m)

图 6.19　厚基岩复合压力拱演化过程图

6.4　采场覆岩破断压力拱演化试验

6.4.1　伺服控制相似模拟实验台

相似模拟是根据苏联学者库兹涅佐夫提出的相似理论，在此基础上进行的室内物理试验，用于分析开挖扰动引起的煤岩层变形垮落过程[88]，在研究工程岩体运移规律及力学机理方面有独特优势，被应用于矿山开采及隧道工程等领域[89]，也在浅埋煤层长壁开采覆岩响应机制和采场围岩压力平衡拱应力状态研究中得到使用[90]。

薄基岩煤层工作面来压具有明显动载现象，基岩破断沿全厚切落，造成工作面台阶下沉[91]。随基岩厚度增大，工作面台阶下沉减小或消失，来压历时变长，支架动载减小，矿压显现接近于普通工作面。破断岩块受侧向水平挤压力作用形成稳定砌体梁结构，承担上部载荷并对下部岩层形成保护，减少作用于支护装备上的载荷[92]。浅埋煤层基岩厚度影响着覆岩结构及来压规律，不同采动阶段近场覆岩各类断裂结构演化及重组特征值得关注，同时覆岩压应力成拱机制对覆岩结构稳定性也有重要影响。

以神东矿区大柳塔煤矿薄基岩煤层和上湾煤矿厚基煤层开采为工程背景，利用相似材料模拟对典型薄基岩和厚基岩两类煤层开采覆岩运移规律和应力分布特征进行分析，得出各采动阶段覆岩结构特征和主应力分布规律，验证力学模型解析分析及数值模拟结果的可靠性。

相似模拟试验是矿山开采领域进行科学研究的主要技术手段之一，神东矿区浅埋煤层开发中完成的大比例相似模拟试验，对于人们掌握矿压显现规律提供了帮助，有利于指导现场实践[93]。该试验采用河南省地下工程及灾变防控重点实验室自主研发的组合式多功能伺服控制加载相似模拟实验台。该实验台主要由结构与功能相同的两套加载装置组合而成，每套加载装置主要由底座、顶梁和左右侧梁、一套液压伺服控制加载系统和一个相似实验材料充填槽组成。该实验台克服了传统相似模拟试验非线性应力边界加载的不足，借助单套或双套加载装置顶部及两侧的液压伺服控制加载系统分别施加不同的应力边界条件，不仅能够实现煤层开采、边坡工程开挖等平面相似材料模型非线性控制加载试验，而且能够进行隧道工程开挖与支护过程三维效应的非线性控制加载试验研究。

多功能伺服控制加载相似模拟实验台由两组相互独立的平面模型加载架组成，各组架既可以单独进行平面相似模拟试验，也可以组合后进行立体相似模拟试验，加载架尺寸为 3.565m×0.640m×2.915m。如图 6.20 所示，试验加载架底座设置有左右侧梁，左右侧梁之间设置有相似试验材料充填槽，左右侧梁顶部设置有顶梁，左右侧梁与顶梁间连接采用螺栓加固，在单套加载装置靠近底座的相似实验材料充填槽的左右侧梁上，前后对称安装槽钢。

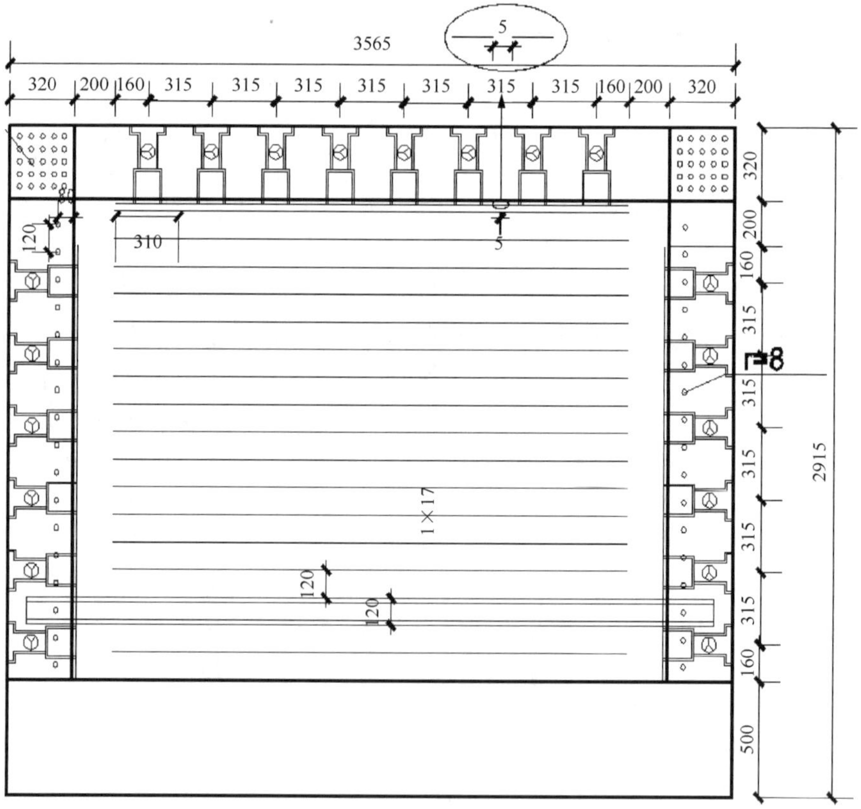

图 6.20　相似模型加载架设计图(单位：mm)

如图 6.21 所示，依靠侧向加载架和顶部液压系统分别独立施加非线性载荷，加载量程为 0.1～100kN，液压伺服控制加载系统包括设置在顶梁上的 8 个独立的液压千斤顶和对称布置在左右侧梁上的 12 个独立的液压千斤顶，液压千斤顶分别施加不同的顶部和侧向应力，以模拟不同应力场的工况。该系统可完成采矿工程、隧道工程以及边坡工程等物理模型试验，还可以进行围岩与支护相互作用的相似模拟试验。

图 6.21　伺服控制加载系统

6.4.2　相似模拟试验相似比设计

根据矿山压力的相似模拟试验相似定律[88]，确定模型各项相似比如下：

1) 几何相似比

几何相似比为 1/100，选取工程原型沿走向长度 275m、倾向长度 30m，所以两个模型尺寸均为长 275cm、宽 30cm，模型 I 和模型 II 的高度分别为 76cm 和 120cm。

2) 密度相似比

原型岩层平均密度为 2.5g/cm^3，模型材料干密度为 1.6g/cm^3。

$$\alpha_\rho = 1.6/2.5 = 0.64$$

3) 应力与强度相似比

$$\alpha_\sigma = \alpha_\rho \times \alpha_L = 0.0064$$

4) 时间相似比

由于几何相似比为 $\alpha_L = 1/100$，所以时间相似比为 $\alpha_t = \sqrt{\alpha_L} = 1/10$，现场工

作面作业每班 8h，割煤 6 刀，进尺为 4.8m，则在模型上为每 1h 推进 6cm，从距模型左边界 50cm 处开挖，共推进 175cm。

6.4.3　模拟试验方案及材料配比

1. 相似模拟模型设计

相似材料模型 I 以大柳塔煤矿 2^{-2} 煤层开采为工程背景，如图 6.22 所示，模拟煤层厚度为 5m，底板岩层厚度为 16m，上覆岩层厚度为 54m，覆岩以上 90m 松散层以 11.6kN 外载代替，考虑开采工作面沿最大水平主应力方向推进工况，侧压系数为 1.5，模型侧向千斤顶施加 1.94～3.52kN 非线性侧向力进行加载，模拟 0.022～0.039MPa 水平应力。

图 6.22　薄基岩相似模拟模型图

相似材料模型 I 的铺设尺寸为 275cm×30cm×76cm，工作面开切眼距离左边界 50cm，每次推进 6cm，共推进 175cm。

模型 II 以上湾矿 1^{-2} 煤层开采为工程背景，如图 6.23 所示，模拟煤层厚度为 7m，底板岩层厚度为 16m，上覆岩层厚度为 97m，模型上部施加 5.3kN 外载代替 40m 松散层。

为对比分析模型 I 工作面沿最大水平应力方向推进工况，模型 II 模拟考虑沿最小水平主应力方向推进工况，侧压系数为 0.5，模型侧向千斤顶施加 0.3～1.15kN 非线性侧向力进行加载，模拟 0.003～0.026MPa 水平应力。相似材料模型 II 的铺设尺寸为 275cm×30cm×120cm，工作面开切眼距离左边界 50cm，每次推进 6cm，共推进 175cm。

图 6.23　厚基岩相似模拟模型图

2. 相似模拟试验研究内容

不同采动阶段近场覆岩结构处于动态演化过程，采场基岩厚度影响着岩层结构承载能力，为揭示不同基岩厚度浅埋煤层采动近场覆岩结构动态演化特征及围岩应力响应，相似模拟试验主要研究内容包括：

(1) 浅埋煤层采动近场覆岩结构特征及基岩厚度效应；

(2) 掌握不同采动结构覆岩结构重组演化特征；

(3) 测定工作面前后及空区上部岩层主应力分布规律及影响范围。

3. 相似试验材料配比及抗压强度测试

相似模拟材料选择、各项配比对模拟煤岩层的物理力学性质有关键影响，由于模拟对象主要为煤系沉积岩地层，由骨料及胶结物构成的相似材料可以满足沉积岩力学特性[94]，模拟试验选用粒径小于 0.05mm 的细粒河沙为骨料；由于石膏、碳酸钙具有脆性破坏的特点，选用石膏为主要胶结材料，碳酸钙为辅助胶结材料，并用云母粉模拟岩层间软弱面。由于石膏材料凝固胶结速度较快，在相似材料中加入少量硼砂作为缓凝剂，加水配成浓度为 1%的溶液。

煤层采场覆岩变形破坏过程中基本作用力为压力和拉力，同时满足所有指标的相似试验较困难。相似材料配比时单轴抗压强度为主要强度指标[95]，为保证相似模拟试验材料配比可靠性，首先按照配比号 337、455、573 及 673(配比号首位数字代表砂胶比，第二、三位数字代表两种胶结物的比例) 称取少量河沙、石灰及石膏，加入硼砂水溶液，制作圆柱试样，试样尺寸为直径×高=50mm×100mm。如图 6.24 所示，在伺服压力试验机上进行试样单轴抗压试验，以配比号 337 试样为例，加载 83s 后受压试样产生破坏，试样峰值强度为 0.48MPa。

(a) 试样破坏前

(b) 试样破坏后

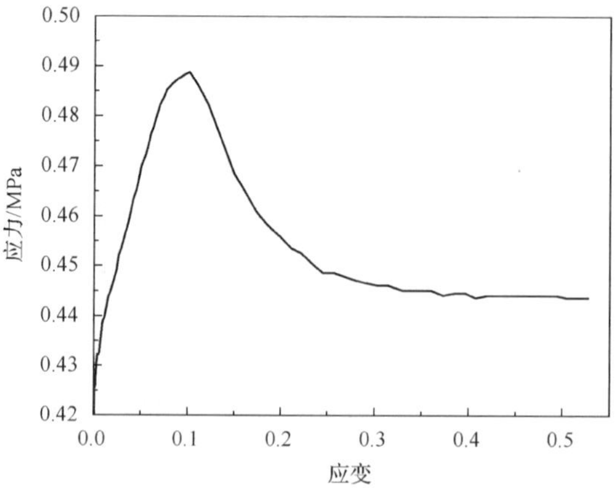

(c) 应力-应变曲线

图 6.24　相似材料试样破坏前后效果及其应力-应变曲线

根据神东矿区煤岩层力学参数，大柳塔矿地层形成主要集中于侏罗纪时期，岩层主要为砂岩、泥岩、砂质泥岩，2^{-2}煤层顶板岩层以粉砂岩和细砂岩为主，岩层强度值较大，单轴抗压强度为 22.13～48.38MPa，根据相似比确定了相似模拟材料力学参数。

模型 I 根据大柳塔煤矿 2^{-2} 煤层上覆岩层赋存情况，按几何相似比计算出模型各层厚度及材料重量，模型 I 材料相似配比如表 6.4 所示。

表 6.4　模型 I 材料相似配比表

序号	岩性	厚度/cm	分层	配比号	质量/kg			
					砂	石灰	石膏	水
1	粗砂岩	10	2	355	122.5	7.4	17.1	14.8
2	泥岩	8	2	437	107.5	8.2	18.9	13.4
3	砂质泥岩	3	2	537	42	2.6	5.9	5
4	细砂岩	9	3	337	113.3	11.4	26.3	15.2
5	粉砂岩	20	3	328	252	17	67	33.6
6	泥岩	4	2	437	53.8	4.1	9.4	6.7
7	煤	5	1	573	78.3	10.9	4.7	9.4
8	粉砂岩	16	4	328	201.6	13.6	53.6	26.9

模型 II 根据上湾煤矿 1^{-2} 煤层上覆岩层赋存情况，按几何相似比和强度相似比计算出模型各层厚度及材料重量，模型 II 材料相似配比如表 6.5 所示。

表 6.5　模型 II 材料相似配比表

序号	岩性	厚度/cm	分层	配比号	质量/kg			
					砂	石灰	石膏	水
1	砂质泥岩	7	2	537	98	5.9	13.7	11.8
2	粗砂岩	8	2	355	110.8	16.8	16.8	13.4
3	细砂岩	7	2	337	88.2	8.9	20.5	11.8
4	粉砂岩	10	3	328	126	8.5	33.5	16.8
5	中砂岩	14	3	455	188.2	23.5	23.5	23.5
6	粗砂岩	7	2	355	97	14.7	14.7	11.7
7	砂质泥岩	4	1	537	56	3.4	7.8	6.7
8	细砂岩	15	4	337	189	19	44	25.3
9	粉砂岩	8	2	328	100.8	6.8	26.8	13.5
10	泥岩	5	2	437	67.2	5.1	11.8	8.4
11	细砂岩	8	2	337	100.8	10.2	23.4	13.4
12	砂质泥岩	4	1	537	56	3.4	7.8	6.7
13	煤	7	2	573	109.6	15.3	6.6	13.2
14	粉砂岩	16	4	328	201.6	13.6	53.6	26.9

4. *岩层位移及应力监测*

相似模拟试验通过观测不同采动阶段岩层位移情况，研究采场覆岩运移规律，全站仪测量是相似模拟试验中研究覆岩位移变化的一种实用高效的方法[96]。本次试验使用 CTS-622 全站仪观测煤层采动过程所布测点空间坐标变化情况，仪器测角精度为±2"，测距精度为±$(2+2\times10^{-6}D)$ mm，满足相似模拟试验测量精度的要求，可准确获得各测点不同采动阶段位移坐标值，计算可得各测点水平位移及垂直位移，反映煤层采动过程中覆岩运移规律。

在模型Ⅰ材料表面布置竖向 5 条、横向 13 条垂直正交位移监测线，在模型Ⅱ材料表面布置 8 条位移监测线，横向测线间距 10cm，竖向测线间距 15cm。测线交点为位移观测点，观测点上布置徕卡钻石膜反光片，反光片标准模式测量精度为 2mm+2ppm。使用全站仪测量所布测点空间坐标，以求得测点采动岩层位移量。

试验应力数据监测及采集系统主要由计算机、TST-3822 应变仪分析系统、高灵敏度单元主应变传感器组成，模型内主应力的监测是通过主方向应变传感器获取。如图 6.25(a)所示，单元应变计由 3cm×3cm×3cm 聚氨酯立方体制作而成，在立方体对角相邻的三个面上粘贴三个 45°应变花，在其他面沿水平方向和竖直方向粘贴相互垂直的单片应变片，应变花规格为 BX120-3CA 型(敏感栅尺寸为 3mm×2mm)。多次试验表明，该主方向传感器具有良好的弹性，在模型内可随相似材料变形而产生相应弹性变形[97]，利用应变仪分析系统可以自动计算出水平应力、垂直应力、主应力大小及主应力方向角度。

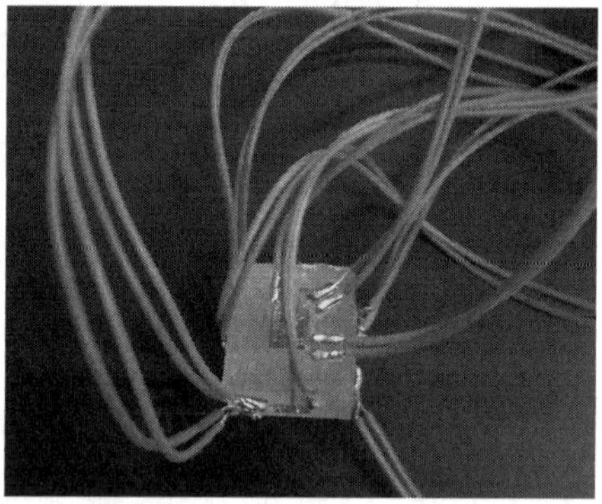

(a) 单元应变计

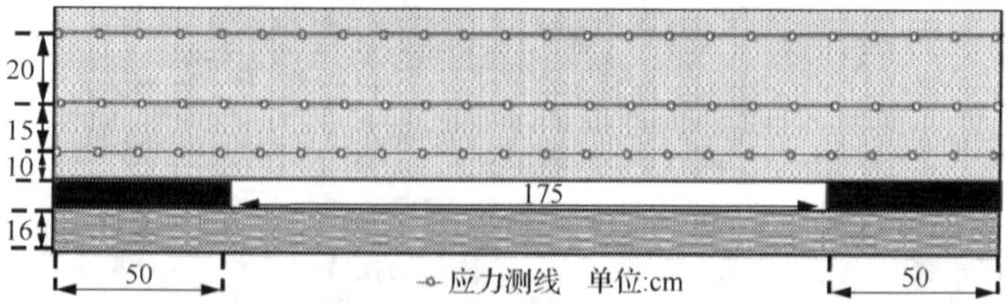

(b) 模型Ⅰ应力测线

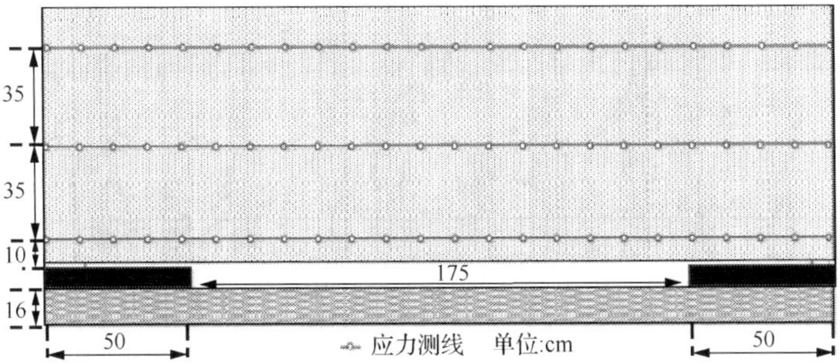

(c) 模型Ⅱ应力测线

图 6.25　主应变传感器及测线布置示意图

如图 6.25(b)所示，在模型Ⅰ中距离煤层 10cm、25cm、40cm 处设置应力监测线，各传感器水平方向间距 10cm，使用应变仪分析系统实时监测模型材料主应力变化规律。如图 6.25(c)所示，在模型Ⅱ中距离煤层顶部 10cm、45cm、80cm 设置应力监测线，埋设相同的主应变传感器，各传感器水平方向间距为 10cm。

6.4.4　薄基岩破断压力拱演化特征

根据相似材料模型Ⅰ的模拟试验结果，可对浅埋薄基岩煤层开采过程中覆岩变形破断及垮落规律进行分析，结合应力监测数据得出不同采动阶段覆岩结构特征及岩层应力分布规律，利用覆岩结构演化特征及各结构承载能力分析工作面来压机制。

如图 6.26 所示，工作面由横坐标 50cm 位置开始回采，推进 32cm 后，采场直接顶垮落失稳，顶板断块形成对称三铰拱结构。持续采动作用下各层覆岩对称承载拱依次失稳，形成采空区冒落拱，近场覆岩下位顶板受采动影响较大，断裂岩层短断块台阶结构，中位对称承载拱岩层破断后为长断块对称铰接结构。

(a) 直接顶三铰拱结构

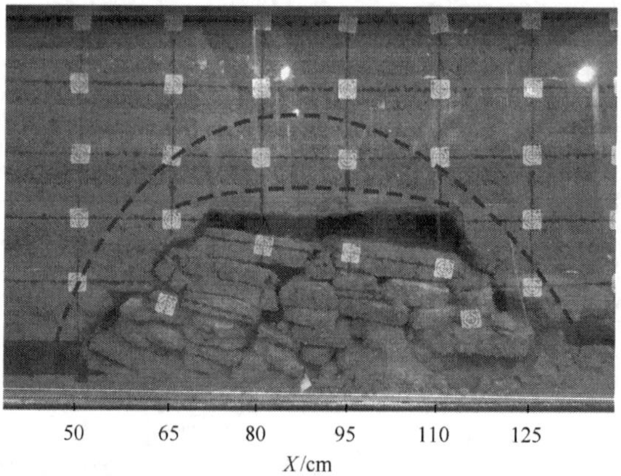

(b) 冒落拱内覆岩台阶结构

图 6.26　非充分采动阶段近场覆岩结构

图 6.27 为非充分采动阶段覆岩最大主应力分布，该阶段悬露岩层并未压实触矸，近场及远场岩层形成复合压力拱承载结构，第 1、2 和 3 条监测线分别距离煤层顶部 10cm、25cm 和 40cm。工作面推进 40cm 时，第 1、2 条监测线数据表明：采动卸载使得空区内下位近场岩层最大主应力减小，两侧远场岩层主应力微有上升，第 3 条监测线位置岩层基本保持原岩应力状态。工作面推进 70cm 时，悬露覆岩载荷向采空区两侧未采动围岩传递，导致采空区两侧下位远场覆岩最大主应力明显增大，形成远场围岩压力拱拱脚和拱腰，上位远场悬露岩层内主应力增大，形成远场覆岩压力拱拱顶区域。

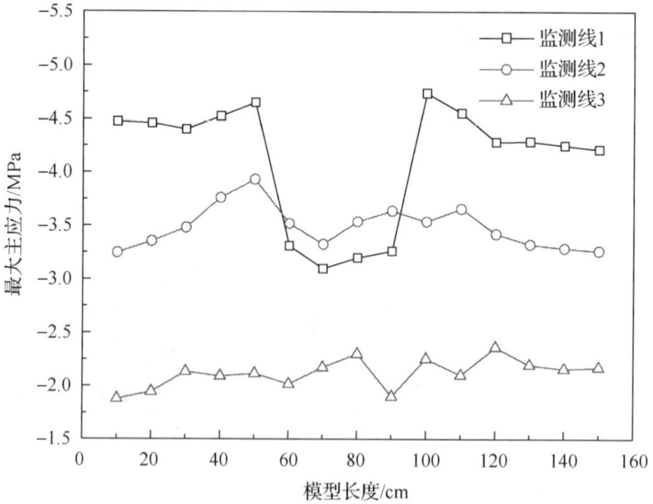

(a) 推进40cm

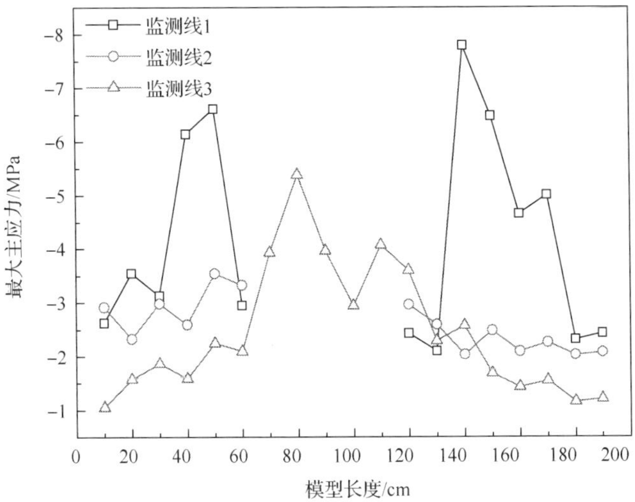

(b) 推进70cm

图 6.27　非充分采动阶段覆岩最大主应力分布

图 6.28 为充分采动阶段近场多层位覆岩组合承载结构，工作面推进 113cm 时，悬露基岩层全部产生破断，但断裂岩层未产生切落下沉运动，近场悬露断裂覆岩形成自承载稳定结构，横坐标 95～140cm 范围内下位近场断裂覆岩形成台阶压力拱结构，煤壁上方为未采动岩层支撑作用形成压力拱前拱脚，采空区冒落带压实岩层支撑作用形成压力拱后拱脚。

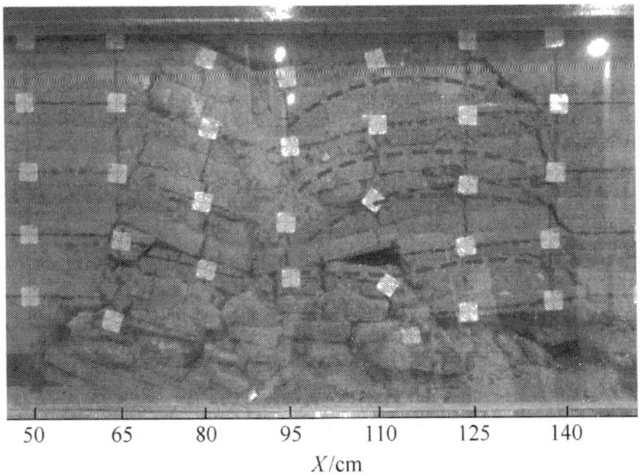

图 6.28　充分采动阶段近场多层位覆岩组合承载结构图

不同采动阶段近场覆岩承载结构存在差异，工作面由坐标 50cm 位置推进至 110cm 位置时，中位及上位岩层破断失稳后首先形成三铰拱结构，随着铰接断裂岩层回转下沉，横坐标 85～90cm 区域铰接跨中岩层压实触矸，铰接断裂岩层稳定于横坐标 65cm 和 110cm 位置铰接端而不产生下沉。随着工作面推进，空区侧近场覆岩悬露跨距增大，横坐标 95～140cm 范围内中位及上位断裂岩层形成回转压力拱结构，三铰拱跨中压实岩层形成回转压力拱后拱脚，回转压力拱前拱脚稳定于工作面侧远场覆岩位置。

工作面推进 100cm 后，悬露基岩层全厚破断并触矸压实，触矸岩层下沉量达到最大值后煤层开采进入充分采动阶段。

如图 6.29 所示，工作面推进 130cm 时，覆岩最大主应力分布特征产生改变，由于基岩层全厚破断造成远场覆岩压力拱拱顶区域岩层失稳，远场上位悬露岩层主应力分布出现无规律波动性，该分布特征表明破断岩层不存在压力成拱分布效应。远场压力拱拱顶区域岩层失稳也造成其承担载荷无法有效传递至远场覆岩，使得中位及下位远场覆岩主应力减小，未能形成远场压力拱拱腰和拱脚。

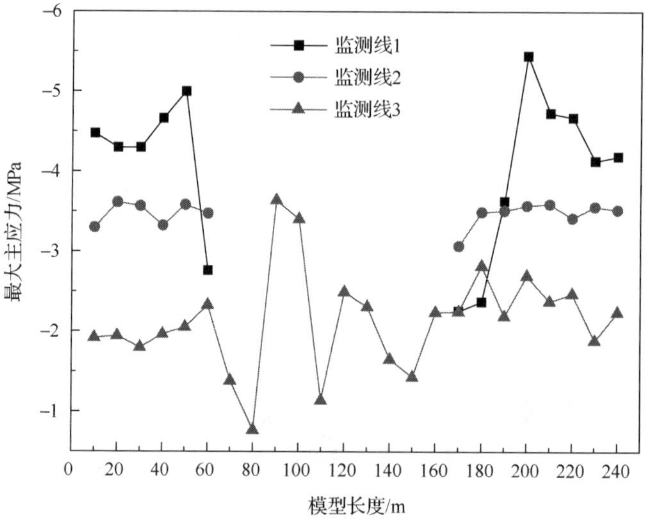

图 6.29　充分采动阶段最大主应力分布图

以三条监测线上距模型左边界 40cm 处的测点为研究对象，分析工作面推进过程中不同层位围岩主应力变化趋势。如图 6.29 所示，主应力监测数据表明，采动初始阶段各层位围岩主应力逐渐增大，工作面推进 90cm 时，主应力达到峰值，主应力上升曲线表明近场悬露覆岩载荷传递至空区两侧稳定围岩，该阶段为远场覆岩压力拱形成及稳定期。

如图 6.30 所示，第 1 条监测线上测点 *A* 位于远场覆岩压力拱拱脚区域内，测点 *A* 主应力远高于中位及上位岩层第 2、3 条监测线上 *B*、*C* 点主应力。由于工作面推进 100cm 后，近场覆岩全部破断，近场悬露覆岩向远场覆岩载荷传递效应减弱，导致远场覆岩主应力减小，远场未采动覆岩承担载荷减低。

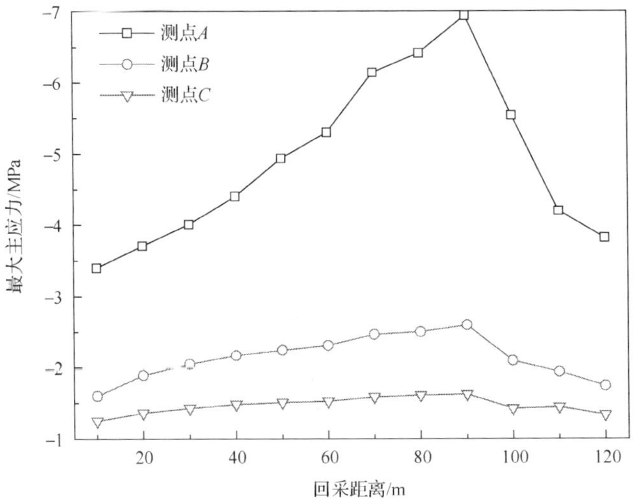

图 6.30　远场覆岩最大主应力变化趋势图

6.4.5　厚基岩破断压力拱演化特征

根据相似材料模型Ⅱ的模拟试验结果，分析浅埋厚基岩煤层开采过程中覆岩变形破断及运移规律，结合应力监测数据得出不同采动阶段覆岩结构特征和承载能力。

如图 6.31(a)所示，工作面由横坐标 50cm 位置推进至 95cm 位置时，近场覆岩下位直接顶垮落失稳，工作面层侧断裂直接顶岩层形成半拱结构。工作面推进至横坐标 140cm 位置时，近场断裂覆岩形成多层位组合承载结构。横坐标 50～125cm 区域最上部断裂岩层为对称压力拱失稳后形成的三铰拱结构，横坐标 50～95cm 区域断裂铰接岩层依靠左铰点支撑作用处于悬露状态，横坐标 95～140cm 区域悬露岩层以跨中压实岩层为后拱脚形成回转挤压拱结构，近场覆岩下位直接顶和基本顶岩层由于受煤层开采扰动影响而形成短断块台阶结构。

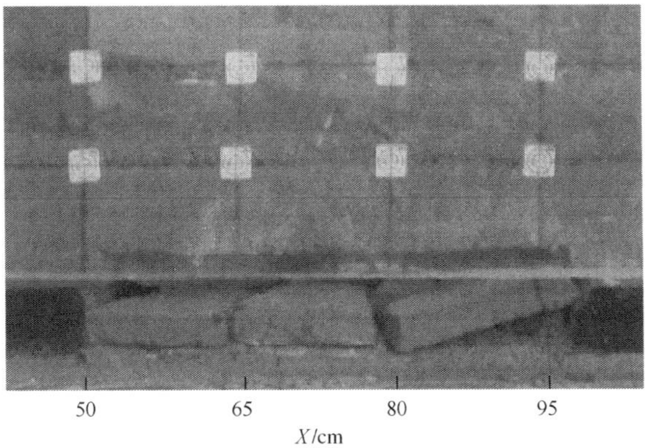

(a) 直接顶铰接结构

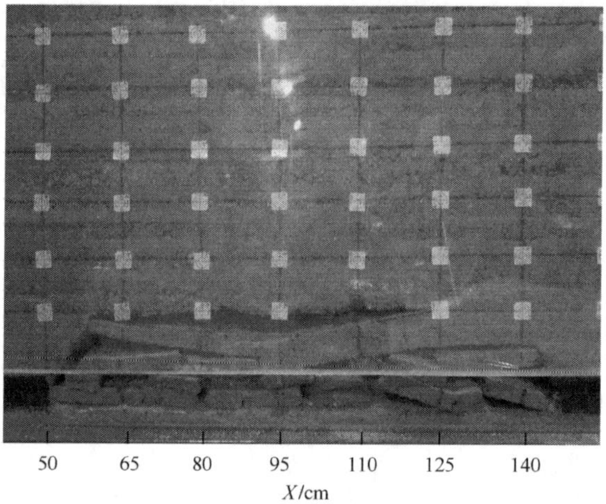

(b) 基本顶回转挤压结构

图 6.31 非充分采动阶段覆岩断裂结构

如图 6.31(b)所示，相似材料模型Ⅰ薄基岩煤层开采试验过程中，工作面推进至横坐标 140cm 位置时，基岩层已产生全厚破断，上位悬露岩层初次破断后形成三铰拱结构，工作面侧断裂铰接岩层回转下沉形成多层位回转压力拱结构。与模型Ⅰ薄基岩煤层开采条件相比，模型Ⅱ中厚基岩破坏范围较小，但断裂覆岩结构特征与薄基岩模型相同，最上部断裂岩层为三铰拱结构，工作面侧中部及上部断裂岩层形成多层位回转挤压拱结构，近场下位岩层为短断块台阶结构。

根据监测线 1、2、3 上最大主应力监测数据可分析煤层采动过程中覆岩压力拱演化规律，如图 6.32(a)所示，工作面推进 40cm 时，距离煤层顶部 10cm，监测线 1 上不同水平位置最大主应力分布存在差异，沿模型长度方向的横坐标 50～90cm 范围内悬露覆岩最大主应力明显降低，而采空区两侧远场覆岩最大主应力增大，最大主应力峰值位于采空区两侧边界位置。该分布规律表明煤层开采使得采空区内近场下位覆岩产生卸载，悬露岩层载荷向空区两侧远场覆岩传递，造成远场覆岩主应力增大。

监测线 2、3 分别距离煤层顶部 45cm、80cm，监测 2 上横坐标 50～90cm 范围内最大主应力下降程度较小，采空区两侧远场覆岩主应力微有上升。监测线 3 上最大主应力基本保持原岩应力，煤层开采初期阶段中位及上位岩层受采动影响较小。

如图 6.32(b)所示，工作面推进 90cm 时，监测线 1 和 2 上采空区两侧未采动覆岩最大主应力明显升高，最大主应力峰值为 13.67MPa，应力峰值位于临近采空区边界位置覆岩内，随着测点与采空区距离增大，测点上主应力逐渐降低。该规律表明采空区两侧远场覆岩形成压力拱，下位岩层压力拱拱脚分布区域内主应力集中程度最高。

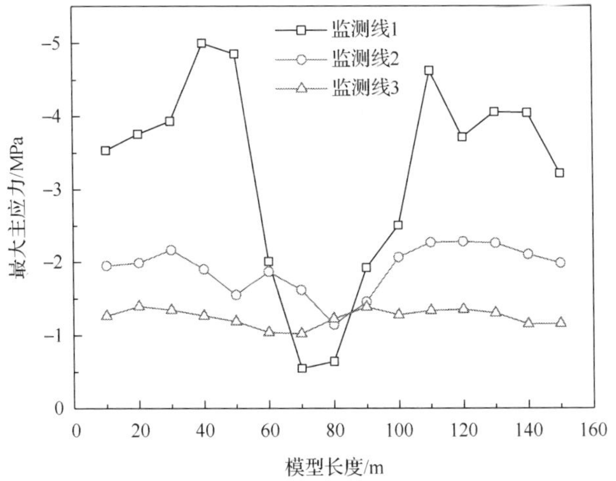

(a) 推进40cm

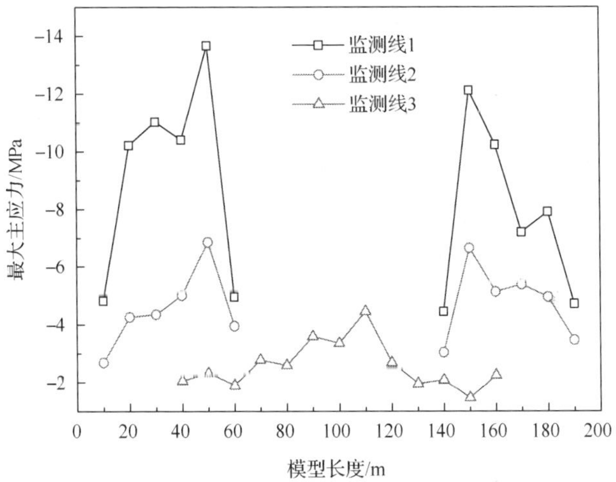

(b) 推进90cm

图 6.32　岩层最大主应力分布特征

监测线 3 上横坐标 50～90cm 范围内悬露岩层最大主应力高于两侧未采动覆岩，表明远场压力拱拱顶位于上位悬露覆岩内，压力拱岩层楔紧作用使得上位悬露岩层主应力集中，采空区两侧未采动覆岩逐渐恢复为原岩应力，拱顶主应力峰值为 4.59MPa。与相似材料模型 I 薄基岩煤层开采相比，相同工作面推进距离条件下，厚基岩煤层开采远场覆岩主应力明显高于薄基岩煤层，采空区两侧远场覆岩与近场悬露覆岩载荷传递效应更加明显。

如图 6.33(a)所示，工作面推进至横坐标 170cm 位置时，采空区悬露覆岩出现内拱迹线裂缝，该现象表明远场压力拱集中应力作用使得近场覆岩形成冒落拱，近场覆岩冒落拱下位岩层在横坐标 95～170cm 范围内形成回转压力拱结构，回转压力拱后拱脚位于横坐标 95cm 位置，跨中拱顶位于横坐标 125cm 位置，回转压力拱结构承担了近场覆岩冒落拱载荷。

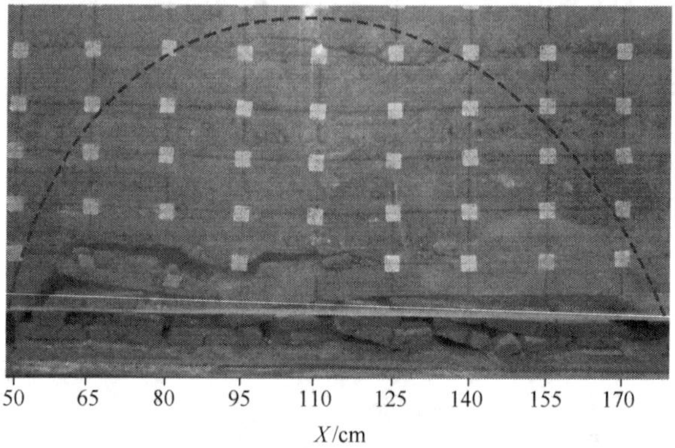

(a) 宏观冒落拱

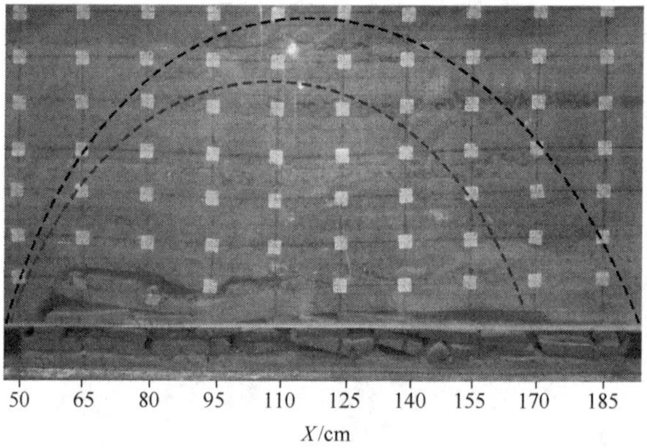

(b) 二重冒落拱

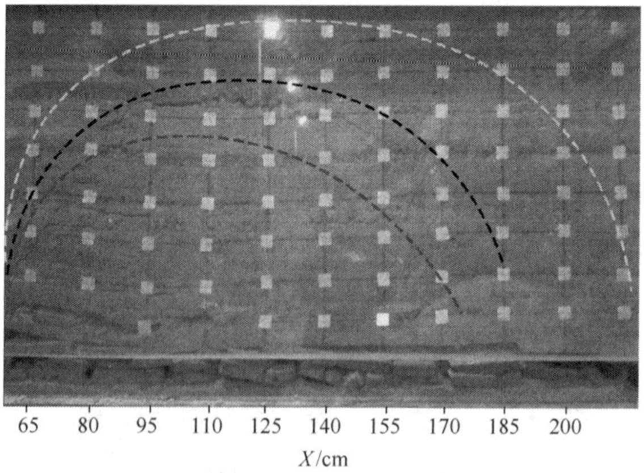

(c) 多重冒落拱

图 6.33　近场覆岩冒落拱演化特征

如图 6.33(b)所示，工作面推进横坐标 185cm 位置时，采空区内悬露覆岩形成新拱迹线裂缝，新形成的拱迹线破裂带位于原冒落拱之上，采空区断裂覆岩形成二重冒落拱。如图 6.33(c)所示，工作面推进横坐标 215cm 位置时，采空区内覆岩冒落拱发展至最上位岩层，该现象表明远场压力拱产生前移，压力拱后拱脚转移至冒落带压实区岩层。

如图 6.34 所示，工作面推进 140cm 时，远场覆岩仍存在主应力集中区域，由于采空区内覆岩悬露范围变大，远场压力拱承担载荷增大，压力拱拱脚主应力峰值变为 14.13MPa。采空区上位覆岩内的压力拱拱顶区域也同步扩大，远场压力拱拱顶最大主应力峰值变为 6.04MPa。相似材料模型 I 薄基岩煤层开采推进相同距离时监测线上最大主应力分布失去压力拱特征，表明远场覆岩压力拱已产生失稳。

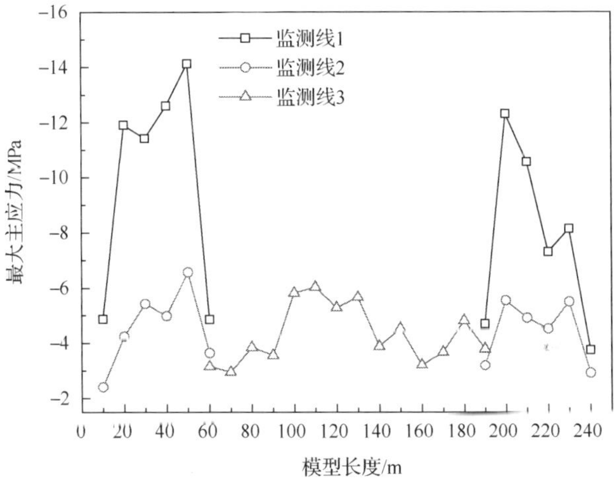

图 6.34　充分采动阶段最大主应力分布特征

6.5　采场围岩压力拱能量演化特征

6.5.1　采场围岩力学模型及应变能计算

煤层开挖后覆岩载荷向采空区四周稳定围岩转移，如图 6.35 所示，最大主应力 σ_1 方向产生偏转并在一定范围集中，压力拱为围岩压应力集中区域，拱内主应力 σ_1 大于原岩应力 p_0，即

$$\sigma_1 > p_0 = \gamma h \tag{6.17}$$

式中，γ 为岩层平均容重；h 为埋深。

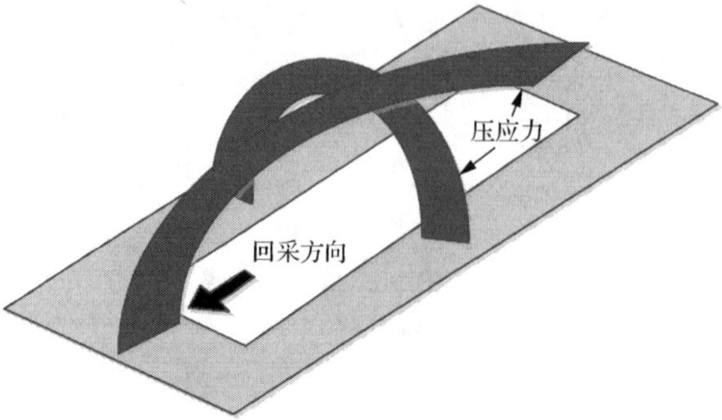

(a) 压力拱空间分布示意图

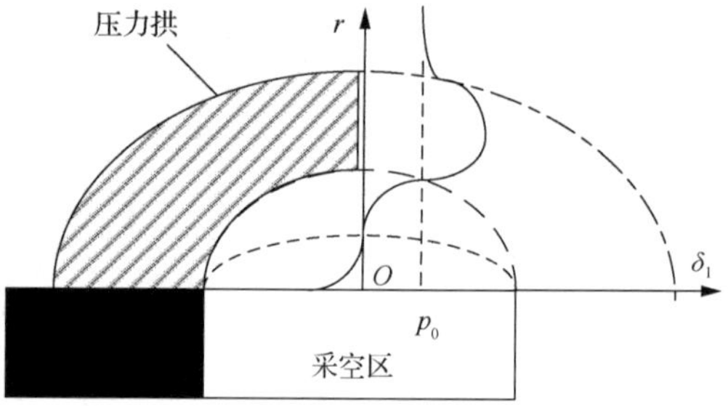

(b) 围岩最大主应力分布示意图

图 6.35　采场覆岩压力拱分布特征

压力拱外边界以外为原岩应力区，而内边界以下为压应力降低区和拉应力区，覆岩卸载区内冒落拱重量决定了采场支架载荷分布和矿压显现规律，是岩层控制的重点区域，冒落拱空间形态和运移规律随覆岩三维压力拱演化而改变。

地下岩层具有一定程度弹性，尽管受到断层、节理等非连续面的影响，地层深部压密状态下岩体可视为弹性介质，在长期地质力作用下岩层内积聚大量弹性应变能。煤层开挖后弹性释放造成围岩变形破坏，失去平衡状态后围岩应力重新分布，在稳定区域形成应力集中，弹性能得到重新积聚。

能量突然释放是诱发岩石破坏的内在原因，主应力空间中岩石单元可释放应变能可表示为[98]

$$U^{\mathrm{e}}=\frac{1}{2E}[\sigma_1^2+\sigma_2^2+\sigma_3^2-2\nu(\sigma_1\sigma_2+\sigma_2\sigma_3+\sigma_1\sigma_3)] \tag{6.18}$$

式中，σ_1、σ_2和σ_3为各向主应力；E为弹性模量；ν为泊松比。

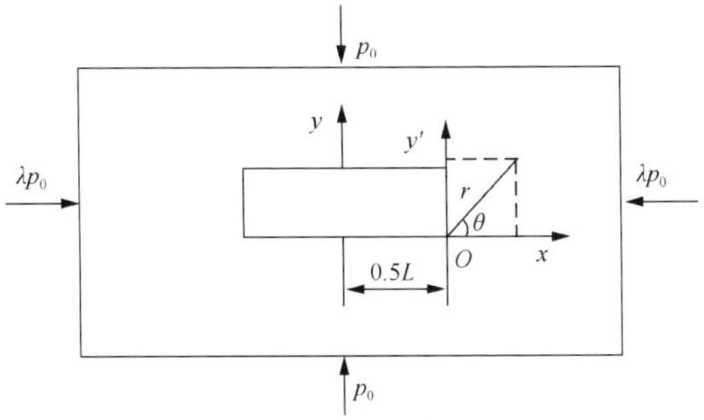

图 6.36　采场围岩力学模型

若原岩应力为三轴不等压状态，p_0 为远处垂直应力，且 $\sigma_1 = p_0$，$\sigma_2 = \sigma_3 = \lambda p_0$，煤层开挖前围岩弹性应变能 U_1^{e} 为

$$U_1^{\mathrm{e}} = \frac{(1+2\lambda^2)p_0^2 - 2\nu(2\lambda p_0^2 + \lambda^2 p_0^2)}{2E} \tag{6.19}$$

若工作面走向长度为 L，应用 Westergrad 应力函数[99]，考虑平面应变状态，即可得到采场围岩主应力分布：

$$\sigma_1 = \frac{p_0}{2}\sqrt{\frac{L}{r}}\cos\frac{\theta}{2}\left(1+\sin\frac{\theta}{2}\right) \tag{6.20}$$

$$\sigma_2 = \frac{p_0}{2}\sqrt{\frac{L}{r}}\cos\frac{\theta}{2}\left(1-\sin\frac{\theta}{2}\right) \tag{6.21}$$

$$\sigma_3 = \nu p_0\sqrt{\frac{L}{r}}\cos\frac{\theta}{2} \tag{6.22}$$

以采场边缘水平方向围岩为例，$\theta = 0$，则煤层开挖后围岩弹性应变能为

$$U_2^{\mathrm{e}} = \frac{(0.5 - 0.5\nu - \nu^2)p_0^2 L}{2Er} \tag{6.23}$$

假设侧压力系数 λ=0.5，围岩弹性能变化量 ΔU^{e} 为

$$\Delta U^{\mathrm{e}} = U_2^{\mathrm{e}} - U_1^{\mathrm{e}} = \frac{p_0^2}{2E}\left[(0.5 - 0.5\nu - \nu^2)\frac{L}{r} + 2.5\nu - 1.5\right] \tag{6.24}$$

采场围岩压力拱为主应力增大区域，在超过岩石强度前，围岩以弹性变形为主，压力拱内弹性能得到积聚，煤层持续采动下围岩压力拱处于动态演化过程，岩层内能量也随之发生循环积聚与释放，拱状岩层卸载区是压力拱与弹性能变化作用结果。覆岩冒落拱是采场来压及致灾的根源，掌握压力拱与弹性能演化特征对揭示采场覆岩失稳机理至关重要。

6.5.2　构建三维数值计算模型

以神东矿区上湾矿典型浅埋近水平煤层开采为工程背景，煤层采高 6m，埋深 115m，倾角 0°～3°；长壁后退式综合机械化采煤法，大采高一次采全厚，全部垮落法处理顶板；粉砂岩底板厚度为 20m，顶板岩层厚度为 100m，因重点关注覆岩应力场和能量场演化特征，忽略岩层间岩性差异，顶板岩层统一设定为砂岩。利用 $FLAC^{3D}$ 软件建立数值计算模型，如图 6.37 所示。

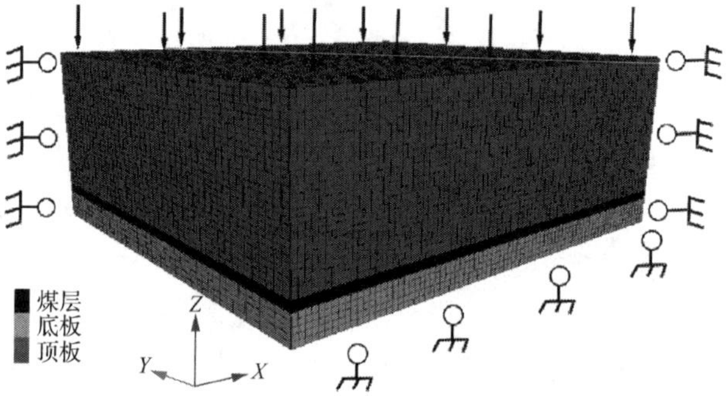

图 6.37　数值计算模型及网格划分示意图

该模型尺寸为：长×宽×高=400m×352m×137m，以 1.8MPa 载荷代替 12m 表土层重量施加于模型顶部，模型底部边界固定，四周边界限制水平方向移动。工作面开切眼距模型左边界 50m，沿 x 轴方向距离两侧边界 50m 各掘进一条巷道，巷道宽度为 6m，高度为 5m，工作面走向推进长度为 300m，工作面倾向长度为 240m。假定煤岩体材料符合莫尔-库仑强度准则。煤岩体物理力学参数见表 6.6。

表 6.6　煤岩体物理力学参数表

岩性	重度/(kN/m³)	弹性模量/GPa	泊松比	黏聚力/MPa	抗拉强度/MPa	内摩擦角/(°)
砂岩	25.00	36.50	0.22	2.60	1.50	30
煤	13.10	12.70	0.29	1.20	0.60	27
粉砂岩	24.60	37.90	0.20	4.50	3.00	40

6.5.3　采场监测单元的应力及能量变化特征

如图 6.38 所示，煤层开挖后覆岩最大主应力方向产生偏转，岩层载荷向采空区两侧围岩传递，空区顶板岩层垂直应力减小，两侧围岩垂直应力增大，主应力偏转区域下方为应力降低，区域内最大水平主应力为拉应力。临近空区覆岩主应力偏转成拱，只在空区两侧围岩形成主应力集中区，由于空区上部岩层水平应力较小，未形成封闭的压力环状体。工作面推进 50m 后，偏转区内边界上移，卸载区范围扩大且部分单元体产生受拉破坏。

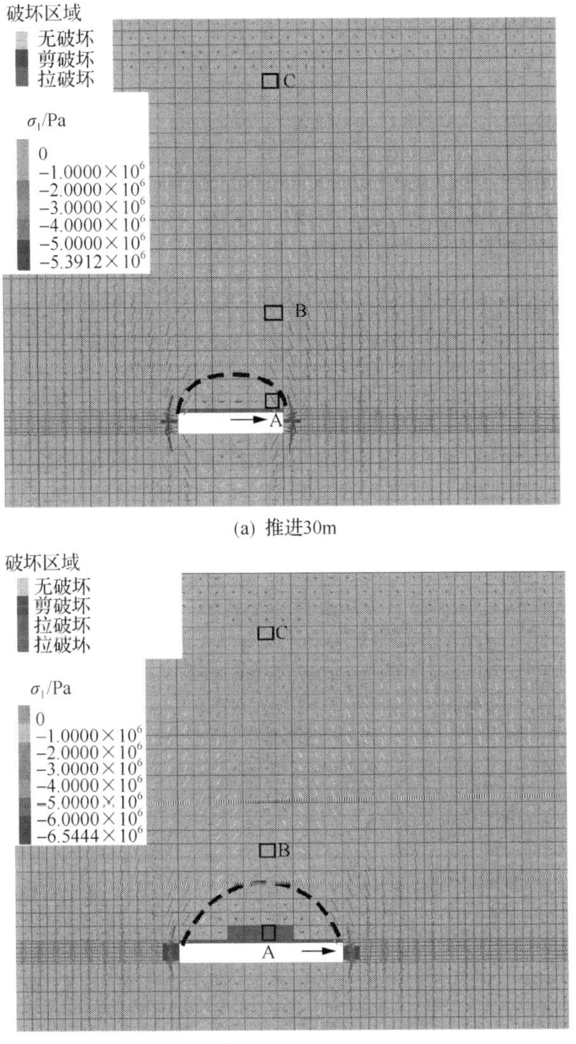

(b) 推进50m

图 6.38　覆岩最大主应力分布特征

利用 $FLAC^{3D}$ 内置弹性能计算功能和 FISH 语言可对单元体内进行追踪监测，取空区顶板下部单元 A、中部单元 B 和顶部单元 C 为研究对象。

工作面推进 50m 过程中所研究单元弹性能变化规律如图 6.39 所示。在下部煤开挖前，顶板单元 A 处于集中应力区，单元体弹性能处于上升阶段，其下方煤层开挖后弹性能大量急剧释放。单元体 B 位于空区顶板中部，工作面每次推进均造成单元体弹性能突然释放，单次采动诱发的释放能量逐渐增大，非采动期单元内弹性能再次积聚。位于覆岩顶部单元体 C 内应变能整体处于上升状态，煤层每次开挖造成其内应变能释放后又重新积聚。

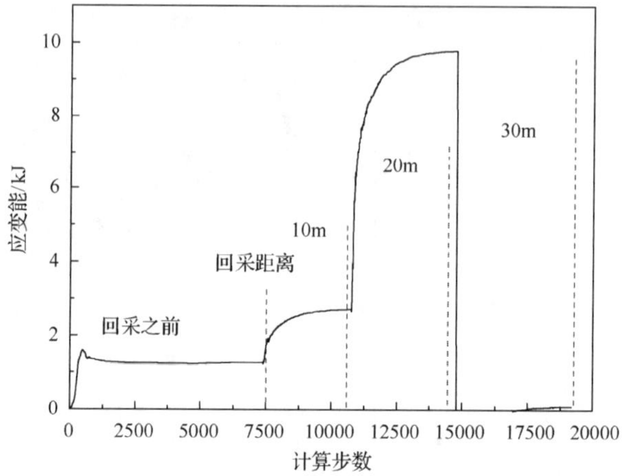

(a) 单元体

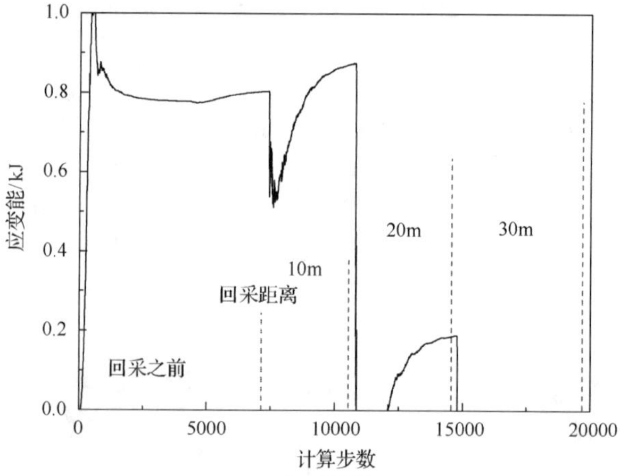

(b) 单元体B

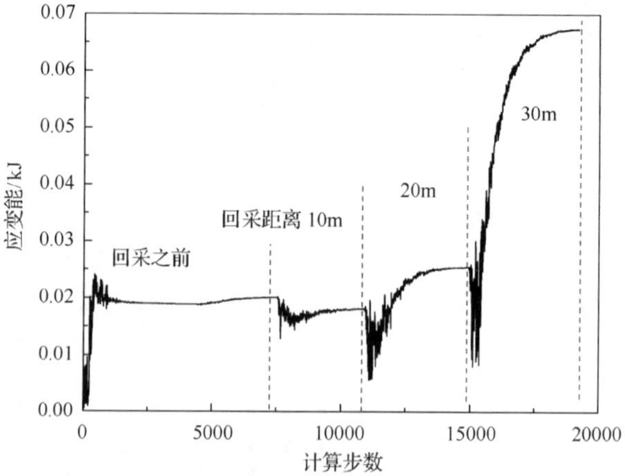

(c) 单元体C

图 6.39　监测单元弹性能变化规律

煤层采动会诱发顶板岩层内弹性能释放，应力重分布影响下不同位置岩层能量演化特征存在差异，集中应力作用下单元弹性能处于积聚、上升状态，弹性能持续释放使得顶板岩层形成卸载区。

6.5.4　采场压力拱的拱脚应力转移变化特征

提取距离煤层 2.5m 顶板岩层最大主应力监测数据，可得采场覆岩压力拱拱脚三维分布特征。如图 6.40 所示，采空区顶板为应力降低区，空区周边未采动覆岩形成压应力集中区，该集中区为覆岩压力拱拱脚。随着工作面推进，覆岩悬露面积增大，压力拱承担载荷和拱脚主应力峰值逐渐增大。

压力拱为采场覆岩内高应力集中区，拱体内应变能得到积聚。若以压力拱内主应力高于原岩应力为拱体几何特征判据，利用 FISH 语言编程可得到压力拱平面形态和空间分布特征。图 6.41 为工作面推进 100m 和 150m 时覆岩压力拱中部剖切视图，采空区周围集中主应力形成连续封闭的拱形环状体，拱脚随工作面推进而向前移动，压力拱内边界范围随之扩大。

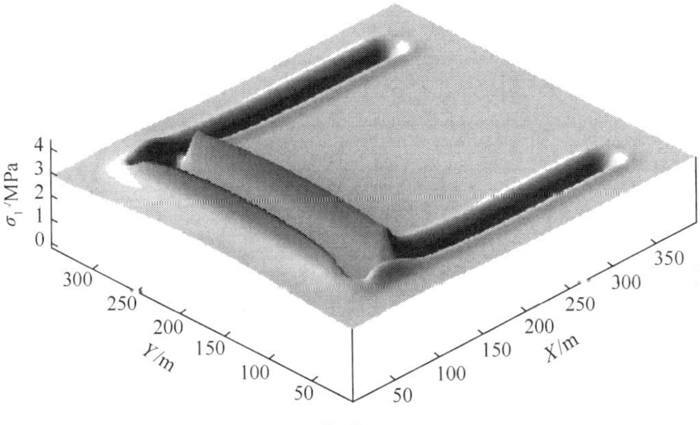

(a) 推进50m

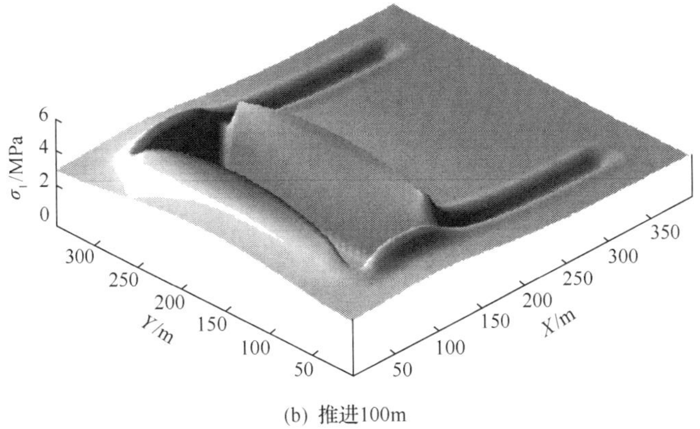

(b) 推进100m

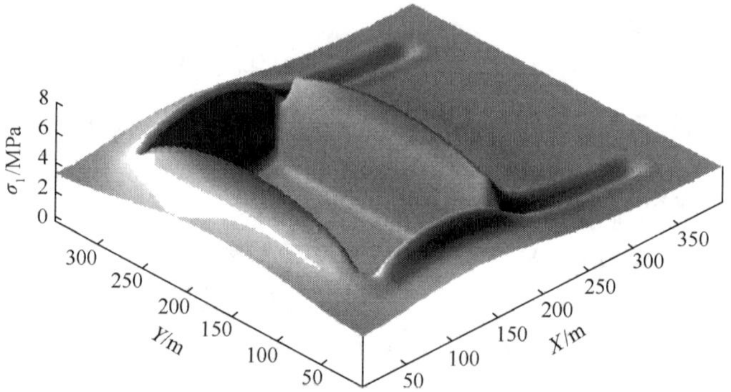

(c) 推进150m

图 6.40　压力拱拱脚最大主应力分布特征

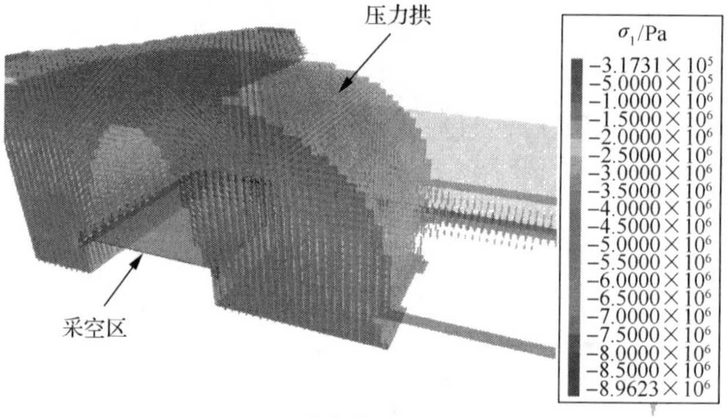

(a) 推进100m

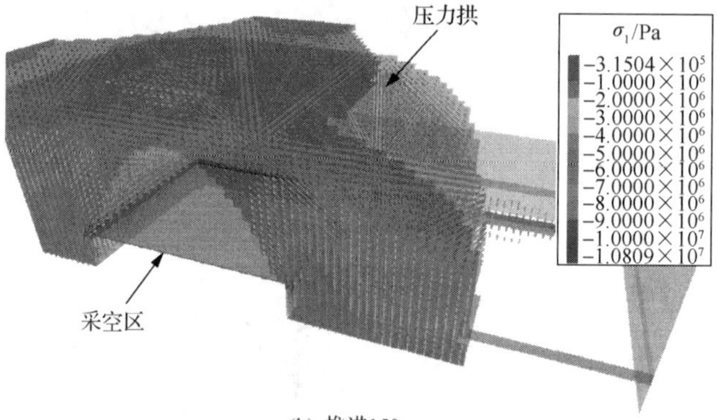

(b) 推进150m

图 6.41　采动覆岩三维压力拱中部剖切视图

6.5.5　采场压力拱演化与能量集聚耗散特征

工作面中部弹性能切片云图如图 6.42 所示。由于煤层开挖造成临近采场顶板岩层内弹性能突然释放，覆岩应力重新分布后，压力拱内边界下方为能量释放区域和应力降低区，卸载区拉应力达到岩石强度后顶板岩层遭到破坏。

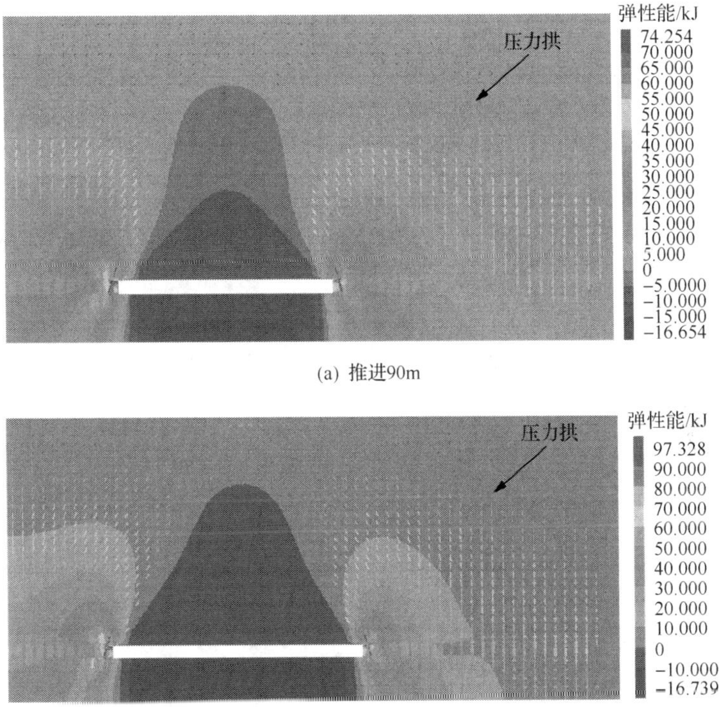

(a) 推进90m

(b) 推进120m

图 6.42　工作面中部弹性能分布特征

如图 6.43 所示，采场覆岩压力拱内边界下方卸载区破坏岩层形成冒落拱，煤层持续采动造成压力拱拱脚前移，拱体内边界向外扩展，冒落拱范围随之扩大。两拱脚岩体处于高应力集中作用下，工作面侧顶板岩层形成明显的竖向剪切破坏带，覆岩冒落拱将沿该破裂带产生滑落失稳。取工作面推进 110m 时距离煤层 5m 和 25m 处顶板单元体 D 和 E 为研究对象，分析压力拱作用下顶板岩层弹性能变化规律。

如图 6.44 所示，工作面推进 110m 时，下方煤层开挖后单元体 D 内弹性能释放 29.27kJ，造成单元体破坏，在压力拱拱脚集中应力作用下单元体能量再次积聚，工作面继续推进后，拱脚前移造成单元体 D 内弹性能完全释放。而单元体 E 弹性能峰值较小，下方煤层开挖释放能量为 8.70kJ，压力拱转移造成能量再次释放，但单元体内仍有残余应变能。

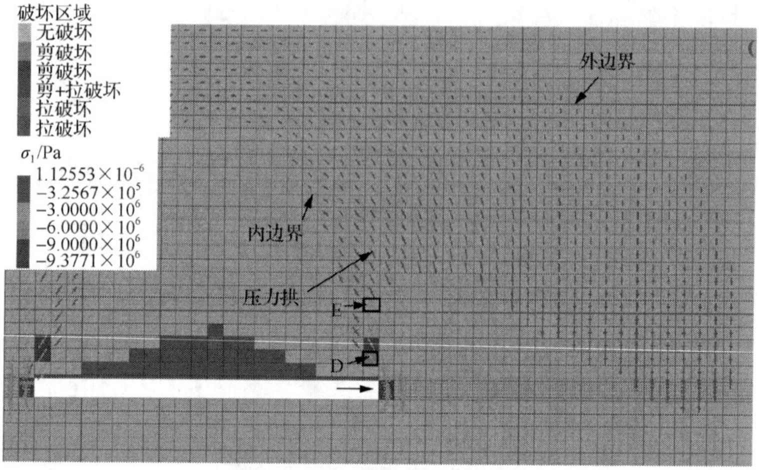

(a) 推进110m

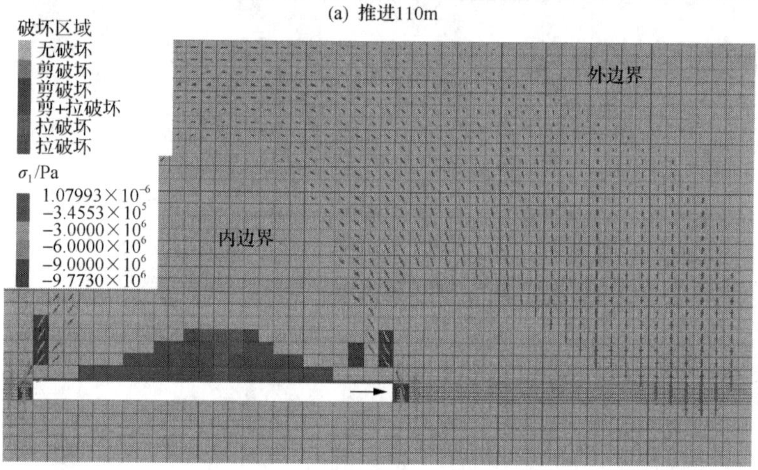

(b) 推进120m

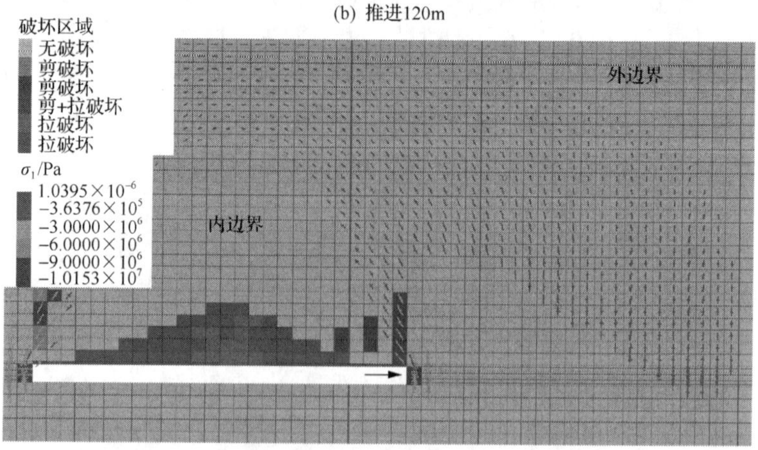

(c) 推进130m

图 6.43　采动覆岩压力拱与冒落拱演化特征

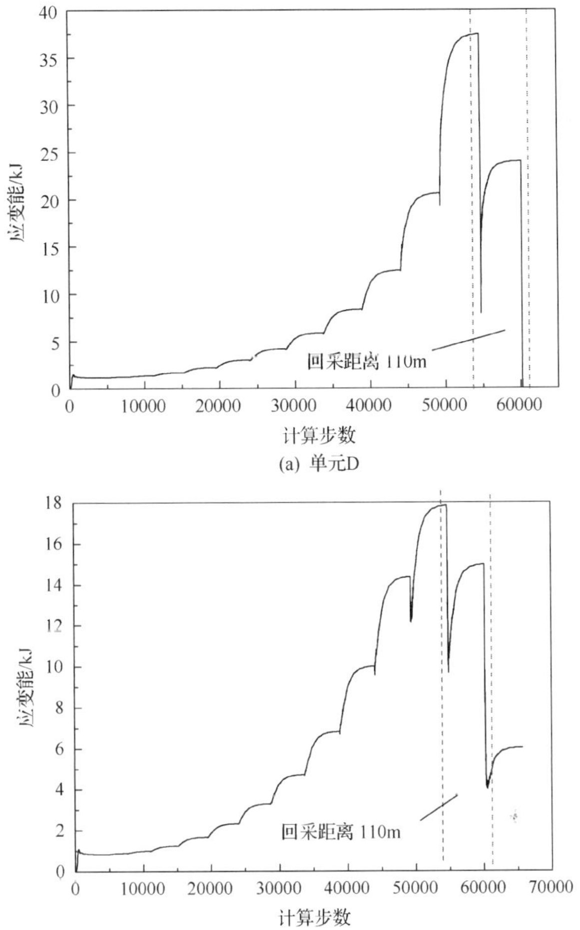

(a) 单元D

(b) 单元E

图 6.44　监测单元弹性能变化规律

如图 6.45 所示，工作面推进 150m 倾向主应力和弹性能分布，工作面倾向同样存在宏观压力拱，拱体内边界下方为弹性能释放区，卸载区内岩层形成塑性冒落拱，此破坏特征导致了工作面支架阻力中部高两侧低的分布特征。

扰动压力拱形成于开挖空区层状顶板中，由于承担载荷并向两侧围岩传递压力，拱内应力集中而其下方应力得到释放，压力拱下方松动区顶板失稳未威胁工作面安全[23]。地下开挖过程中层状岩体整体压力拱对空区形成自然保护，初始地应力比率、埋深、岩层倾角对压力拱形成和稳定均有影响，其中初始应力条件是压力拱形成的关键因素[100,101]。深部煤层综放工作面围岩应力壳承载并传递覆岩载荷，其内外形态随工作面推进而变化，壳内松散区岩层受载状态和结构特征决定了工作面来压特征[102]。浅埋煤层工作面也可形成承压拱结构，采高、工作面长度对承压拱稳定性具有影响。

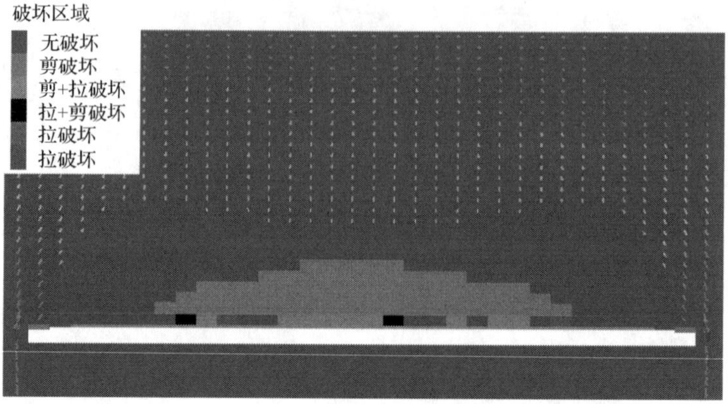

(a) 工作面倾向冒落拱

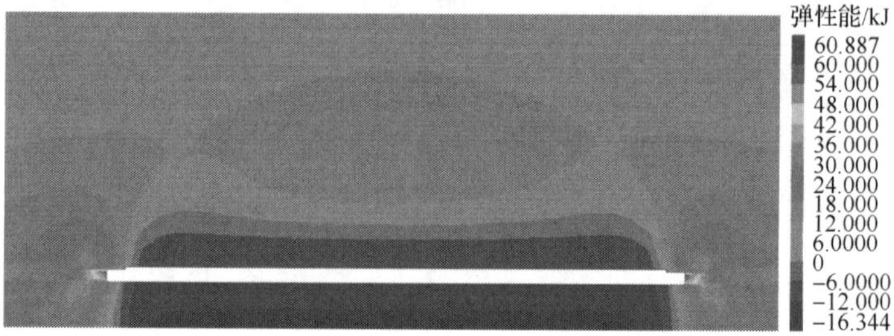

(b) 工作面倾向弹性能分布

图 6.45　工作面倾向压力拱与弹性能分布特征

压力拱内应力高于边界外岩体应力，利用数值模拟可以使压力拱三维形态和空间分布特征得到直观表现。煤层开挖后主应力产生偏转并向两侧围岩传递，采空区顶板垂直应力减小，两侧未采动围岩垂直应力增大，随着工作面推进，空区顶板跨中最大主应力转变为水平应力，由于浅埋煤层初始水平应力较小，采动初期采场覆岩不存在封闭压力拱，当顶板最大水平主应力超过原岩应力后，覆岩形成整体压力拱。压力拱拱脚作用位置为采场围岩支承压力区，拱体内边界下为顶板卸载区，当应力超过岩石强度后形成破坏冒落拱，工作面走向和倾向均存在压力拱和冒落拱。

室内单轴、三轴岩石压缩和分级试验均表明：当弹性能超过岩石储能极限后，弹性能突然释放会诱发岩石破坏。数值模拟试验发现，煤层采动会诱发岩层弹性能突然释放，但不同位置岩层能量演化特征存在区别，压力拱作用区内岩层能量释放后又会重新得到积聚。不同采动阶段相同埋深岩层弹性能量级差异明显，长期处于压力拱拱脚作用下的岩层积聚弹性能远高于采动初期同一埋深岩层。

浅埋煤层采动覆岩失稳是压力拱演化和弹性能释放的综合结果，压力拱两侧拱体为弹性能积聚区，压力拱内边界以下为弹性能释放区，能量释放区内岩层处于卸载状态，拉应力超过岩石强度后会形成塑性冒落拱。压力拱两拱脚处集中应力作用下形成剪切裂隙带，岩层冒落拱沿剪切带滑落失稳造成工作面强烈来压。

第 7 章　浅埋煤层松软顶板采场覆岩运移特征

7.1　煤层赋存条件及采动覆岩质量

7.1.1　工作面参数及煤层特征

伊犁煤田某矿 21105 工作面作为首采工作面，煤层底板标高为+686～+885m，地面标高为+853～+950m，综放工作面位于+660m 水平 11 采区东南部，设计走向长 1710m，倾斜长 240m，平均煤厚 6.30m，年产量 2.90Mt。

21105 工作面布置在 11 采区东南部，主采煤层为 21^{-1} 煤，煤层倾角为 4°～8°，平均倾角为 6°。煤层厚度为 8.60～2.30m，平均厚度为 6.30m。在 21105 工作面中部通道以北煤层赋存稳定，中部通道以南 158m 处，夹矸为 0.20m，在中部通道以南 206m 处，夹矸增加到 1.00m，此处向南 100m 左右，夹矸一直保持在 1.00m 左右，到切眼夹矸逐步增加到 1.60m。

7.1.2　主采煤层及顶底板岩性

主采煤层煤 21^{-1}、煤 23^{-2} 的顶底板多由直接顶和直接底构成，仅局部可见厚 0.10～0.30m 的炭质泥岩伪顶和伪底，无厚而坚硬的老顶和老底存在。

1. 主采煤层物理力学性质

煤 21^{-1}、煤 23^{-2} 的平均厚度分别为 4.62m 和 8.81m。两者以暗煤为主，其次为亮煤和丝炭，属低变质煤化程度的长焰煤及不黏煤，质轻性脆，闭合的块状与水平理发育，易风化崩解呈粉末状，抗水性弱。煤 21^{-1} 的天然抗压强度为 3.10MPa，饱和抗压强度为 0.10MPa，抗拉强度为 0.60MPa；煤 23^{-2} 的天然抗压强度为 1.40～4.50MPa，饱和抗压强度为 0.20MPa，抗拉强度为 0.12～0.20MPa。

2. 煤层顶底板物理力学性质

井田内主采煤层顶底板岩性变化较大，主要为泥岩、粉砂岩、泥质粉砂岩、粉砂质泥岩、细砂岩、含砾粗砂岩和少量炭质泥岩等，别地段有 0.30～0.50m 炭质泥岩伪顶，它们是构成煤层直接顶底板的岩石，各煤层无厚而坚硬的老顶和老底存在。各类岩石软硬不均，个别胶结致密的砂砾岩、菱铁质泥岩的天然抗压强度可达 38.00～42.80MPa，属中硬岩类。在边缘露头区，煤 21^{-1} 和煤 23^{-2} 的顶板岩性为古近系胶结松散的砂砾岩，其他各类岩石的物理力学性质相近：天然抗压强度为 10.93～19.78MPa，饱和抗压强度为 0.80～4.50MPa，平均为 1.73～4.13MPa，抗拉强度为 0.20～3.43MPa。主采煤层及其顶底板物理力学性质如表 7.1 所示。

表 7.1　主采煤层及其顶底板岩性参数表

层序	岩性	埋深/m	厚度/m	重度/(kN/m^3)	抗压强度/MPa	单轴饱和抗压强度/MPa
1	风积沙	2.5	2.5	15.5	10.0	—
2	黏土层	57.9	58.4	18.0	15.0	—
3	粗砂岩	61.1	2.2	23.0	20.0	3.4
4	泥岩	66.9	3.8	20.0	14.0	1.8
5	砂岩	72.8	5.9	23.0	20.0	3.4
6	细砂岩	76.6	3.8	22.0	17.4	3.6
7	泥岩	82.5	5.9	20.0	14.0	1.8
8	细砂岩	88.1	5.6	22.0	17.4	3.6
9	泥岩	91.3	3.2	20.0	14.0	1.8
10	粉砂岩	97.2	5.94	21.6	18.5	1.7
11	泥岩	104.2	7.0	20.0	14.0	1.8
12	细砂岩	106.4	2.2	22.0	17.4	2.8
13	煤 21^{-1}	112.7	6.3	12.2	3.2	0.1
14	泥岩	116.2	3.5	20.0	15.5	1.8
15	粉砂岩	120.0	3.8	21.6	14.0	2.8
16	泥岩	121.0	1.0	20.0	12.4	1.7
17	煤 23^{-1}	121.5	0.5	12.4	3.2	0.2
18	炭质泥岩	123.7	2.2	22.0	15.5	1.7
19	泥岩	125.9	2.2	20.0	15.5	1.7
20	煤 23^{-2}	127.9	2.0	12.4	3.2	0.2
21	泥岩	128.4	0.5	20.0	15.5	1.7
22	煤 23^{-2}	130.5	2.1	12.4	3.0	0.2
23	粉砂岩	132.6	2.1	21.6	18.5	2.6
24	含砾粗砂岩	136.5	3.84	22.4	12.2	2.6

7.1.3　浅埋煤层界定指标

浅埋煤层工作面的覆岩运动特征主要有[103]：

(1) 顶板基岩沿全厚切落，强烈来压直接影响地表，伴随有明显的台阶下沉和动载现象，由于埋深较浅，工作面覆岩将由垮落带、裂缝带、弯曲带转变为垮落带和裂缝带。

(2) 浅埋煤层工作面顶板主要为单一关键层类型，破断岩块铰接困难，难以形成稳定的“砌体梁”结构。当覆岩较厚，出现两个关键层组时，顶板来压会出现大小周期现象。

(3) 基岩与载荷层厚度比(即基载比 J_z)，对顶板是否沿煤层发生台阶下沉有重要影响。

因此，浅埋煤层的界定指标如下[104]：

(1) 煤层埋深 $H_m \leqslant 100$m，总体不超过 150m。

(2) 上覆岩层组成为，覆岩由地表至煤层依次为松散载荷层和薄基岩，基岩厚度≤50m。

(3) 覆岩运动特征为，基载比 $J_z<1$，对来压显现有重要影响。

对比上述指标，21105 工作面平均埋深为 100m，基载比为 0.82，符合典型浅埋煤层特征。

7.1.4　采动覆岩质量评价

岩体合理分类是选择工程结构参数，科学、安全生产的基础之一，也是分析采场覆岩结构及其运动规律的依据之一[105]。地下工程围岩稳定性分类是通过分析岩体工程地质特征及其力学特征，建立相应的地质、力学模型，通过工程类比，将特定的岩体环境下地下工程的设计与相似工程条件下实践经验联系起来，做出切合实际的工程决策。

依据《工程岩体分级标准》(GB 50218—94)，岩体的基本质量指标 BQ 为

$$BQ = 90 + 3R_c + 250K_v \tag{7.1}$$

式中，BQ 为岩体的基本质量指标；R_c 为岩石单轴饱和抗压强度，MPa；K_v 为岩体完整性指数。

岩体基本质量分级指标见表 7.2 所列内容[106]。

工程岩体分级除与岩体基本质量的好坏有关外，还受主要软弱结构面、地下水和天然应力影响，修正[BQ]值为

$$[BQ] = BQ - 100(K_1 + K_2 + K_3) \tag{7.2}$$

式中，[BQ]为岩体基本质量指标修正值；K_1 为主要软弱结构面产状影响修正系数；K_2 为地下水影响修正系数；K_3 为天然应力影响修正系数。

表 7.2　岩体质量分级表

基本质量级别	岩体质量的定性特征	BQ
Ⅰ	坚硬岩，岩体完整	＞550
Ⅱ	坚硬岩，岩体较完整；较坚硬岩，岩体完整	550～451
Ⅲ	坚硬岩，岩体较破碎；较坚硬岩或软、硬岩互层，岩体较完整；较软岩，岩体完整	450～351
Ⅳ	坚硬岩，岩体破碎；较坚硬岩，岩体较破碎或破碎；较软岩和极破碎岩	359～251
Ⅴ	较软岩，岩体破碎；软岩，岩体较破碎或破碎；全部极软岩及全部极破碎岩	＜250

以 21105 工作面上覆岩层第一层细砂岩为例，单轴饱和抗压强度 R_c 平均值为 3.69MPa，岩石坚硬程度为软岩。煤岩组完整性差，岩体结构成碎裂结构，岩体完整性指数 K_v 在 0.35～0.15，取 0.25。主要软弱结构面产状影响修正系数值 K_1 为 0.30，地下水影响修正系数 K_2 为 0.50，天然应力影响修正系数 K_3 为 0.60。因此，按式(7.1)和式(7.2)计算可得

$$BQ=(90+3\times3.69+250\times0.25)-100\times(0.3+0.5+0.6)=23.57$$

其他各岩层岩体基本质量指数值计算结果如表 7.3 所示。

表 7.3　岩层基本质量指数表

岩性	R_c	K_v	BQ	K_1	K_2	K_3	[BQ]
细砂岩	3.69	0.25	163.57	0.30	0.50	0.60	23.57
泥岩	3.49	0.25	162.97	0.20	0.50	0.60	32.97
细砂岩	3.69	0.25	163.57	0.30	0.50	0.60	23.57
粉砂岩	3.49	0.25	162.97	0.30	0.50	0.60	22.97
泥岩	3.49	0.25	162.97	0.20	0.50	0.60	32.97
细砂岩	3.69	0.25	163.57	0.30	0.50	0.60	23.57
煤 21^{-1}	0.10	0.25	152.80	0.30	0.50	0.60	12.80
泥岩	3.49	0.25	162.97	0.20	0.50	0.60	32.97
粉砂岩	3.49	0.25	162.97	0.30	0.50	0.60	22.97

根据岩体基本质量指标分析，21105 工作面围岩分类为Ⅴ类。各顶板岩层均为抗水、抗风化和抗冻性能弱、易风化崩解离层的软岩，易发生片帮、冒落、坍塌现象。工作面顶板来压比较稳定，顶板随着支柱的回收而垮落，围岩无自稳能力，为易冒落的不稳定顶板。

7.2　浅埋煤层采动覆岩运移规律推断

7.2.1　采动覆岩运移规律推断

运用岩层质量指数法对采场覆岩运移规律进行分析，结合不同采场条件覆岩结构的特点，建立浅埋煤层松软顶板覆岩结构模型。

1. 岩层稳定性影响因素

煤层采出为覆岩运动提供了空间，受重力作用顶板依次由下至上运动。采动覆岩运动受岩石组分的均匀性、岩层厚度、分层厚度、节理裂隙间距、岩石单轴抗压强度、水等众多因素的影响。其中，起主要作用的是岩石单轴抗压强度、分层厚度和节理裂隙间距，文献[107]将其称之为三因子，由三因子确定的岩层质量好坏的隶属度称为岩层质量指数。岩体质量好的岩层抗压强度一般较高，分层厚度及节理裂隙间距很大，反之亦然。

由于岩体性质的复杂性，各因子对岩层质量的影响程度各不相同。为定量分析岩层稳定性，各因子对岩层质量的隶属程度如下[108]：

$$\mu_R = 0.312(10\sigma_c)^{0.269} - 1 \tag{7.3}$$

$$\mu_D = 3.7457e^{-1.4587/(d+1)} - 1 \tag{7.4}$$

$$\mu_F = 3.7457e^{-1.4587/(f+1)} - 1 \tag{7.5}$$

式中，μ_R 为单向抗压强度对岩层质量的隶属度；μ_D 为分层厚度对岩层质量的隶属度；μ_F 为节理裂隙间距对岩层质量的隶属度；σ_c 为岩石单轴抗压强度，MPa；d 为分层厚度，m；f 为节理裂隙间距，m。

岩石单轴抗压强度、分层厚度、节理裂隙间距各对应关系见表 7.4、表 7.5 所列内容[107]。

表 7.4　单轴抗压强度各等级值及其对应的参考岩性

等级	单轴抗压强度/MPa	岩性说明
1	$\sigma_c<10$	软煤、含水泥岩、炭质泥岩、再生顶等
2	$10\leq\sigma_c<20$	炭质泥岩、煤、互层类页岩、小分层泥质粉砂岩
3	$20\leq\sigma_c<40$	粉砂岩、泥岩、页岩、风化砂岩、砂页岩及其互层类
4	$40\leq\sigma_c<70$	风化中粗砂岩、粗砂岩、中分层粉砂岩
5	$70\leq\sigma_c<100$	中细砂岩、砾岩、石灰岩、大厚度砂页岩
6	$\sigma_c\geq100$	大厚度坚硬砂岩、砾岩(整体性)、大厚度石灰岩

表 7.5 岩体分层厚度、节理裂隙间距各等级数值及其相互关系对应表

参数	数值范围						
σ_c/MPa	0～10	10～20	20～40	40～70	70～100	100～200	＞200
d/m	0～0.2	0.2～0.35	0.35～0.7	0.7～0.9	0.9～1.3	1.3～2	2
f/m	$f=-0.389d^2+0.786d+0.175$				$f=d-0.1$		

如果三因子对岩层质量的影响权重分别为 α_R、α_D 和 α_F，根据顶板分类方案有关研究结果以及国内外的测试结果，分层影响权重约为 0.35，节理及允许的误差范围，一般情况下均取 0.33，归一化处理后，岩层质量表达式为[108]

$$\mu_n=\sum_{i=1}^{n}\frac{H_i\mu_i}{\sum_{i=1}^{n}H_i} \tag{7.6}$$

式中，μ_i 为第 i 层岩层质量指数，$\mu_i=\dfrac{\mu_R+\mu_D+\mu_F}{3}$；$\mu_n$ 为 n 层岩层质量指数；H_i 为第 i 层的厚度，m。

根据式(7.3)～式(7.6)计算，可得 21^{-1} 煤层上覆岩层质量指数统计见表 7.6 所列内容。

表 7.6 21^{-1} 煤层上覆岩层质量指数统计表

层序	岩性	f	d	σ_c	μ_F	μ_D	μ_R	岩层质量指数
8	砂岩	0.34	0.25	13.00	0.26	0.16	0.16	0.19
7	细砂岩	0.40	0.35	20.00	0.32	0.27	0.30	0.30
6	泥岩	0.34	0.24	12.40	0.26	0.25	0.14	0.22
5	细砂岩	0.38	0.31	17.40	0.30	0.23	0.25	0.26
4	泥岩	0.34	0.24	12.40	0.26	0.25	0.14	0.22
3	粉砂岩	0.39	0.33	18.50	0.31	0.25	0.27	0.28
2	泥岩	0.34	0.24	12.40	0.26	0.16	0.14	0.19
1	细砂岩	0.35	0.26	14.00	0.27	0.18	0.18	0.21

2. 基于岩层质量指数的需控直接顶运动参数定量推断

需控岩层运动参数包括直接顶厚度、初次垮落步距、垮落方式、悬顶距、完整性指数、基本顶厚度、岩梁个数、结构形式、初次来压和周期来压步距[107]。

直接顶厚度推断图如图 7.1 所示[107]。图 7.1 中各符号意义见表 7.7 所列内容。

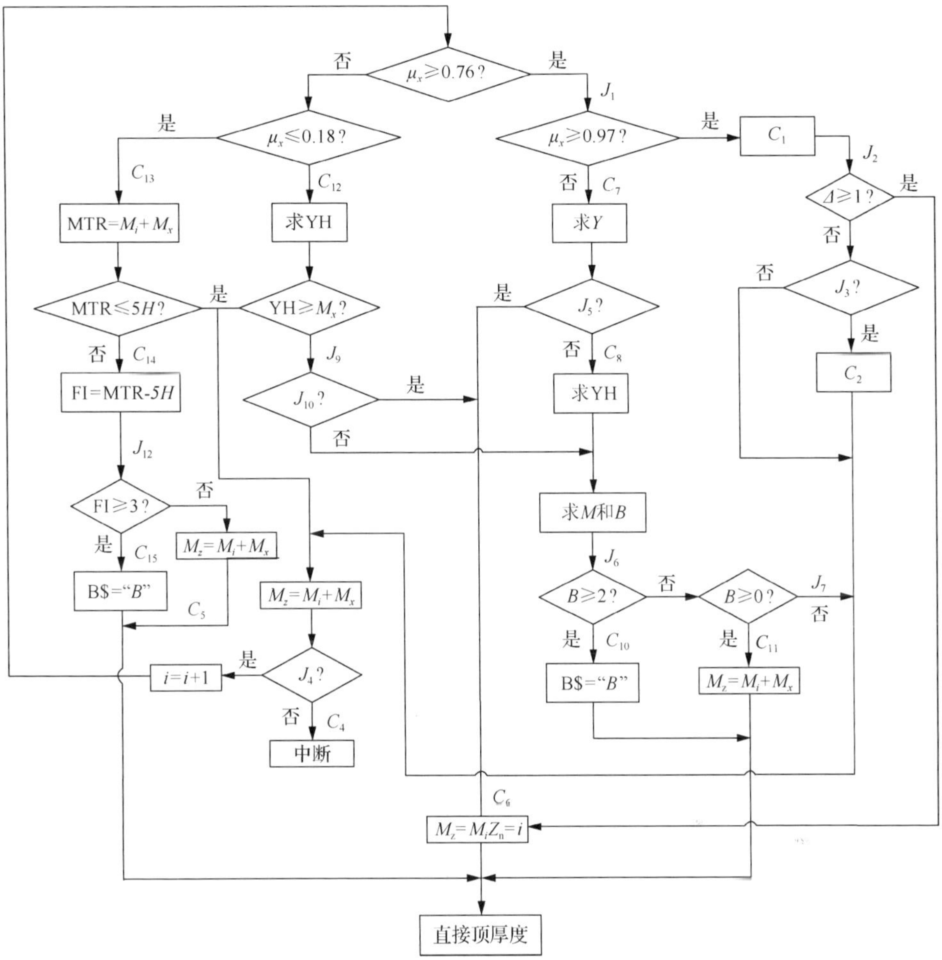

图 7.1 直接顶厚度推断图

表 7.7 直接顶厚度推断图符号对应表

符号	意义	备注	符号	意义	备注
μ_x	第 x 层顶板的质量指数		YH	采空区内允许质量等级“好”以下岩层的垮落厚度，m	$\text{YH}=\dfrac{M_i-\overline{K}M_i+0.75H}{K_{A-1}}$ K_A 为被判断岩层垮落后的碎胀系数
HK	坚硬完整顶板没运动时采空区自由空间高度，m	HK=H+M_i−$\overline{K}M_i$ $\overline{K}$ 为已垮 i 层岩层的平均碎胀系数	M_c	一个岩层分成直接顶和基本顶两部分运动时，属直接顶部分的厚度，m	
M_i	已垮岩层的厚度，m	$M_i=\sum\limits_{n=1}^{i}M_n$	B	属于基本顶部分的厚度，m	M_x=M_c+B

续表

符号	意义	备注	符号	意义	备注
M_x	第 x 层的平均厚度，m		B$	一个岩层分成直接顶和基本顶两部分运动时的辨识符号	当 B$= “*B*” 时成立，否则不成立
M_z	直接顶厚度，m				
Z_n	组成直接顶的岩层层数		MTR	松软岩层厚度与 M_i 之和，m	
Y	质量“好”的岩层垮落前采空区自由空间高度	$Y=0.8H+M_i-\overline{K}M_i$	FI	5 倍以外松软岩层的厚度，m	

21^{-1} 煤上覆岩层第一层细砂岩的岩层质量指数为 0.21，即 $\mu_1=0.21$。$\mu_1\geqslant 0.76$ 不成立，进入判断路径 J_8；$\mu_1\leqslant 0.18$ 不成立，进入判断路径 C_{12}。根据表 7.8，YH 值计算式为

$$\mathrm{YH}=\frac{M_i-\overline{K}M_i+0.75H}{K_A-1}=\frac{0.75\times 6.3}{0.25}=18.9 \tag{7.7}$$

采动岩层垮落后的碎胀系数参照表 7.8 所列内容。

表 7.8 各层因子等级中心值与相应的平均碎胀系数表

因子等级	强度中心值	分层厚度中心值	平均碎胀系数
1	8	0.10	1.30
2	15	0.30	1.35
3	30	0.60	1.35
4	55	0.80	1.30
5	85	1.20	1.25
6	100	2.00	1.25

将各层 YH 值统计如表 7.9 所示。

表 7.9 21^{-1} 煤层上覆部分岩层 YH 值统计表

21^{-1} 煤上覆岩层层序	岩层岩性	层厚	已垮落岩层数	YH
1	细砂岩	2	0	18.9
2	泥岩	7	1	16.7
3	粉砂岩	6	2	9.7
4	泥岩	4	3	4.1
5	细砂岩	6	4	0.5

21^{-1}煤层上覆第五层岩层分层垮落时，直接顶厚度的计算如下式：

$$M_c = \text{int}\left(\frac{\text{YH}}{d}\right)d \tag{7.8}$$

式中，M_c为分层垮落厚度，m；int(·)为取整函数；d为岩层分层厚度。

采动覆岩分层垮落厚度计算式为

$$M_c = \text{int}\left(\frac{0.5}{0.31}\right)\times 0.8 = 1.6 \tag{7.9}$$

随着煤层开采，直接顶的厚度也随之发生变化，变化范围在20～25m。直接顶一般由非大厚度坚硬岩层组成，在节理岩体中，用经典力学方法分析的精度难以保证。在计算破碎不稳定顶板时，要考虑到岩石强度、分层厚度、节理裂隙间距及厚度的影响，即在岩层质量分析的基础上考虑岩层厚度M的影响。考虑这些因素后，直接顶垮落步距计算公式为

$$L = \frac{(3.75M + 8.66)\mu + 0.7M}{\sqrt{\cos\alpha}} \tag{7.10}$$

式中，L为岩层垮落步距，m；M为岩层厚度，m；μ为岩层质量指数；α为煤层倾角。

21^{-1}煤层采动直接顶各岩层垮落步距统计如表7.10所示。

表7.10　21^{-1}煤层采动直接顶各岩层垮落步距统计表

层序	岩层岩性	层厚/m	岩层质量指数	垮落步距/m
1	细砂岩	2.0	0.21	4.80
2	泥岩	7.0	0.29	15.20
3	粉砂岩	6.0	0.28	13.00
4	泥岩	4.0	0.19	7.30
5	细砂岩	6.0	0.21	11.7整体垮落；4.2分层垮落

直接顶平均垮落步距L_p计算式为

$$L_p = \frac{\sum_{i=1}^{n} LM}{\sum_{i=1}^{n} M} \tag{7.11}$$

21^{-1}煤层采动第五层岩层整体垮落步距为10.75m，分层垮落步距为9.96m。

悬顶距是在采场末排支架到采空区侧直接顶悬露长度，在顶板破碎、质量差的采场，其长度一般为 0。直接顶质量指数与悬顶距对应关系见表 7.11。

表 7.11　直接顶质量指数与悬顶距对应关系表

直接顶质量指数	悬顶距
$\mu_z<0.4$	0
$0.4\leq\mu_z<0.6$	1
$0.6\leq\mu_z\leq0.8$	2
$\mu_z>0.8$	4

采煤工作面直接顶类别按其在开采过程中表现的稳定程度共划分为四类[109]。以三因子为主要影响因素的直接顶类别综合评价指标计算式为

$$D=C_1C_2\sigma_c \tag{7.12}$$

式中，D 为综合评价指标；C_1 为节理裂隙影响系数，C_1=0.2255 (f+1) +0.0503；C_2 为分层厚度影响系数，C_2=0.1541 (d+1) +0.0697。

直接顶综合评价指标与直接顶类别对应关系如表 7.12 所示。由表 7.12 可知，21105 工作面直接顶属于 1 类不稳定顶板。

表 7.12　直接顶综合评价指标与直接顶类别对应关系表

指标	直接顶类别
$D\leq30$ 或 LZ≤8	1
$30<D\leq70$ 或 8<LZ≤18	2
$70<D\leq120$ 或 18<LZ≤25	3
$D>120$ 或 LZ>25	4

随着工作面推进，基本顶悬露面积越来越大。直接顶初次垮落完成后，基本顶逐渐出现离层、沉降，当基本顶悬露距离过大超过岩层自身承受强度时，将在岩梁端部和中部发生断裂，受到矸石的支撑及水平应力作用，破断岩块相互挤压或铰接形成结构，在工作面推进过程中，结构失稳，引起采场来压。

基本顶初次来压的参数是初次来压的步距及岩梁厚度。基本顶初次来压完成后，采场进入周期来压阶段，周期来压是由基本顶岩层的断裂或结构的变形引起的，描述基本顶周期来压的参数是周期来压步距、厚度及结构的形式。

设当前岩层为 S，首先分析该岩层的正位分层是否是直接顶的最上位岩层，即 J_1，如果成立，则该岩层的上位分层将成为基本顶的基底岩层，其推断框图如图 7.2 所示。

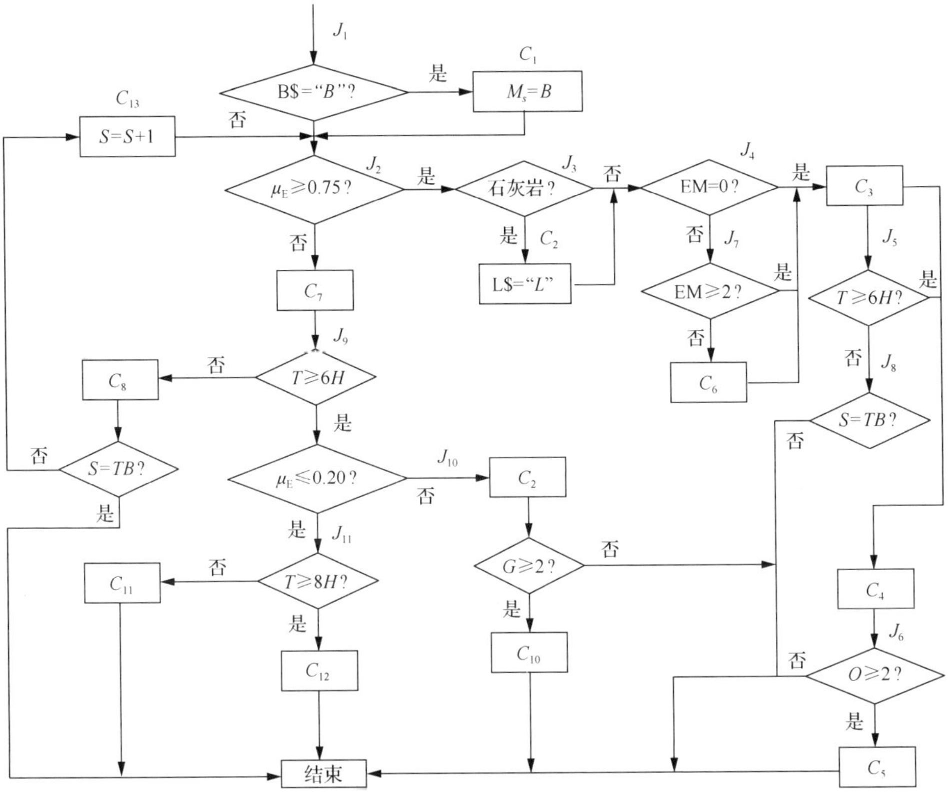

图 7.2　基本顶最上位岩层及基底岩层推断框图

直接顶上覆第五层岩层细砂岩全厚度垮落，第六层泥岩岩层质量指数为 0.22，则进入 J_9 路径；T 为已判断的岩层总厚度，数值为 29.9m，小于 6 倍采高，则判断进入下一层岩层。同理，得出第七层细砂岩判断路径。上覆第八层岩层已判断的岩层总厚度为 41m，岩层质量指数为 0.24，进入 C_8 路径，判断超过 6 倍采高的厚度 O 是否大于或等于 2m，若成立，则上覆第八层岩层的部分岩层为基本顶，其高度为 41m。

直接顶上覆第五层细砂岩分层垮落，下位分层厚度为 1.6m，上位分层厚度为 2.4m，岩层质量指数为 0.21，基本顶厚度为 43.4m。基本顶质量指数经计算得 μ_E=0.22，基本顶质量指数与基本顶结构对应关系见表 7.13。

依据基本顶质量指数及其与结构关系可知，基本顶结构为拱梁结构的下限，与类拱结构相近。根据上述分析，基本顶结构岩层强度低，稳定性差，无明显的力学规律，据统计，初次来压步距一般为 15～20m，周期来压步距为 7～10m。

表 7.13　基本顶质量指数与结构关系表

基本顶质量指数	其他条件	结构形式
$\mu_E \leqslant 0.2$		类拱结构
$0.2 < \mu_E \leqslant 0.75$	基底岩层质量指数小于 0.75	拱梁结构
$0.2 < \mu_E \leqslant 0.75$	基底岩层质量指数大于 0.75	带载梁式结构
$0.75 < \mu_E < 0.97$		一般梁式结构
	基本顶石灰岩	石灰岩拱梁结构
	石灰岩层上有软载	带载石灰岩拱梁结构
$\mu_E \geqslant 0.97$	宽厚比、煤硬度、面长等	可能剪切、铰接梁或不垮

7.2.2　采场覆岩结构及其特点

1. *采场覆岩结构*

煤层开采为上覆岩层提供了运动空间，覆岩运动是采场中一切矿压显现的根源。我国学者提出的砌体梁理论和传递岩梁理论是覆岩结构研究中占主导地位的经典理论。砌体梁理论与传递岩梁理论认为，煤层上覆岩层为较坚硬或坚硬岩层时，岩块的断裂位置出现在工作面前方煤壁内，断裂的岩块可视为铰接于煤层与上覆岩层中，研究其回转、下沉等运动规律与支承压力之间的关系，可为采场来压预报提供理论依据。

浅埋煤层破断后的块度较短，铰接亦不稳定，形成短砌体梁结构模型和台阶岩梁结构模型[98]，如图 7.3 所示。

直接顶岩层的结构按其岩层的弱面及组分情况可以分为颗粒型、膨胀型、团块型、分层裂隙共生型、双向裂隙型、单身裂隙型、上软下硬型、下软上硬型、分层型及整体型 10 种。工程实践表明，基本顶运动在煤层前方的影响距离、顶板来压时的强度等都随着基本顶强度的增大而增大，即岩层质量的量变引起基本顶结构形式的质变。文献[107]将覆岩为软弱岩性时基本顶形成的结构定义为类拱结构。类拱结构模型如图 7.4 所示。

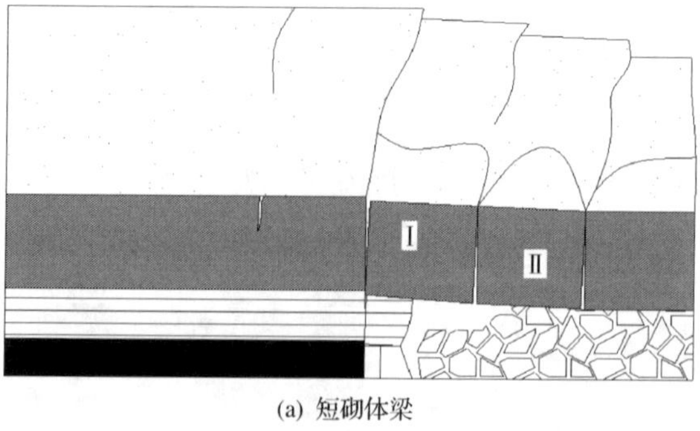

(a) 短砌体梁

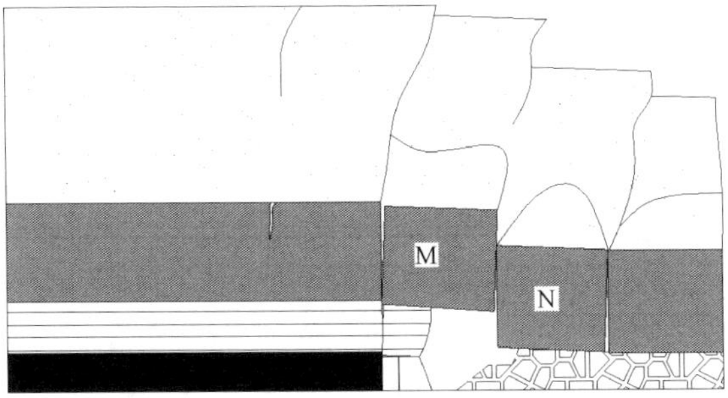

(b) 台阶岩梁

图 7.3　短砌体梁和台阶岩梁结构模型图

图 7.4 为类拱结构存在的两种极端形态。如图 7.4(a)所示，煤层覆岩岩体裂隙发育，垮落后形成大量不规则碎块体，受水平应力和垂直应力作用，相互挤压形成半拱结构；如图 7.4(b)所示，覆岩岩体裂隙较发育，垮落后形成块度较大，岩块相互挤压，从而形成排列较为规则的半拱结构。

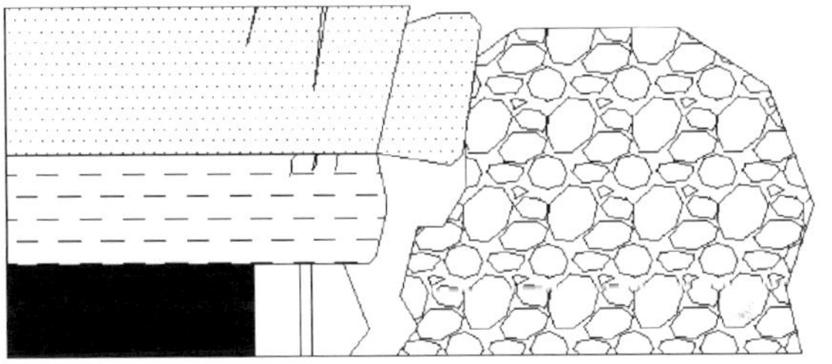

(a) 小拱结构

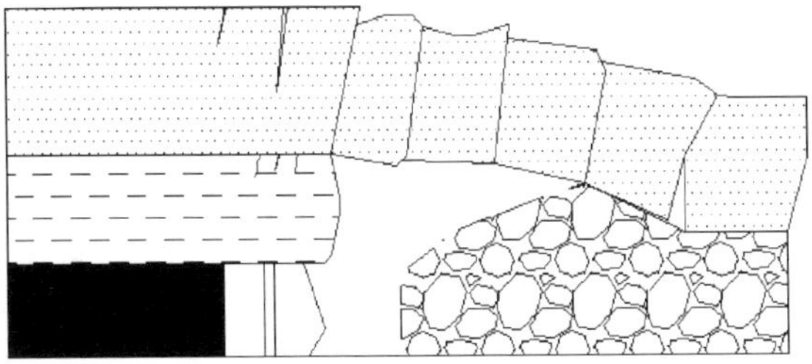

(b) 大拱结构

图 7.4　类拱结构模型图

2. 采场覆岩三带运移特征

一般地，工作面开采后，上覆岩层就开始运动，按照采空区内覆岩运动及破坏情况，可以将该区分为“三带”，即垮落带、裂隙带和弯曲带[103]，如图 7.5 所示。

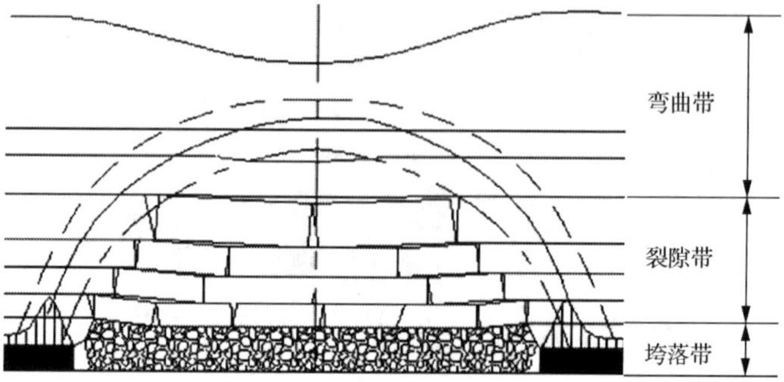

图 7.5　采动覆岩三带划分图

(1)垮落带。垮落带直接作用于煤层与支架上方的岩层，相当于直接顶，其载荷全部作用于支架之上。垮落带内的岩体破碎成小的块状，难以保持在水平方向上力的联系。

(2)裂隙带。裂隙带位于垮落带之上，各岩层的裂隙较发育，破断后岩块仍然排列较整齐。该部分在推进方向上能始终保持传递水平力的联系，相当于基本顶。值得注意的是，裂隙带中包括基本顶，但不全部属于基本顶。

(3)弯曲带。弯曲带为裂隙带以上直至地表的所有岩层。弯曲带岩层运动缓慢，具有整体性和连续性。弯曲带运动的最终结果是在地表形成沉降盆地。

7.2.3　采动覆岩结构概化模型

直接顶岩层的分层厚度、物理力学性质及节理发育情况的差异，将直接导致顶板垮落的结构差异。依据直接顶垮落的结构形式，可将直接顶结构概括为三大结构形式：散体结构、层状裂隙结构和整体型结构。

散体结构直接顶由岩性软、裂隙发育、胶结性差的岩体组成，常出现在断层带、强风化带附近。该结构直接顶受到超前支承压力和支架重复支撑作用，很容易破碎，在工作面上方形成“高冒”空穴。层状裂隙结构直接顶由强度较大、裂隙较少的岩体组成，根据组成直接顶岩层的强度、厚度、层位不同，直接顶会出现离层、分层垮落、大面积悬顶等多种情况。整体型结构直接顶由强度在中硬以上、分层厚度较大的岩层组成，该结构直接顶对上覆岩层起到较强的控制作用，破断岩块块度较长，有周期断裂现象，断裂时产生冲击载荷，水平推力大。因此，属于整体型结构直接顶的采场需采取相应的安全措施，以控制顶板破断。

结合老顶覆岩结构基本规律，依据煤岩活动特征，即煤壁前方上覆煤岩以水平移动为主，煤壁上方煤岩呈现水平及垂直复合移动，工作面上方煤岩以垂直移动为主，建立浅埋煤层软弱覆岩结构模型，如图 7.6 所示。

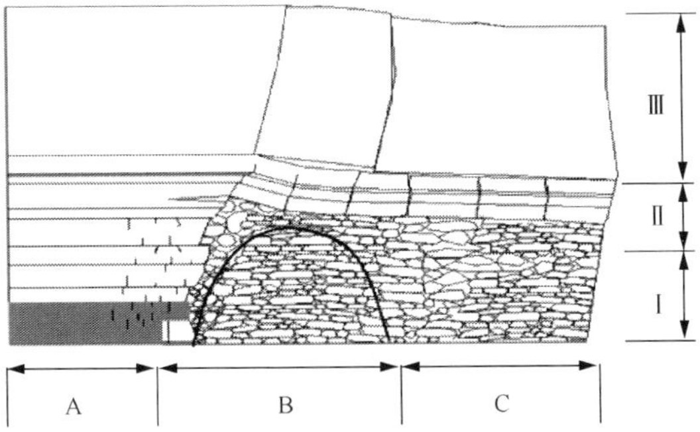

图 7.6　软弱覆岩结构模型

Ⅰ-散体结构带；Ⅱ-拱梁结构带；Ⅲ-裂缝带；A-裂隙发育区；B-类拱支撑区；C-重新压实区

由于煤层埋深浅，在纵向上将软弱覆岩结构分为散体结构带、拱梁结构带和裂隙带；横向上将工作面依次分为裂隙发育区、类拱支撑区和重新压实区，工作面开采后依次会经过裂隙发育、顶板垮落挤压成类拱和矸石压实支撑老顶的过程。

浅埋煤层软弱覆岩有如下结构特点。

1) 散体结构带

散体结构带是由垮落的直接顶与老顶组成。综放开采，顶板垮落高度可达采高的三倍以上，煤层上覆岩层属于软岩类且节理发育，经过支承应力及采动应力作用，垮落后的直接顶充分破碎，碎胀系数高。受岩层节理影响，破断的岩块块度长短不一，多数岩块垮落后呈散体状，少数呈块状，较长块状岩体破断时会在工作面内形成小范围、低强度的来压。

2) 拱梁结构带

松软的顶板破碎较充分，可以有效充填采空区，老顶破断后受到垮落矸石的支撑，形成的岩块块度较大，破裂的岩块同时受水平应力作用，相互挤压在一起形成排列整齐的拱梁结构。

3) 裂缝带

由于埋深浅，老顶关键层破断后直接波及地表，产生的裂缝将与地表贯通，形成大的裂缝或地堑。

4) 裂隙发育区

支架上方煤岩体受超前支承压力及采动应力双重作用，致使煤岩体内裂隙发育，这也是形成采空区内散体结构的原因，垮落后在采空区内难以形成悬顶。

5) 类拱支撑区

随着工作面推进，垮落的顶板逐渐充填采空区，支架上方岩体垮落后难以形成悬顶，矸石受水平应力和垂直应力相互挤压在一起，形成一个半拱，随着采场的推进，该半拱周期性运动。因为半拱的运动分担了上覆岩层的部分重量，工作面支架压力小于实际支撑高度的压力。

6) 重新压实区

工作面推进一段距离后，采空区内的矸石逐渐被压实，覆岩运动趋于稳定。

21105 工作面的顶板松软且破碎，在放顶煤开采过程中，受到超前支承压力及采动影响，直接顶垮落后形成松散破碎状态，煤层上覆岩层岩性整体较软，老顶破断后，会形成多个岩块，其力的迹线较为平缓。图 7.6 所建立的覆岩结构模型较好地反映了综放开采工作面覆岩活动规律和矿压显现特点。

7.2.4　采场围岩与支架作用关系

采场支护是顶板控制基本手段。研究表明，支架对覆岩的控制效果是支架支护性能与覆岩活动规律相互作用的结果，煤层开采后覆岩的结构与运动形态影响支架的受力特征，而支架的支护性能又影响其对覆岩的控制效果。所以，不同的覆岩结构与运动形态要求支架有相应的支护能力[103]。

建立浅埋煤层软弱覆岩采场围岩-支架关系，如图 7.7 所示。直接顶直接作用于支架上，则支护强度需大于等于直接顶作用力。然而，在实际生产中，存在支架载荷随着顶板下沉量的增大而减小的现象，其原因可能是：直接顶分层，上位直接顶在采空区触矸；直接顶与基本顶产生离层间隙，直接顶受到采空区矸石的支撑。

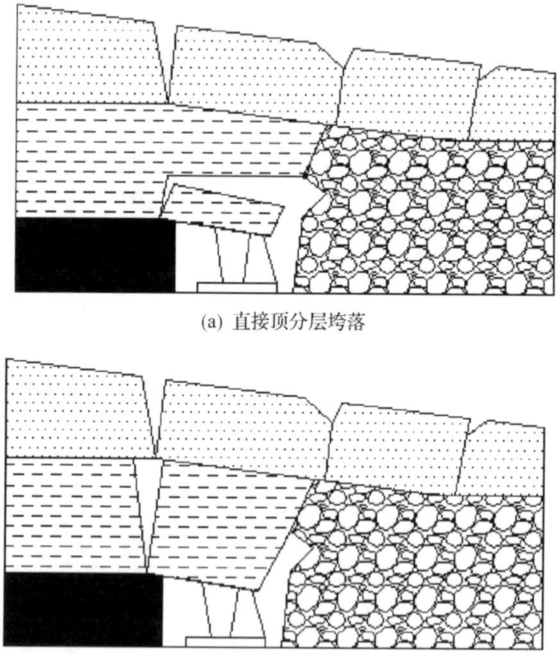

(a) 直接顶分层垮落

(b) 直接顶整体垮落

图 7.7　浅埋煤层软弱覆岩采场围岩-支架关系图

基本顶与支架的作用关系如图 7.8 所示。组成基本顶的多个岩层在采空区中会存在离层，支护强度大于 A 时，图中 S 段将被压紧，离层在上方更加明显。支护阻力对基本顶的控制体现在对厚度方向控制的范围和对顶板下沉量的控制上。

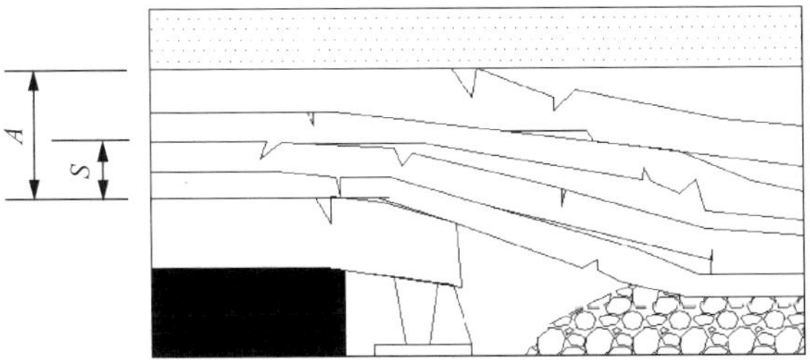

图 7.8　基本顶与支架的作用关系

受复杂的地质条件影响，支护强度是一个动态问题，需要以支架-围岩关系、定量控制与经验结合的方法，针对工作面的不同阶段来分析[107]。

(1) 直接顶初次垮落的支护强度为

$$p \geqslant \frac{M_z \gamma_z L_z}{2L_k} \tag{7.13}$$

式中，L_k 为控顶距，m；γ_z 为直接顶的重度，kN/m^3；L_z 为直接顶跨落步距；M_z 为直接顶厚度。直接顶初次垮落期间，支架至少要承担起垮落步距一半的重力。

(2) 基本顶初次来压的支护强度为

$$p = A + \frac{M_E \gamma_E C_0}{2K_T L_k} \tag{7.14}$$

式中，A 为直接顶作用力，kN/m^2；M_E 为基本顶厚度，m；γ_E 为基本顶的重度，kN/m^2；C_0 为初次来压步距，m；K_T 为岩重分配系数，直接顶厚度与采高比 N 有关，见表 7.14。

表 7.14　K_T 取值表

N	$N \leqslant 1$	$1 < N \leqslant 2.5$	$2.5 < N \leqslant 5$	$N > 5$
K_T	2	$2N$	$38(N-2.5)+5$	10000

基本顶初次来压期间，应保证支架不被压死，并且承担起直接顶的全部作用力和基本顶的部分作用力。

(3) 正常推进阶段。根据上述分析，在松软破碎的顶板条件下，工作面周期来压时，应防止在煤壁和支架间顶板的切落，支架应能支柱直接顶和悬露跨度一半的重量。

$$p = A + \frac{M_{\mathrm{E}}\gamma_{\mathrm{E}}C}{2L_{\mathrm{k}}} \tag{7.15}$$

式中，C 为工作面周期来压步距，m。

(4)浅埋采场软弱覆岩垮落后，岩块堆挤在一起，对采场顶板有一定支撑作用。在该顶板条件下开采时，支架应能支撑直接顶，并防止拱在煤壁处切落，以免采场突然来压。同时，在工作面推进过程中，为防止采场覆岩切落而形成的突然来压，支架应有能力护住顶板，使直接顶与基本顶之间有足够大的压力，防止拱结构失稳向采空区方向滑动。

基本顶初次来压期间防止滑动的支护强度为

$$p_{\mathrm{T}} = A + \frac{QM_{\mathrm{z}}\gamma_{\mathrm{z}}(L_{\mathrm{k}} + L_{\mathrm{s}})\sin\alpha_0}{fL_{\mathrm{k}}} \tag{7.16}$$

式中，A 为直接顶作用力，$\mathrm{kN/m^2}$；Q 为由基本顶结构形式决定的摩擦力安全系数，类拱时取 1.5；f 为直接顶与基本顶之间摩擦系数，一般取 0.3；α_0 为基本顶初次来压顶板下沉角；L_{s} 为直接顶悬顶距。

顶板周期来压阶段防止滑动强度为

$$P_{\mathrm{m}} = \gamma_{\mathrm{z}}M_{\mathrm{z}} + \frac{QM_{\mathrm{z}}\gamma_{\mathrm{z}}(L_{\mathrm{k}} + L_{\mathrm{s}})\sin\theta}{fL_{\mathrm{k}}} \tag{7.17}$$

式中，θ 为基本顶周期来压下沉回转角。

顶板下沉回转角由老顶破断岩块的下沉量与破断距作用得到：

$$\sin\theta = \frac{H + M_{\mathrm{z}}(1-K)}{C} \tag{7.18}$$

式中，H 为采高；K 为垮落岩石的碎胀系数。

21105 工作面倾斜长度为 240m，走向长度为 1710m，平均埋深为 116m。根据矿井地质资料知，工作面上方是平均厚度 2.7m 顶煤，容重为 $13\mathrm{kN/m^3}$；煤层上覆岩层由砂岩、泥岩等多层岩层组成，平均容重为 $22\mathrm{kN/m^3}$；地表为平均厚度 75m 的第四系黄土层，平均容重为 $16\mathrm{kN/m^3}$，煤层上覆直接顶平均高度为 22m，老顶高度为 41m，老顶初次来压步距为 13m，周期来压步距为 10m。根据工作面不同推进时期的载荷计算得到，防止滑动强度 869kPa 为最大强度，考虑支架的工作效率，计算支架的工作阻力为

$$F = P_{\mathrm{m}}lb\eta \tag{7.19}$$

式中，F 为支架工作阻力，kN；l 为控顶距，m；b 为中心距，m；η 为支架工作效率，取 0.9。计算得支架工作阻力为 9462kN，与现场实践相符。

7.3　综采软弱覆岩运移相似模拟试验

以伊犁四矿首采工作面 21105 工作面为研究背景，通过模拟软岩条件下浅埋煤层综放开采过程，分析工作面放顶煤开采后的覆岩结构及其运移规律。

7.3.1　相似模拟试验基础

1. 相似定理

相似模拟试验是以相似理论为基础的模型试验技术，根据自然界中现象或事务间存在的相似或类似关系建立联系来研究其规律的一种方法。该方法在用理论分析方法难以实现的研究领域中得到了广泛的认可，同时是一种用于检验、分析、对比理论研究结果的有效手段。在地下矿井开采过程中，受条件限制，井下并不能观测到因开挖造成的采掘工作面周围岩层的破坏和移动过程，因此，需要通过模拟试验再现和认识这一力学过程。

相似现象存在于自然、人类社会和人们的思维活动中，如几何相似(比例系数相等，几何学中的相似三角形、多边形等)、物理相似(具有相同性质的现象间的相似，运动相似、动力相似等)、数学相似(能被相同的数学表达式描述)。因此，如果表征第一个系统中物理现象全部量(线性尺寸、力、位移等)的数值可由第二个系统中相对应的量乘以不变的无量纲数得到，则称这两个系统的物理现象相似。相似现象遵循相似三定理。

2. 相似材料选择和试块制作

受原型岩石力学性质影响，选用砂、石灰、石膏为本试验的相似材料，所选材料主要技术参数及用途为：

(1) 砂，采用粒径 0.1～0.2mm 的纯净细砂，是主要材料。

(2) 石灰，粒径一般为 0.1mm 左右，是脆性较大材料，其强度较大，用于弹性模量较大的模型材料，增加相似材料的脆性。

(3) 熟石膏，由生石膏在 150～170℃温度下煅烧细磨而成，其密度为 $1.2g/cm^3$。它是主要的胶结材料，石膏凝结硬化得快，材料强度的大小主要靠石膏调节。

不同的配比，其材料的强度也不同。一般规律是：砂所占比例越大，强度越小；石膏越多，强度越大；石灰越多，脆性越大。

1) 试块的制作

试块强度受容重影响，密度大时，其强度增大。但在制模和装架时大多为手工操作，打实[60]。所以，对相似模拟中的软岩，其密度最大不超过 $1.6g/cm^3$，最小不低于 1.4g/cm^3，否则，制作模型有困难。因此，设计试样密度为 1.5g/cm^3，依此计算所各种材料的重量，水取总材料量的 1/10。

2) 准备试模

依据《普通混凝土力学性能试验方法标准》(GB/T 50081—2002)，将模具放在平台上用螺钉固定在一起，清洁内柱面，并擦少量机油，准备一个捣棒。

3) 搅拌

先将称好的干料充分搅拌均匀，加入已称好的水，再搅拌均匀。

4) 装模

将已搅拌好的材料均分后，分别装入试模中，边装边捣，直到装完，将试模顶盖放入模中轻轻敲打，使顶盖与试模平齐，三天后拆模。

5) 养护

拆模后用湿布置于试样上方，养护 7 天。

7.3.2　构建物理试验模型

1. 模拟试验配比选择

相似模拟试验的配比号由三个数字组成，第一位数字代表砂胶比，第二位数字代表一种胶结物的比例，第三位数字代表石膏的比例。例如，石灰、石膏配比号 637，表示 6 份的砂、1 份的胶结物，胶结物中石灰占 3 份，石膏占 7 份。如果需要 70kg 材料，砂占 60kg，石灰占 3kg，石膏占 7kg。根据试验经验，相似材料配比表见表 7.15 所列内容。

表 7.15　相似材料配比表

配比号	质量比(砂：石灰：石膏)	相似强度/MPa	密度/(g/cm^3)
973	9∶0.7∶0.3	0.515	1.5
1037	10∶0.3∶0.7	0.22	1.5
1237	12∶0.3∶0.7	0.21	1.5
1246	12∶0.4∶0.6	0.24	1.5

从表 7.15 可知，通过对比不同的砂胶比及其强度，即使是相似强度最低的配比号，其相似强度也高于 21105 工作面相似强度，因此，需要重新确定配比号。本试验依据《普通混凝土力学性能试验方法标准》(GB/T 50081—2002) 制作试块[90]，选择 1355、1455、1555 三个配比号进行强度试验，每个配比号制作 9 块试块，共计 27 块，依据不同配比号的强度范围(依据强度大小可对配比号适当调整) 找出与

模型岩层相似强度相符合的配比号。试验设备采用 CSS-YAW3000 电液伺服压力试验机，试验结果如图 7.9 所示。

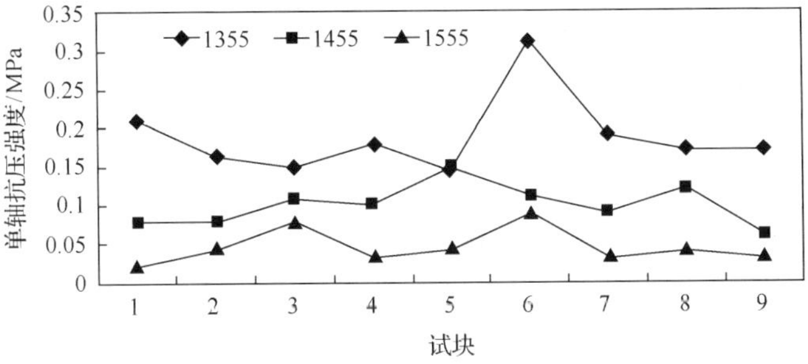

图 7.9　试块强度曲线图

由图 7.9 可见，配比号为 1355 的试块除 1 号、6 号之外，其余试块强度均分布在 0.15～0.2MPa，除去强度波动较大的试块后，配比号为 1355 的试块的平均强度在 0.16MPa，配比号为 1455 与 1555 的各试块强度比较稳定，无较大波动，其平均强度分别为 0.09MPa 和 0.02MPa，基本符合相似模拟强度要求。

2. 相似参数及开采方案

试验以 21105 工作面为试验对象，工作面顶底板岩性及有关力学参数详见工程地质条件。试验用物理模型架规格为：长×宽×高=3.0m×0.3m×1.5m。根据工程实际及试验设备，应用相似理论三定律确定模型的主要相似系数：几何相似条件 α_L 为 1∶100；容重相似条件 α_γ 为 3∶5；时间相似条件为 1∶10；材料强度相似条件 α_R 为 3∶500。实际工作面采高为 3.6m，放煤高度为 2.7m，工作面采煤回收率为 97%，放煤回收率为 83%。模拟试验中采用留约 1.0cm 残煤，其余一次性挖出的开采方式。

回采方案：每 2h 开采一次，开采距离 5.0cm，相当于实际每天推进 5.0m。开切眼与停采线两侧各留 50cm 煤柱，相当于实际情况下开采 200m。模型开采过程中，对采动覆岩结构进行观察、测试及照相，采用压力盒测试应力，整个模型开采 40 次，相当于实际开采 100d，开采结束后，继续观测 24h，直至岩层移动稳定。

3. 模型各岩层的相似材料配比

依据确定的配比号及其配比原理，模拟试验中以水、石灰、石膏和砂为相似材料制作模型，假设每层材料总质量为 G，其中用水比重为 q，则材料用量按照砂∶石灰∶石膏=A∶B∶(1–B)，砂子含水率为 q_1。

模型分层重量为

$$G_1 = G(1-q) \tag{7.20}$$

各个分层材料用量及用水量为

$$g_1 = \left(\frac{A}{A+1} + \frac{A}{A+1} q_1\right) G_1;\ g_2 = \left(\frac{B}{A+1}\right) G_1;\ g_3 = \frac{1-B}{A+1} G_1;\ g_4 = qG_1 - q_1 g_1 \tag{7.21}$$

式中，g_1、g_2、g_3 和 g_4 分别为砂、石灰、石膏和水的质量。

煤层及其顶底板岩层相似材料配比如表 7.16 所示内容。

表 7.16　主采煤层覆岩物理模拟配比

层序	岩性	厚度/cm	相似强度/MPa	配比号	质量/kg		
					砂	石灰	石膏
1	表土层	2.5	0.06	1555	38.0	1.30	1.3
2	砂砾层	55.0	0.15	1346	823.5	25.62	36.6
3	砂岩	3.0	0.12	1355	45.1	1.70	1.7
4	泥岩	6.0	0.084	1446	90.8	3.80	3.6
5	砂岩	6.0	0.12	1355	90.0	3.60	3.6
6	细砂岩	4.0	0.10	1355	60.0	2.40	2.4
7	泥岩	6.0	0.08	1464	90.0	3.90	2.7
8	细砂岩	6.0	0.10	1355	90.0	3.60	3.6
9	泥岩	4.0	0.08	1464	60.0	2.40	2.4
10	粉砂岩	6.0	0.11	1355	90.0	3.60	3.6
11	泥岩	7.0	0.07	1464	105.0	4.50	3.1
12	细砂岩	2.0	0.08	1464	30.0	1.30	1.3
13	煤 21^{-1}	6.3	0.02	1573	80.0	3.70	1.6
14	泥岩	3.5	0.09	1355	52.6	2.10	1.6
15	粉砂岩	4.0	0.08	1464	60.0	2.60	1.8
16	泥岩	1.0	0.07	1464	15.0	0.60	0.4
17	煤 23^{-1}	0.5	0.02	1564	7.5	0.30	0.2
18	炭质泥岩	2.2	0.09	1355	33.0	1.30	1.3
19	泥岩	2.2	0.09	1355	33.0	1.30	1.3
20	煤 23^{-2}	2.0	0.02	1573	28.4	1.30	1.3
21	泥岩	0.5	0.09	1355	7.4	0.30	0.3
22	煤 23^{-2}	5.0	0.02	1564	60.0	2.40	1.6
23	粉砂岩	2.0	0.11	1355	45.0	1.00	1.0
24	含砾粗砂岩	5.0	0.07	1464	75.4	3.30	2.1

4. 位移及应力测点布置

为分析采动覆岩运动规律，自 21^{-1} 煤底板起，模型内共布置 13 条位移测线，每条测线垂直间距为 10cm；每条位移观测线从模型架左起 5cm 处布置测点，自左向右以 10cm 为间距布置测点。分别选取煤层上方 10cm 和 30cm 处测线，作为本次试验数据分析测线。

应力测点布置共设置 3 个应力测站，20 个应力测点。1 号测站共设 9 个测点，布置在 21^{-1} 煤层上方 30cm 处，1 号测点位于开切眼上方，其余测点以 40cm 为间距布置。2 号测站共设 6 个测点，分别布置在开切眼与停采线两侧煤柱内，每侧设 3 个测点，以开切眼和停采线两侧 10m 为起点，间距 10cm。3 号测站位于 21^{-1} 煤层底板 10cm 处，布置方式为开切眼与停采线两侧留出 16cm，其余均布。位移测点和应力测点的布置图如图 7.10 所示。

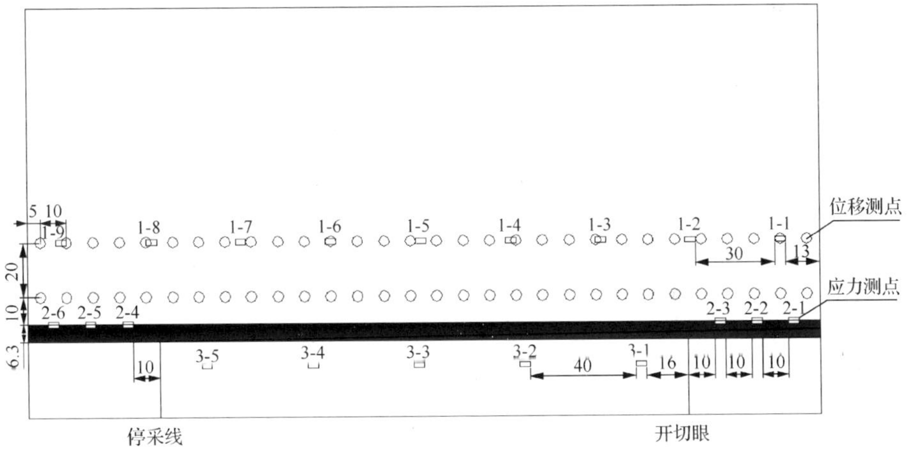

图 7.10　物理模拟试验测点布置图

7.3.3　采动覆岩运移演化特征

1. 回采过程采动覆岩运移特征

模型开挖后，直接顶暴露出来。随着工作面推进，直接顶在沿着工作面推进方向出现微小的裂隙，之后，裂隙逐渐明显。当工作面推进至 11cm 时，煤层上方的顶板产生第 1 次垮落，如图 7.11(a)和图 7.11(b)所示。软岩顶板垮落后，垮落的岩块破碎，破碎的岩块在采空区内呈堆积状。受岩层节理影响，大部分岩块在采空区内排列规则，垮落岩块的长度在 3～5cm，岩块内部裂隙丰富。工作面继续推进，直接顶上方沿工作面推进方向的裂隙再次发育，同时，在第一条裂隙上方又发育出第二条裂隙，顶板破坏高度逐渐升高，工作面进入直接顶周期来压阶段。

顶板垮落时
带下的浆皮

(a)

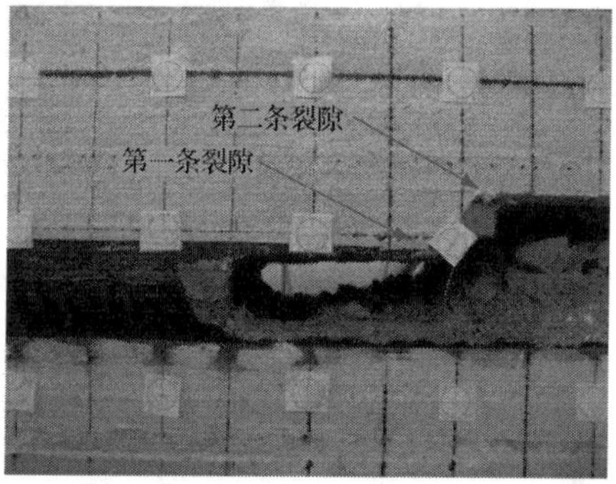
第二条裂隙
第一条裂隙

(b)

继续发育的
采空区裂隙

(c)

9cm
12cm
11cm

(d)

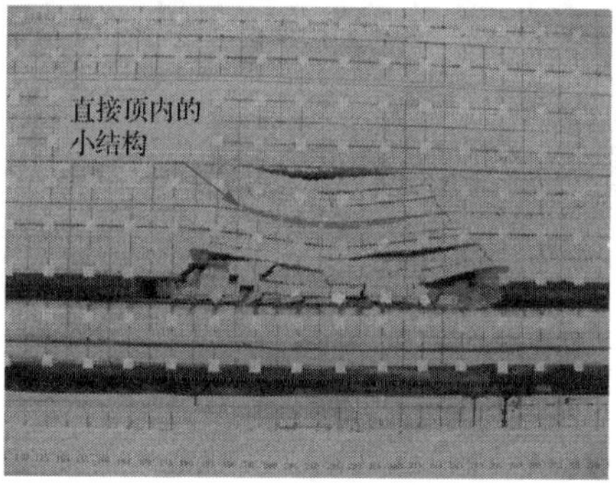
直接顶内的
小结构

(e)

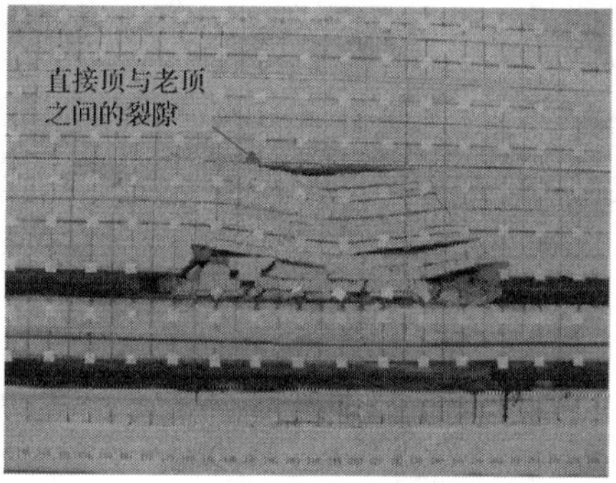
直接顶与老顶
之间的裂隙

(f)

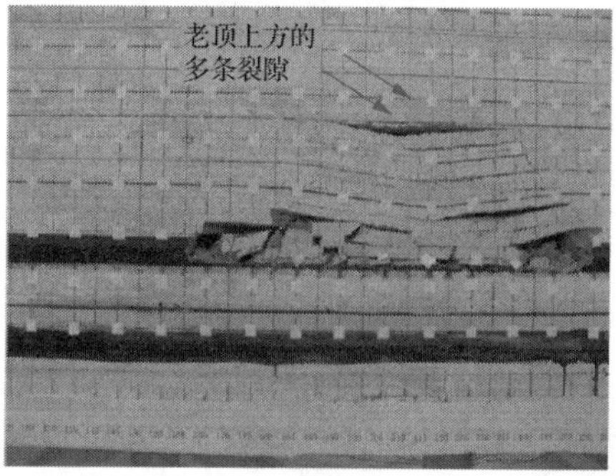
老顶上方的
多条裂隙

(g)

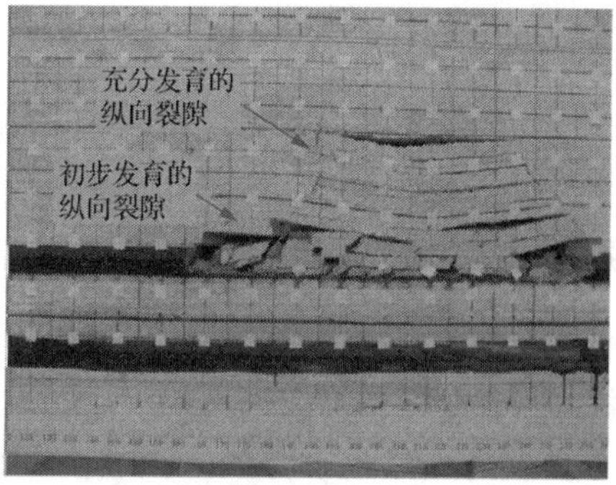
充分发育的
纵向裂隙
初步发育的
纵向裂隙

(h)

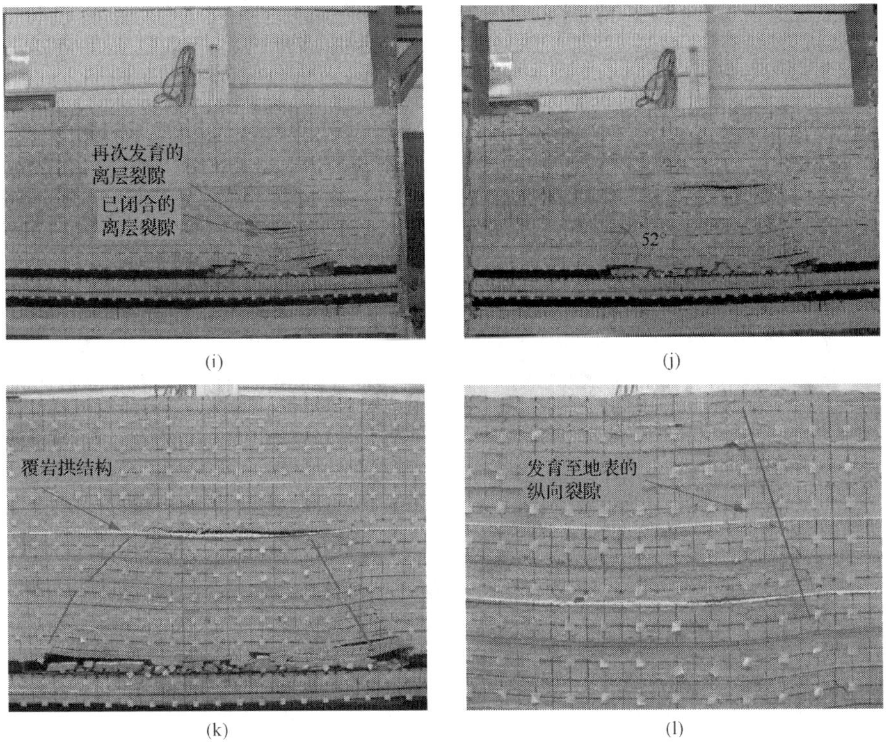

图 7.11　不同开采次数下采动覆岩运移演化过程图

工作面继续向前推进 13cm 后，采空区后方直接顶板出现第 2 次垮落，垮落长度约为 12cm，垮落高度发展至第二条裂隙发育的高度，同时，采空区正上方的裂隙开始向上发育，即随着工作面的推进，直接顶的破坏高度开始增加，如图 7.11(c)和图 7.11(d)所示。工作面继续推进，老顶下位岩层出现少量垮落，上方岩层出现微弱的弯曲，当工作面推进至 35cm 时，直接顶发生第三次垮落，垮落长度为 9cm，因此，直接顶垮落步距为 9～12cm，平均 10.6cm。

工作面在直接顶第三次垮落之后，顶板从下至上不同的高度处发育出不同程度的裂隙，裂隙随工作面的推进出现了横向裂隙和纵向裂隙，在煤层上方 20～25cm 处，直接顶与老顶之间出现了离层现象，离层高度最大约为 0.5cm，长度约为 40cm，如图 7.11(e)和图 7.11(f)所示。此时，老顶下部破断的岩层得到采空区内岩块的支撑，回转空间小、排列整齐，因此，在采空区内形成较稳定的小结构，该结构随着工作面的推进不断地形成和失稳，造成工作面顶板垂直压力和水平推力发生周期性变化。在软岩性质条件下，顶板破断的跨度及回转角较小，来压亦不剧烈。

随着煤层不断采出，老顶上方裂隙发育更加充分，表现为老顶上方横向裂隙不再是单条发育，而是多条发育，随着工作面推进，受到下方矸石的支撑，老顶上方横向裂隙发育呈梯形向上扩展。工作面后方顶板发育出纵向裂隙逐渐发育充分，最近的一条纵向裂隙在距煤层后方 10cm 处，长度约为直接顶周期来压步距，在工作面后方 20cm 处，采空区上方则出现了明显的纵向裂隙，断裂角度几乎呈 90°角向采空区上方扩展，工作面推进至 87cm 时，采空区上方老顶出现大面积垮落，同时，离层裂隙再次向上发育。顶板裂隙及垮落如图 7.11(g)和图 7.11(h)所示。

工作面不断地向前推进，顶板出现周期性垮落，在工作面推进到 100cm 时发生第二次破断，因此老顶破断的长度在 13～15cm。老顶周期性破断后，在其上方的裂隙不断发育，纵向裂隙与横向裂隙发育明显，工作面和切眼上方裂隙发育基本对称，采空区后方的裂隙不断地经历不发育、发育充分、裂隙压实过程，顶板断裂线为 52°左右，工作面后方 40cm 处，垮落的顶板逐渐被压实，裂隙发育丰富区处于工作面后方 15～40cm 处，老顶第二次破断如图 7.11(i)和图 7.11(j)所示。

工作面开采第 25 次时，采空区上方再次出现离层裂隙，裂隙与垮落带两侧断裂线呈现出较明显的拱形结构，工作面继续向前推进，离层裂隙逐渐发育，但上方并未有新的裂隙出现，在工作面继续向前推进 50cm 后，离层裂隙长度达到 70cm 时，岩层突然垮落，垮落后上覆岩层整体下沉，纵向裂隙迅速向上方扩展，直至地表，如图 7.11(k)和图 7.11(l)所示。

2. 采动覆岩下沉移动规律

工作面开采后必然引起上覆岩层的移动，试验记录了煤层上覆岩层 11cm 和 31cm 处两条测线的下沉移动值。两条测线分别位于直接顶与老顶岩层中，因拍摄角度，照片右侧岩层高度整体略高于左侧，这并不影响覆岩下沉运动规律。工作面不同推进距离处，采动覆岩下沉移动规律如图 7.12 所示。

由图 7.12 可以看出，在工作面开采初期(如开挖 20cm、开挖 40cm)，测点的下沉量均较小，两条测线的运动方式基本同步，此时工作面推进距离小，顶板悬露面积小，上覆岩层运动几乎不受开采影响。工作面不断推进，覆岩运动向纵向与横向发展，当采至 80cm 时，直接顶垮落高度发展到工作面上覆岩层 10cm 处，此时已接近老顶初次来压阶段，“开挖 80cm”曲线出现轻微下沉，即老顶裂隙。

随着工作面的推进，上覆岩层的下沉与水平移动都会增加。由图 7.12 可以看出，覆岩为软岩类岩性，工作面开采至 120cm 时，岩层移动角逐渐变缓，顶板下沉量达到最大值，工作面进入充分采动阶段，此后，随着采空区矸石压实，顶板下沉量稍有增加，但曲线呈水平状态整体运动，下沉量不再增加。

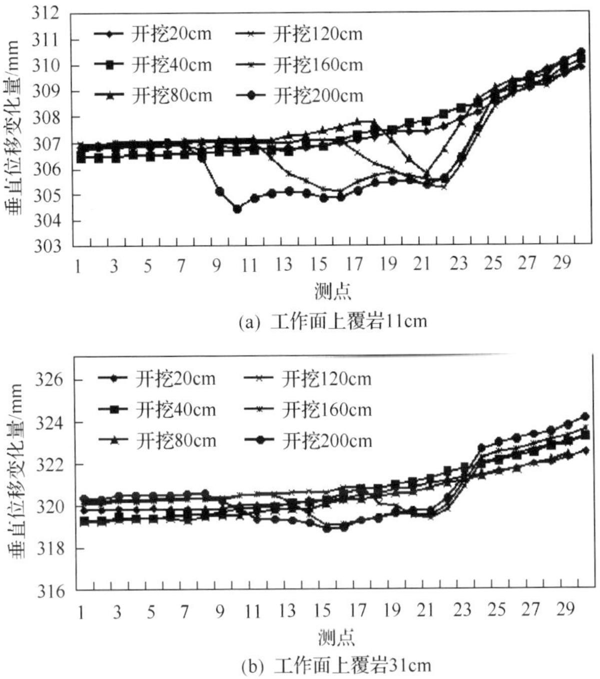

图 7.12　采动覆岩下沉动态曲线

直接顶垮落后将充填采空区。由于受到矸石的支撑，老顶破断后，岩块的下沉量将小于直接顶，由图 7.12 可以看出，老顶的下沉量几乎是直接顶下沉量的一半左右。老顶垮落后，破断岩块的长度与顶板周期来压步距基本一致，并且很快达到峰值，呈水平状曲线。

7.3.4　采动覆岩支承压力分布

1. 开切眼侧煤柱支承压力分布

依据试验模型应力监测点数据，整理形成工作面开切眼侧煤柱内 2-1、2-2、2-3 号测点支承压力曲线图，如图 7.13 所示。图中，2-1 曲线、2-2 曲线、2-3 曲线分别是切眼后方 10cm 处、20cm 处和 30cm 处的支承压力规律分布曲线。

由图 7.13 可以看出，模型开挖初始阶段，工作面推进距离短，顶板悬露跨度小。因此，切眼附近范围内应力变化不明显，工作面继续向前推进后，1～3 号测点处压力逐渐升高，此时，距离煤壁侧越近的测点其压力值增长的越快，各个测点的压力值随着工作面向前推进总体呈升高趋势。

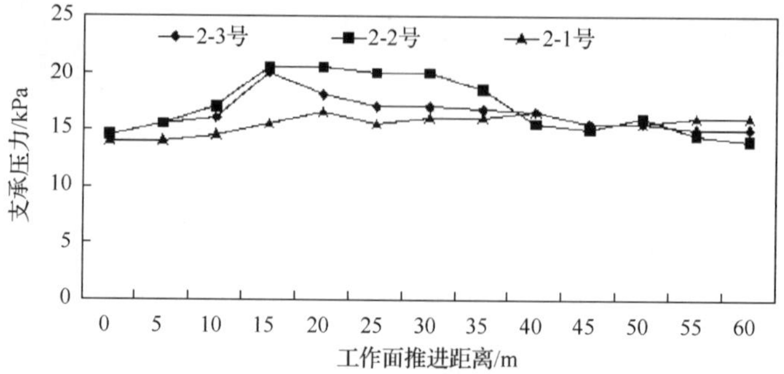

(a) 工作面推进距离

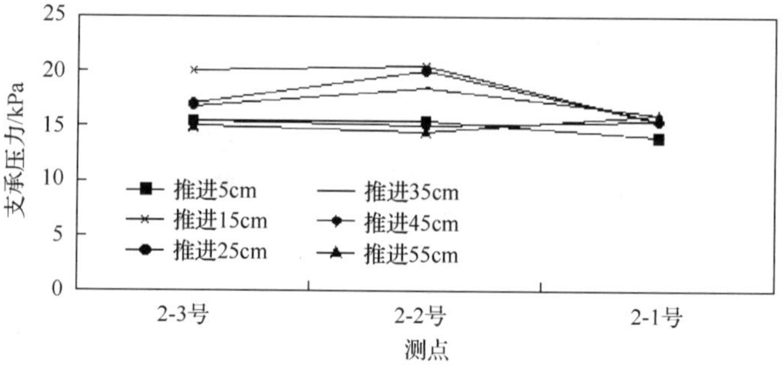

(b) 不同测点位置

图 7.13　切眼侧支承压力分布

工作面推进 10cm 时，1～3 号测点的支承压力增长的速率变快，并且 2 号测点的支承压力值超过了 1 号测点，当工作面推进至 20cm 左右时，测点的支承压力达到最大，最大峰值压力是初始应力的 1.2 倍。监测数据说明，随着工作面的推进，顶板悬露的面积增大，支承压力发生转移。支承压力由初始时集中在煤壁处发展到顶板垮落后向煤体内部转移。

顶板垮落后工作面继续向前推进，3 个测点的支承压力值在达到峰值后整体出现下降趋势。切眼处煤体在支承压力峰值作用下，由弹性体转变为塑性体，从而使测点应力降低，应力峰值向煤体后方传递。

工作面向前开采一定距离后，采空区内垮落的矸石逐渐被压实，对上覆顶板起到了支撑作用，从试验数据可以看出，工作面推进约 40cm 后，1 号测点因矸石支撑作用应力略有增加，2 号、3 号测点应力逐渐减小。工作面推进至 60cm 左右时，各个测点的应力值趋于平稳，基本恢复至初始应力状态。

切眼侧煤柱内支承压力数值表明，工作面开采后，支承压力峰值出现在距工作面 15～20cm 处，随着工作面推进距离增加，支承压力会向煤体内部转移并逐渐降低，支承压力影响强烈区域在工作面前方 20cm 左右。

2. 停采线侧煤柱支承压力分布

由图 7.14 可以看出，4～6 号测点的支承压力变化规律与 1～3 号测点的支承压力变化规律类似。在工作面推进距离停采线位置大约 40cm 处，测点支承压力开始增长。煤体上所承受的超前支承压力随着工作面推进距离增加开始逐渐向煤体内部转移，当工作面距离测点位置约 20cm 时，2-4 号测点支承压力值达到顶峰，随后支承压力峰值由 2-4 号测点转移到 2-5 号测点位置，2-6 号测点支承压力变化幅度最小，随着工作面停止开采，三个测点的支承压力变化逐渐缓和，最终趋于平稳。

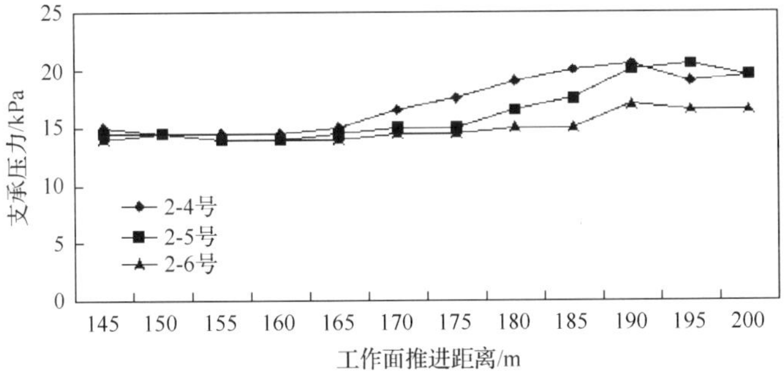

(a) 工作面推进距离

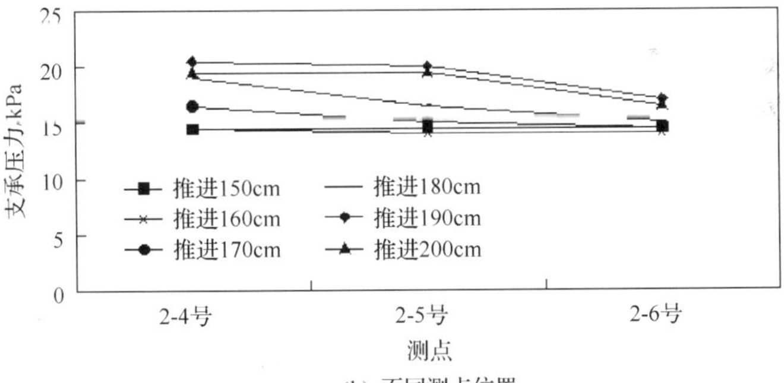

(b) 不同测点位置

图 7.14　停采线侧支承压力分布

3. 老顶支承压力分布

由图 7.15 可以看出，由于部分压力盒损坏，试验收集到 1 号、2 号、3 号、4 号、7 号、10 号的数据。当工作面推进 20m 时，工作面前方 4 号测点处支承压力值发生变化，随着工作面的推进，老顶岩层承担了上覆岩层的部分重量，各测点的压力值逐渐开始增加。工作面继续推进，当工作面推进到测点处，支承压力将迅速减小，由于受到矸石支撑，支承压力减小幅度较为平缓，当工作面推进过测点后，随着上方顶板的继续下沉，测点处的应力又开始回升。开切眼侧煤柱内，受压力外拱作用，其支承压力随工作面推进而持续升高，直至覆岩中主关键层破断，其压力值迅速下降，停采线侧煤柱内，受超前支承压力影响，其压力值始终保持在较高的状态。

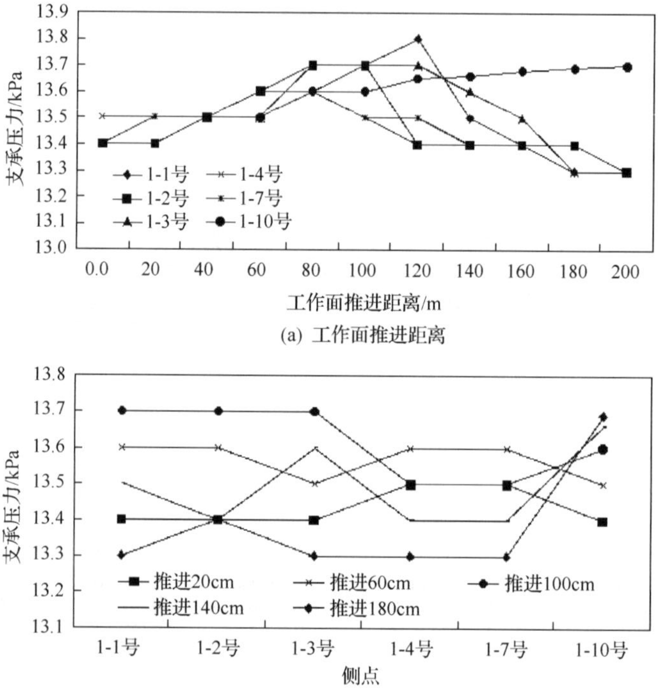

(a) 工作面推进距离

(b) 不同测点位置

图 7.15　老顶支承压力分布

7.3.5　采动覆岩结构演化特征

根据模拟试验可知，工作面开采后，采空区上方岩层，会依次经历变形、移动、破坏和下沉的过程。

如图 7.16(a)所示，煤层采出厚度较大且上覆岩层松软，垮落后的矸石较为破碎，基本上成散体结构，矸石充填采空区充分，能够及时支撑上覆岩层。

如图 7.16(b)所示，距离工作面煤壁约 40m 的采空区，顶板沉降量达到最大值，形成重新压实区。如图 7.16(c)和如图 7.16(d)所示，工作面煤壁上方是受到超前支承压力后形成的裂隙发育区。

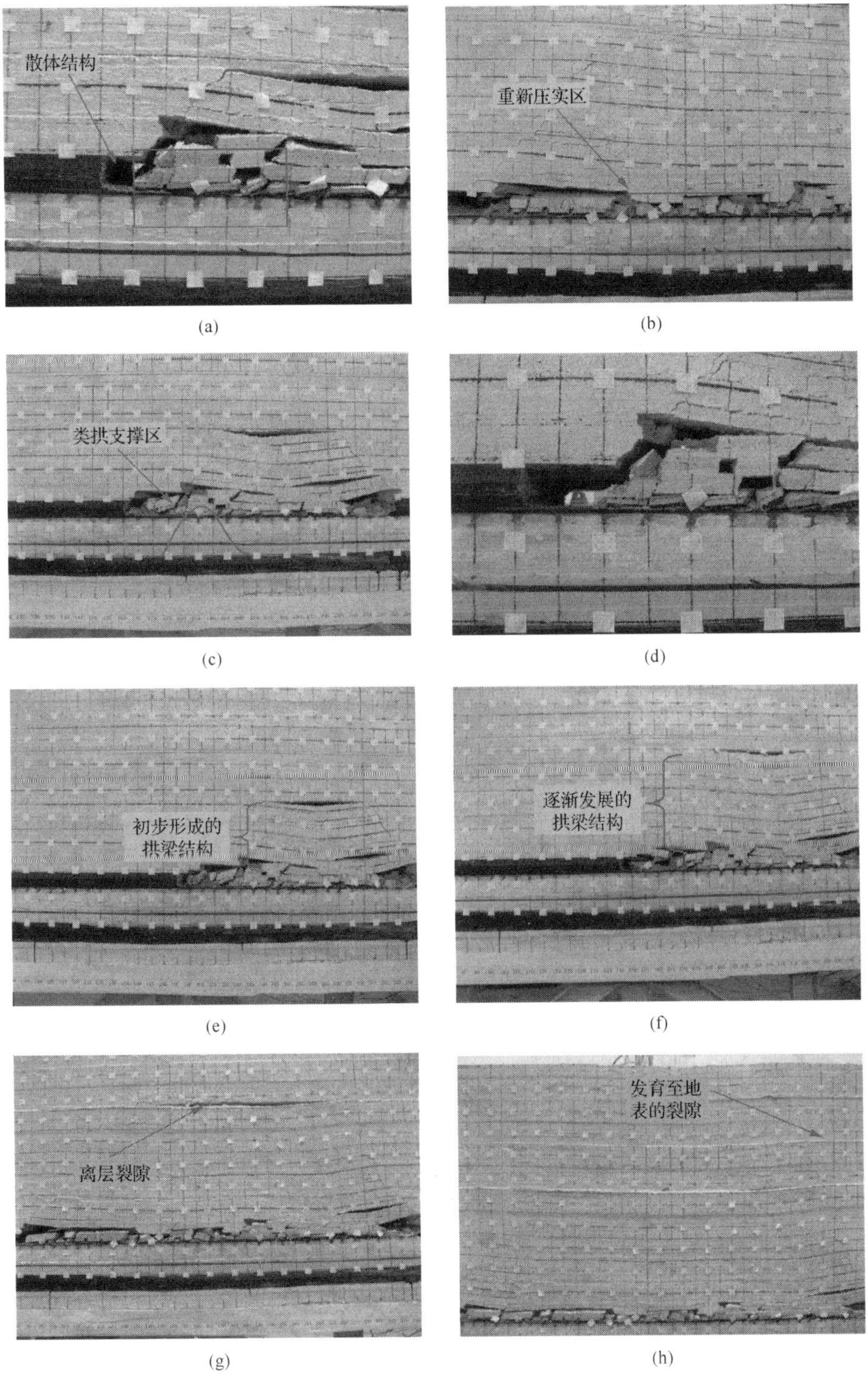

图 7.16　采动覆岩结构演化特征

如图 7.16(e)所示，受到采空区矸石的有效支撑，覆岩垮落后回转下沉空间较小，破断的岩块相对较为完整，块度较散体结构要长，在散体结构带上方相互挤压形成拱梁结构带，其结构形状如图 7.16(f)所示。

如图 7.16(g)所示，拱梁结构带随着工作面推进向覆岩上方发展，当发展至一定高度时便停止发展，此时在结构带与上方岩层之间会形成较大的离层间隙。当间隙发展至岩层最大强度极限时，岩层断裂，形成贯通地表的裂缝，如图 7.16(h)所示。

浅埋软岩煤层开采时，采场上覆岩层中也会形成一个压力拱。压力拱承载着自身及其上覆岩层的重量，压力拱拱角存在于工作面前方煤壁和切眼侧煤壁内，随工作面推进压力拱而移动，压力拱的范围不断扩大。拱两侧的迹线可认为是岩块破断线的连线，拱顶迹线可认为是拱梁结构带的上边界，当拱顶高度接近地表时，压力拱发展达极限，此时，采动覆岩失稳破坏将引发工作面异常来压，并且直接波及地表。

第8章　结论与展望

1. 主要结论

本书采用室内试验、理论分析、数值模拟与现场监测综合集成的研究方法，针对岩板断裂铰接成拱、采掘扰动巷道压力拱以及采场围岩压力拱，分别从压力成拱条件、形态参数表征、压力拱力学演化行为等方面进行了研究，以期探索采掘扰动围岩压力拱表征方法及揭示其力学演化机制，主要研究结论如下：

(1) 应用自主研发的岩板弯曲试验监测侧压力变化的加载装置，实现了岩板断裂铰接成拱过程及其承载失稳的力学试验；发现岩板竖向荷载-位移-水平反力全过程曲线存在四个明显的力学响应阶段：加载前初始调整、岩板断裂铰接成拱、岩拱结构承载的峰前硬化和峰后软化四个阶段。

(2) 在集中点荷载作用下，单层岩板产生梁式断裂特征。岩板断裂铰接成拱，当三个铰接点位于同一平面时，铰接岩拱结构消失，岩拱整体结构失稳。由岩板铰接拱结构工程力学模型可推导出岩拱结构承载力与水平反力的关系式，并进行岩拱结构受力随岩板参数变化的敏感性分析。

(3) 集中荷载作用下的单层岩板与不同组合的双层岩板的力学响应特征均存在四个明显阶段：弹性小变形阶段、脆性断裂成拱阶段、岩拱结构承载变形阶段和岩拱结构卸载失稳阶段。利用自行编写的岩板加载颗粒流程序模拟验证了上述实验结果。

(4) 随着侧压力系数 λ 的变化，公路隧道围岩压力拱主要表现为三种形态：当 $\lambda<0.34$ 时，压力拱表现为局部成拱；当 $0.34<\lambda<1$ 时，压力拱拱顶贴近隧道边缘，拱体被压扁；当 $\lambda>1$ 时，压力拱表现为向上隆起，随着 λ 增大至某值，拱体出现双峰状，且在一定范围内 $(1<\lambda<1.6)$ 拱顶与拱肩逐渐升高。

(5) 公路隧道开挖后，随着应力重分布，在开挖掘进面形成三维壳状压力拱抵抗围岩应力。对于公路隧道围岩压力拱，随着锚杆支护间距的减小、锚杆的增长，其高度降低；锚杆越密集，压力拱拱体范围越小。锚杆和锚索联合支护形成的人为主动调控压力拱，能有效调动和充分利用围岩强度。

(6) 通过数值计算分析阐明了连拱隧道分步开挖诱发围岩压力多次成拱，以致形成复合压力拱的力学演变机制，确定了连拱隧道围岩复合压力拱的边界及形态识别参数；揭示了连拱隧道分步开挖的几何尺寸、施工步序和应力状态效应，为公路隧道围岩加固设计与安全施工提供了理论依据。

(7) 考虑连拱隧道分步开挖诱发围岩压力呈偏态分布的实际，提出了一种分步开挖连拱隧道围岩等效荷载计算新方法，即基于普氏压力拱理论，采用分项系数考虑不同因素对隧道围岩偏态荷载的影响，对左、右隧道和中隔墙顶部等效荷载进行分区域统计计算，为类似工程实践提供了技术依据。

(8) 将相似材料模型试验与热红外成像技术相结合，进行了圆柱相似模型试验及圆形隧道的热红外试验，并进行了相似材料的连拱隧道分步开挖物理模型试验。从相似材料细观结构与隧道围岩宏观变形两方面阐释了连拱隧道偏态压力的动态演化特征，揭示了相似材料红外温度与应力响应的一致性。

(9) 在连拱隧道富水条件下，对不同埋深、不同开挖方法、不同渗透系数等工况下的压力拱演化特征进行对比分析，揭示了渗流场与应力场耦合作用对压力拱分布及动态演化过程的影响，并进行了上述因素对富水地层连拱隧道压力拱形状和力学特征影响参数敏感性分析。

(10) 采动层状围岩中形成的压力拱在原生结构面(层理、弱夹层)处会有“凹痕”和错动，限制压力拱的发展，不利于围岩稳定及其自承载能力。弱夹层影响其上部围岩压力拱；弱夹层厚度越小，对压力拱形状影响越大；结构面的间距越小，越不利于压力拱的承载。

(11) 建立了采场围岩压力拱力学模型，推导了拱轴线方程和任意截面的弯矩、剪力、轴力公式；揭示了采场压力拱拉伸破坏、压缩破坏及剪切破坏三种失稳模式。随着采场倾角的增大，采场压力拱内力分布不对称，易于在拱顶处发生剪切破坏，在前拱脚发生拉伸破坏，继而引发拱体整体失稳。

(12) 构建了近场覆岩关键块对称压力拱、台阶压力拱、回转压力拱结构力学模型，提出了压力拱结构失稳力学判据；确定了近场及远场压力拱边界范围表征，揭示了浅埋煤层采动近场及远场覆岩复合压力拱结构相互作用的时空演化特征；阐释了浅埋煤层覆岩压力拱能量积聚及释放规律。

(13) 薄基岩关键层基本顶对称压力拱失稳诱发工作面初次来压，台阶压力拱和回转压力拱失稳诱发周期来压；厚基岩煤层开采，非充分采动阶段对称压力拱依次失稳，诱发工作面强弱周期来压；充分采动阶段远场压力拱内多重冒落拱，构成工作面长短步距、强弱周期来压荷载来源。

(14) 基于采场围岩质量分类及评价，结合采场覆岩运移特征，建立了浅埋煤层松软顶板采场覆岩结构力学模型，揭示了采动覆岩运移基本规律，并通过物理实验进行了验证分析。浅埋煤层松软顶板采空区充填较充分，采场来压强度缓和。采动覆岩压力拱失稳破坏将直接波及地表，造成工作面切顶式陷落破坏。

2. 研究展望

针对隧道工程开挖围岩压力拱的研究，假定了隧道工程处于单一、均质地层条件；隧道围岩为理想弹塑性材料，假定岩土材料强度符合库仑强度准则；主要侧重双连拱隧道分步开挖扰动围岩压力拱演化特征的分析，后续研究应结合工程实际，考虑非单一地层、考虑隧道工程围岩的损伤软化行为以及进行多连拱隧道分步开挖围岩压力拱演化特征等分析，合理描述隧道工程围岩渐进损伤破坏与动态承载的力学特性等。

在采场岩层控制中，沿采煤工作面走向的覆岩结构具有代表性，虽然能够反映岩层运移的宏观规律，但在采动应力及采场覆岩结构作用下，采场覆岩的各向力学特性和工程响应存在差异，尤其在煤层倾角较大的情况下，未来应重点关注沿工作面倾向的矿压活动规律。

随着高产高效矿井的建设，超长工作面不断涌现，采场覆岩空间结构效应将更加明显；水平应力和断裂岩板接触面力学状态，也是影响覆岩应力成拱的重要因素；浅埋煤层采动导致厚基岩交替失稳破断，工作面来压存在强弱周期性等，因此，考虑超长工作面、水平应力和断裂岩板接触面力学状态，进行浅埋煤层不同基岩厚度开采条件等的采场覆岩压力拱演化与失稳特性分析，是未来的主要研究方向。

参考文献

[1] 梁晓丹, 赵坚, 宋宏伟. 围岩自调节成拱特性的实验与数值分析[J]. 工程地质学报, 2012, 20(1): 96-102.

[2] 卞跃威, 夏才初, 肖维民, 等. 考虑围岩软化特性和应力释放的圆形隧道黏弹塑性解[J]. 岩土力学, 2013, 34(1): 211-220.

[3] 王云飞, 李长洪, 郑晓娟, 等. 不同开挖方式地下硐室压力拱的演变机理研究[J]. 矿业研究与开发, 2009, 29(3): 12-14.

[4] Martin C D, Kaiser P K, Christiansson R. Stress instability and design of underground excavations[J]. International Journal of Rock Mechanics and Mining Sciences, 2003, 40(8): 1027-1047.

[5] 魏锦平, 郜进海, 陈商强. 基于梁-拱式组合结构的薄层状复合顶板锚固设计[J]. 采矿与安全工程学报, 2009, 26(4): 499-502.

[6] Yavuz H. Support pressure estimation for circular and non-circular openings based on a parametric numerical modelling study[J]. Journal of The South African Institute of Mining and Metallurgy, 2006, 106(2): 129-138.

[7] 王树仁, 何满潮, 范新民. JS 复合型软岩顶板条件下煤巷锚网支护技术研究[J]. 北京科技大学学报, 2005, 27 (4): 390-394.

[8] 王树仁, 刘招伟, 屈晓红, 等. 软岩隧道大变形力学机制与刚隙柔层支护技术[J]. 中国公路学报, 2009, 22(6): 90-95.

[9] 邹洋, 李夕兵, 周子龙, 等. 开挖扰动下高应力岩体的能量演化与应力重分布规律研究[J]. 岩土工程学报, 2012, 34(9): 1677-1684.

[10] 崔兰, 王树仁. 深部圆巷开挖围岩能量耗散特征数值模拟分析[J]. 山东大学学报(工学版). 2009, 39(4): 102-106.

[11] 常刚, 姜振泉, 贾雪梅, 等. 某矿采动顶板矿压显现规律研究[J]. 煤矿安全, 2012, 43(7): 38-41.

[12] Trueman R, Castro R, Halim A. Study of multiple draw-zone interaction in block caving mines by means of a large 3D physical model[J]. International Journal of Rock Mechanics and Mining Sciences 2008, 45(7): 1044-1051.

[13] 胡建华, 雷涛, 周科平, 等. 基于采矿环境再造的开采顺序时变优化研究[J]. 岩土力学, 2012, 32(8): 2517-2522.

[14] 杜晓丽, 宋宏伟, 陈杰. 煤矿采矿围岩压力拱的演化特征数值模拟研究[J]. 中国矿业大学学报, 2011, 40(6): 863-867.

[15] Fahey M, Helinski M, Fourie A. Some aspects of the mechanics of arching in backfilled stopes[J]. Canadian Geotechnical Journal, 2009, 46(11): 1322-1336.

[16] 王树仁, 王金安, 戴涌. 大倾角厚煤层综放顶煤运移规律与破坏机理的离散元分析[J]. 北京科技大学学报, 2005, 27 (1): 5-8.

[17] Poulsen B A. Coal pillar load calculation by pressure arch theory and near field extraction ratio[J]. International Journal of Rock Mechanics and Mining Sciences, 2010, 47(7): 1158-1165.

[18] 王树仁, 王金安, 刘淑宏, 等. 大倾角厚煤层综放开采颗粒元分析[J]. 北京科技大学学报, 2006, 28 (9): 808-812.

[19] Kovari K. Erroneous concepts behind the new Austrian tunneling method[J]. Tunnels & Tunneling, 1994, (11): 38-41.

[20] Bergman S G, Bjurstrom S. Swedish experience of rock bolting[C]. Proceedings of the International Symposim on Rock Bolting, Abiko, 1983: 243-255.

[21] Lang T A, Bischoff J A. Stability of reinforced rock structures[J]. British Geotechnical Society, 1984: 11-18.

[22] Huang Z P, Broch E, Lu M. Cavern roof stability-mechanism of arching and stabilization by rock bolting[J]. Tunnelling and Underground Space Technology, 2002, 17(3): 249-261.

[23] Li C C. Rock support design based on the concept of pressure arch[J]. International Journal of Rock Mechanics and Mining Sciences, 2006, 43(7): 1083-1090.

[24] Kim K Y, Lee D S, Cho J, et al. The effect of arching pressure on a vertical circular shaft[J]. Tunnelling Underground and Space Technology, 2013, 37: 10-21.

[25] Song H W, Zhao J, Wang C. Study on concept and characteristics of stress rock arch around a cavern underground[C]. Proceedings of Underground Singapore 2003 and Workshop Updating the engineering geology of Singapore, Singapore, 2003: 44-51.

[26] 梁晓丹, 刘刚, 赵坚. 地下工程压力拱拱体的确定与成拱分析[J]. 河海大学学报(自然科学版), 2005, 33(3): 314-317.

[27] 喻波, 王呼佳. 压力拱理论及隧道埋深划分方法研究[M]. 北京: 中国铁道出版社, 2008.

[28] 王迎超, 严细水, 靖洪文, 等. 深埋圆形隧道的压力拱研究[J]. 地下空间与工程学报, 2012, 8(5): 910-915.

[29] 何本国, 张志强, 阚呈, 等. 基于拱效应的软岩大断面隧道锚杆作用效应研究[J]. 武汉理工大学学报, 2013, 35(1): 103-107.

[30] Janssen H A, Vereins Z. Versuche uber Getreidedruck in Silozellen[J]. Zeitschrift des Vereine Deutscher Ingenieure, 1895, 39(25): 1045-1049.

[31] Heyman J. Estimation of the strength of masonry arches[J]. Proceeding of the Institution of Civil Engineers(London). Part I- Design and Construction, 1980, 69(2): 921-937.

[32] Ting C H, Sivakugan N, Shukla S K. Laboratory simulation of the stresses within inclined stopes[J]. Geotechnical Testing Journal, 2012, 35(2): 280-294.

[33] 陶连金, 邢纪波, 宋广录. II级老顶采场上覆岩层运动的离散元模拟[J]. 矿山压力与顶板管理, 1993, (3-4): 38-40.

[34] 马庆云, 钟道昌. 采场支撑压力分布及发展规律的研究[J]. 煤, 1996, 5(1): 12-15.

[35] 耿养谋. 矿山开采覆岩应力拱演化规律研究[J]. 山东科技大学学报(自然科学版), 2009, 28(4): 43-47.
[36] 伍永平, 王红伟, 解盘石. 大倾角煤层长壁开采围岩宏观应力拱壳分析[J]. 煤炭学报, 2012, 37(4): 559-564.
[37] 谢广祥, 王磊. 采场围岩应力壳力学特征的岩性效应[J]. 煤炭学报, 2013, 38(1): 44-49.
[38] 许海涛, 李鹏, 田晓, 等. 大采高综采工作面上覆岩层垮落及应力分布规律[J]. 煤矿安全, 2013, 44(8): 30-32.
[39] 王树仁, 保罗·黑根, 张呈国. 岩板变形破坏过程加载装置设计及试验验证[J]. 燕山大学学报, 2012, 36(6): 534-539.
[40] Bakun-Mazor D, Hatzor Y H, Dershowitz W S. Modeling mechanical layering effects on stability of underground openings in jointed sedimentary rocks [J]. International Journal of Rock Mechanics & Mining Sciences, 2009, 46: 262-271.
[41] 许传华, 任青文. 围岩稳定分析的熵突变准则研究[J]. 岩土力学, 2004,25(3):437-440.
[42] 谭志宏, 唐春安, 朱万成, 等. 含缺陷花岗岩破坏过程中的红外热像试验研究[J]. 岩石力学与工程学报, 2005,24(16):2977-2981.
[43] Eto M, Ishii T, Inagaki T, et al. Infrared radiation properties of the carbon-carbon composite and their application to nondestructive detection of its defects[J]. Carbon, 2002,40(3):285-294.
[44] Kournyts'kyi T, Matysiak S, Terletskii R. Heat and mass transfer in two-layer elastic composite subjected to thermal infrared radiation[J]. International Journal of Engineering Science, 2003, 41(41): 1951-1964.
[45] Ploteau J P, Glouannec P, Noel H. Conception of thermoelectric flux meters for infrared radiation measurements in industrial furnaces[J]. Applied Thermal Engineering, 2007, 27(s 2-3): 674-681.
[46] Balick L, Gillespie A, French A, et al. Longwave thermal infrared spectral variability in individual rocks[J]. IEEE Geoscience and Remote Sensing Letters, 2009, 6(1): 52-56.
[47] Bideau P L, Ploteau J P, Dutournié P, et al. Experimental and modelling study of superficial elastomer vulcanization by short wave infrared radiation[J]. International Journal of Thermal Sciences, 2009, 48(3): 573-582.
[48] Park H. Investigation of rock failure under uniaxial loading using thermal infrared image[J]. Journal of the Korean Society of Mineral and Energy Resources Engineers, 2010, 47(4): 505-514.
[49] Lai W L, Kou S C, Poon C S, et al. A durability study of externally bonded FRP-concrete beams via full-field infrared thermography(IRT)and Quasi-static shear test[J]. Construction & Building Materials, 2013, 40(3): 481-491.
[50] Baroň I, Bečkovský D, Míča L. Application of infrared thermography for mapping open fractures in deep-seated rockslides and unstable cliffs[J]. Landslides, 2013,11(1):15-27.
[51] Usamentiaga R, Venegas P, Guerediaga J, et al. Infrared thermography for temperature measurement and non-destructive testing[J]. Sensors, 2014,14(7):12305-12348.

[52] Laaidi N, Belattar S. Application of infrared thermography in the characterization of voids and honeycomb in concrete structure: Experimental results and numerical simulations[J]. International Journal of Structural Integrity, 2014, 5(2): 107-119.

[53] Khan F, Bolhassani M, Kontsos A, et al. Modeling and experimental implementation of infrared thermography on concrete masonry structures[J]. Infrared Physics & Technology, 2015, 69: 228-237.

[54] Wu L, Liu S, Wu Y, et al. Changes in infrared radiation with rock deformation[J]. International Journal of Rock Mechanics & Mining Sciences, 2002, 39(39): 825-831.

[55] Li G, Wu L, Wu M, et al. Current status and applications of infrared thermography[J]. Infrared & Laser Engineering, 2004, 33(3): 227-230.

[56] Zhang Y J, Li-Qian A N, Ren R H, et al. Experimental study of deformation of surrounding rock with infrared radiation[J]. Journal of China University of Mining & Technology, 2005, 15(4): 329-333.

[57] 郭文奇, 张拥军, 安里千, 等. 光弹性材料变形的红外辐射实验研究[J]. 河南理工大学学报(自然科学版), 2006,25(5):364-367.

[58] Wang F, Li Y J, Rao Q H, et al. Quantitative description of infrared radiation characteristics for solid materials subjected to external loading[J]. Journal of Central South University of Technology, 2009, 16(6): 1022-1027.

[59] He M C, Gong W L, Zhai H M, et al. Physical modeling of deep ground excavation in geologically horizontal strata based on infrared thermography[J]. Tunnelling & Underground Space Technology, 2010, 25(4): 366-376.

[60] 张艳博, 刘善军. 含孔岩石加载过程的热辐射温度场变化特征[J]. 岩土力学, 2011, 32(4): 1013-1017.

[61] 陈智强, 张永兴, 周检英. 开挖诱发隧道围岩变形的红外热像试验研究[J]. 岩土工程学报, 2012, 34(7): 1271-1277.

[62] Gong W L, Wang J, Gong Y X, et al. Thermography analysis of a roadway excavation experiment in 60° inclined stratified rocks[J]. International Journal of Rock Mechanics & Mining Sciences, 2013, 60(48): 134-147.

[63] 张慧慧, 刘善军. 岩画钟乳石覆盖病害热成像检测与数值模拟[J]. 辽宁工程技术大学学报(自然科学版), 2014, 33(2): 183-187.

[64] Wen Z J, Rinne M, Han Z Z, et al. Structure model of roadway with large deformation and its basic research into engineering theories[J]. Tehnički Vjesnik, 2014,21(5):1065-1071.

[65] 张艳博, 李健, 刘祥鑫, 等. 水对花岗岩巷道岩爆红外辐射特征的影响[J]. 辽宁工程技术大学学报(自然科学版), 2015, 34(4): 453-458.

[66] Thomson W. On the dynamical theory of heat, with numerical results deduced from Mr. Joule's equivalent of a thermal unit and M. Regnault's observations on steam[J]. Mathematical and Physical Papers, 1851, 1: 175-183.

[67] Kirsch G. Theory of elasticity and application in strength of materials[J]. Zeitschrift des Vereins Deutscher Ingenieure, 1898, 42: 797-807.

[68] 朱正国, 刘志春, 孙明磊, 等. 偏压连拱隧道围岩压力及结构计算[J]. 辽宁工程技术大学学报(自然科学版), 2010, 29(1): 75-78.

[69] 丁文其, 王晓彤, 朱合华, 等. 连拱隧道设计荷载的确定方法[J]. 中国公路学报, 2007, 20(5): 78-82.

[70] 李鸿博, 郭小红. 公路连拱隧道土压力荷载的计算方法研究[J]. 岩土力学, 2009, 30(11): 3429-3434.

[71] 郑文博, 蔡永昌, 石湛, 等. 连拱隧道设计计算荷载合理取值研究[J]. 现代隧道技术, 2012, 49(5): 44-50.

[72] 王道远, 袁金秀. 浅埋偏压双连拱隧道围岩压力计算方法研究[J]. 中外公路, 2009, 29(2): 172-176.

[73] 苑莲菊, 李振栓, 武胜忠, 等. 工程渗流力学及应用[M]. 北京: 中国建材工业出版社, 2001: 33-45.

[74] Soltanzadeh H, Hawkes C D, Sharma J. Closed-form solutions for production-and injection-induced stresses in plane-strain reservoirs with elastic properties different from the surrounding rock[J]. International Journal of Geomechanics, 2007, 7(5): 353-361.

[75] Soltanzadeh H, Hawkes C D. Semi-analytical models for stress change and fault reactivation induced by reservoir production and injection[J]. Journal of Petroleum Science and Engineering, 2008, 60(2): 71-85.

[76] Soltanzadeh H, Hawkes C D. Induced poroelastic and thermoelastic stress changes within reservoirs during fluid injection and production[C]//Acosta J L, Camacho A F. Porous Media: Heat and Mass Transfer, Transport and Mechanics. Hauppauge NY: Nova Science Publishers Inc., 2009: 27-57.

[77] 刘镇, 周翠英, 房明. 隧道变形失稳过程的非线性动力学分析与破坏判据研究[J]. 岩土力学, 2010, 31(12): 3887-3893.

[78] 陈先国. 隧道结构失稳及判据研究[D]. 成都: 西南交通大学学位论文, 2002: 89-100.

[79] 邵小平, 石平五, 贺桂成. 急斜放顶煤开采顶板卸载拱结构分析[J]. 北京科技大学学报, 2007, 29(5): 447-451.

[80] 周海丰. 神东矿区建设世界一流矿井探索与实践[J]. 煤炭科学技术, 2015, (s2): 26-28.

[81] 王富强, 郑剑英, 崔石磊. 8.8m 采高工作面切眼掘进与支护工艺研究[J]. 煤炭工程, 2017(12): 56-60.

[82] 李化敏, 李回贵, 宋桂军,等. 神东矿区煤系地层岩石物理力学性质[J]. 煤炭学报, 2016, 41(11): 2661-2671.

[83] 李回贵. 神东矿区煤系地层含结构面砂岩的力学特征研究[D]. 焦作: 河南理工大学, 2017.

[84] 康红普, 司林坡, 张晓. 浅部煤矿井下地应力分布特征研究及应用[J]. 煤炭学报, 2016, 41(6): 1332-1340.

[85] 黄庆享.浅埋煤层的矿压特征与浅埋煤层定义[J].岩石力学与工程学报, 2002, 21(8): 1174-1177.

[86] 钱鸣高, 石平五, 许家林. 矿山压力与岩层控制[M]. 徐州: 中国矿业大学出版社, 2010.

[87] 付玉平, 宋选民, 邢平伟, 等. 大采高采场顶板断裂关键块稳定性分析[J]. 煤炭学报, 2009,(8): 1027-1031.

[88] 李鸿昌. 矿山压力的相似模拟试验[M]. 徐州: 中国矿业大学出版社, 1988.

[89] 梁冰, 贾立锋, 孙维吉. 浅埋煤层综放开采上覆岩层活动规律相似模拟试验[J]. 中国安全生产科学技术, 2014, 10(9): 30-35.

[90] 汪北方, 梁冰, 孙可明, 等. 典型浅埋煤层长壁开采覆岩采动响应与控制研究[J]. 岩土力学, 2017, 38(9): 2693-2700.

[91] 任艳芳, 刘江, 齐庆新. 薄基岩浅埋深长壁工作面覆岩结构运动特征[J]. 煤矿开采, 2011, 16(3): 35-37.

[92] 鞠金峰, 许家林, 朱卫兵. 浅埋特大采高综采工作面关键层"悬臂梁"结构运动对端面漏冒的影响[J]. 煤炭学报, 2014, 39(7): 1197-1204.

[93] 柴敬, 伍永平, 侯忠杰, 等. 相似材料模型实验中围岩垂直应力测试的实验研究[J]. 岩土工程学报, 2000, 22(2): 218-221.

[94] 吴钰应, 王世远, 关玉顺, 等. 相似材料配比研究[J]. 辽宁工程技术大学学报, 1981, (1): 35-52.

[95] 洛锋, 付明明. 相似材料单轴压缩力学性能及强度误差来源分析[J]. 采矿与安全工程学报, 2013, 30(1): 93-99.

[96] 蒋金泉, 刘绪峰, 张培鹏, 等. 全站仪极坐标法在相似材料模拟试验中的应用[J]. 煤矿安全, 2017, 48(6): 156-159.

[97] 陈坤福. 深部巷道围岩破裂演化过程及其控制机理研究与应用[D]. 徐州: 中国矿业大学, 2009.

[98] Solecki R, Conant R J. Advanced Mechanics of Materials[M]. London: Oxford University Press, 2003.

[99] 杜晓丽, 魏京胜, 钱钢, 等. 煤矿采空区空间几何特征对岩石压力拱的影响[J]. 地下空间与工程学报, 2015, 11(s2): 726-731.

[100] He L, Zhang Q B. Numerical investigation of arching mechanism to underground excavation in jointed rock mass[J]. Tunnelling & Underground Space Technology, 2015, 50:54-67.

[101] Abdollahipour A, Rahmannejad R. Investigating the effects of lateral stress to vertical stress ratios and caverns shape on the cavern stability and sidewall displacements[J]. Arabian Journal of Geosciences, 2013, 6(12): 4811-4819.

[102] Xie G X, Chang J C, Yang K. Investigations into stress shell characteristics of surrounding rock in fully mechanized top-coal caving face[J]. International Journal of Rock Mechanics & Mining Sciences, 2009, 46(1):172-181.

[103] 钱鸣高, 石平五. 矿山压力与岩层控制[M]. 徐州: 中国矿业大学出版社, 2003.

[104] 李凤仪. 浅埋煤层长壁开采矿压特点及其安全开采界限研究[D]. 阜新: 辽宁工程技术大学博士学位论文, 2007.
[105] 李俊平, 连民杰. 矿山岩石力学[M]. 北京: 冶金工业出版社, 2011.
[106] 水利部长江水利委员会长江科学院. 工程岩体分级标准(GB 50218-94)[S]. 1994.
[107] 姜福兴. 采煤工作面顶板控制设计及其专家系统[M]. 北京: 煤炭工业出版社, 2010.
[108] 姜福兴. 岩层质量指数及其应用[J]. 岩石力学与工程学报, 1994, 13(3): 270-278.
[109] 张荣立, 何国伟, 李铎. 采矿工程设计手册[M]. 北京: 煤炭工业出版社, 2003.